进化式运营

从互联网菜鸟到绝顶高手

李少加◎著

電子工業出版社
Publishing House of Electronics Industry
北京•BEIJING

内 容 简 介

互联网运营作为一个新兴的岗位，一方面它是企业的核心岗职，身负重任，另一方面，又由于其短暂的历史，缺乏成熟体系的工作方法论，而目前业界主流的运营方法却是从企业视角出发，存在极大的改进空间。

本书作者基于自身十年的互联网洞察、实践经验，并融合了信息论、心理学、经济学、管理学，甚至包括生态学、进化论等跨学科、跨学业的知识，从无到有地构建了一套全新的互联网运营体系：基于用户视角的用户养成运营框架，并从产品运营过程中的四大生命周期入手，阐述如何灵活地将该运营框架运用于产品的各个生命周期。从而彻底地使更多运营从业者能够从各种运营困惑中解脱出来，由内而外地激发运营思路，从根本上提升运营工作成效，进而打造个人的核心运营竞争力。

本书适合于所有运营从业者。无论是准备进入互联网的人士，还是拥有多年运营工作经验的资深运营人，都值得细细领悟。

图书在版编目（CIP）数据

进化式运营：从互联网菜鸟到绝顶高手/李少加著. —北京：电子工业出版社，2016.11

ISBN 978-7-121-30178-0

Ⅰ. ①进… Ⅱ. ①李… Ⅲ. ①互联网络－企业管理－运营管理－研究 Ⅳ. ①F407.676

中国版本图书馆CIP数据核字（2016）第255602号

策划编辑：张月萍

责任编辑：徐津平　　　特约编辑：赵树刚

印　　刷：涿州市般润文化传播有限公司

装　　订：涿州市般润文化传播有限公司

出版发行：电子工业出版社

北京市海淀区万寿路173信箱　　　邮编：100036

开　　本：787×980　1/16　　印张：15.75　　字数：310千字

版　　次：2016年11月第1版

印　　次：2022年7月第14次印刷

定　　价：59.00元

凡所购买电子工业出版社图书有缺损问题，请向购买书店调换。若书店售缺，请与本社发行部联系，联系及邮购电话：（010）88254888，88258888。

质量投诉请发邮件至 zlts@phei.com.cn，盗版侵权举报请发邮件至 dbqq@phei.com.cn。

本书咨询联系方式：010-51260888-819，faq@phei.com.cn。

自　序

我们需要怎样的运营书籍

1. 我为何写作此书

数十年前，初生互联网掀起的巨大浪潮彻底唤醒了世人对世界变化的想象力。然而凡事盛极而衰，随着经济大环境的变化，互联网产业泡沫的出现，近年又开始出现部分人唱衰互联网、轻视互联网思维的声音了。我私下里与一些世界五百强传统企业中的朋友们交流他们对互联网产业的看法时，也多少能感觉到他们的一丝不屑。

我们应当理性看待任何新生事物。就拿互联网来说，泡沫确实存在，但泡沫的产生更多的是由于跟风、投机分子以及对互联网产业并不理解的人群共同引发的。我们不能因为泡沫、因为存在不足而将之彻底否定。

于互联网行业浸泡多年，我最大的感悟并非互联网企业的崛起有多快，互联网的技术有多强，或者互联网思维多么了不起。我最大的感悟在于：整个互联网产业的刷新速度之惊人！

这里所提的速度并非我们耳熟能详的那句“互联网竞争唯快不破”，而是“知识、人才的更新速度”、“全新事物的产生速度”、“商业规则的重写速度”。

以制造业为例，从第二次工业革命诞生至今的数百年来，其行业规则、组织管理模式、产业运作所需的知识学科、工作经验等都呈缓慢的线性增长，时至今日，依然得以借鉴甚至直接照搬应用。

但是互联网商业却以比 IT 产业摩尔定律更快的速度重写着行业规则，持续侵蚀着产业边界。在互联网诞生之前，我们能够清晰地定义各行各业，在互联网之后，一切都不一样了：任何传统行业都能够“互联网化”。例如，世界上最大的书商自己从不出版一本书，世界上最大的汽车租赁公司甚至不拥有一辆汽车——这一切都意味着，竞争已经由原来的行业内竞争变成更为激烈的跨界竞争。

传统行业的公司挤进世界五百强至少需要十几年、几十年兢兢业业耕耘才得以实现。而互联网公司，从诞生到挤进五百强可能只需要三五年……所有这一切，都是互联网人的知识刷新速度、危机意识远高于其他行业的深层原因。我认为这才是互联网最让人敬畏的地方。

相信互联网人都有类似的感触：哪怕仅仅几周没有了解互联网业界的资讯，没有刷新自己的“知识”，便会惊觉——眼界、思维可能都有点跟不上周边同行们了。

传统行业，人才的知识地图主要是单一产业内的资讯、垂直领域的专业学科、工作技能，但是对互联网人来说，这完全不足以应付工作需要。以互联网运营岗位的工作为例，后面章节中也会陆续提到，对于优秀的运营人，除了需要掌握产品所在的业务领域的知识、运营基础工作技能外，还需要谙熟信息产业、社会心理学、传播学、市场营销、管理学、经济学、统计学、计算机科学、甚至是生物生态学、进化论……除此之外还要具备“从无到有”的创造能力，这些都依赖于脑海中丰富、多元化知识的“化学反应”方能达成。

是的，互联网运营岗作为互联网企业的核心岗职，必然置于时代的风口浪尖。

我们谈完了互联网光辉的一面，自然不能回避互联网快速发展所面临的挑战及障碍。互联网诞生至今不过也才短短数十年，可谓乱象丛生、草莽英雄，相应的法律法规、知识产权、商业垄断等竞争规则都尚未完善。而互联网运营岗位更是近年来才兴起的重要岗位。这注定了它必须“摸着石头过河”、“边修行边挂帅”上阵。

事实上，当出版方刚找到我，问我有没有兴趣写一本运营相关的书籍时，我的写作动机还是较为随意——不过是用心分享下自己多年的运营管理心得。巧合的是，在我准备着手写作开始，我的个人公众号后台居然陆续收到不少年轻的运营人（或准运营人）的咨询，其中，咨询最多的问题主要是：

“运营究竟是什么？”、“感觉自己的工作技术含量很低，没有价值，更没有成就感”、“找不到运营工作的头绪、不知道运营从何处开始”、“感觉老板极为轻视运营工作、工资待遇没有提升”、“运营在公司没地位，内部难以推进运营工作”……

接触的问题越多，我的内心越是忧虑。这些看似“个人问题”的背后，其实隐藏的是运营业界的群体性困惑及不安，而业界更是缺乏一个体系化的、真正符合互联网运营工作特性的指导思路，以至于运营的潜力完全没能发挥出来，令人痛惜！对于一个新生事物，发展过快很可能是把双刃剑，若不能及时拔掉潜藏的各种危险，任由一些不体系的思潮影响着整个运营发展的方向，很可能导致业界的整体性衰退。

蓦然间，在写作过程中，一种难以言说的使命感居然于心中拔地而起：我务必要效仿先贤，不遗余力成为一名铺路人：为推动运营业界向着一个更为健康的方向前进，为促进整个行业的正向螺旋式成长，为以互联网运营作为职业生涯的同行们都能成就更精彩的职场生命。因此，我必须要持续深入地思考一个问题：我们究竟需要一本怎样的运营书籍?

2. 业界需要一本怎样的运营书籍?

有趣的是，在这个问题思考到一定程度的时候，我脑海中突然蹦出了牛津大学主教、牛津运动发起人约翰·纽曼对大学办学理念的观点，他认为："大学应当是传播大行之道（Universal Knowledge）而非雕虫小技的地方。"

同样，本书给读者朋友们提供的也应当是"运营大道，而非零散的运营模块或流行一时的技能、工具甚至潮流概念"。那么，何以谓之"运营大道"呢?

我认为，首先，它应当是体系化的，既能回答运营"是什么"，又能回答"为什么"；其次，它应当是一个充满可塑性、能够"自我更新"的运营方法论，而非一成不变的公式，前面也提到过，静态的知识已经完全无法跟进互联网行业的刷新速度；最后，它应当能够为我们提供应对未知、应对不确定性的启发式思路。

基于这些思考，我更加坚定了本书的核心价值应当是为读者朋友们提供：

（1）体系化的运营框架

首次全面、体系化地回答运营是什么、运营做什么以及在产品的不同生命周期运营该做什么的问题。我于本书首度独创性地提出了"基于用户视角进行用户养成"的运营模型框架，它是一个经得起时间考验、能够"自适应"于复杂商业环境下的运营框架。

（2）启发式的运营思考

比起给出"拿来即用"的运营策略，我认为，让读者朋友们学会"独立思考运营问题并迅速找到针对性运营策略"的能力更重要。前者并无多少技术含量，而后者方是优秀运营人的核心竞争力。故此，抛出运营思考的起点，启发读者朋友们迅速找到运营思路应对每个全新问题，这一点也贯穿全书。

于本书，诸位将会看到许多业界未曾提出的观点、策略，诸如"用户养成运营模型"、"运营液态属性"、"弹簧属性"、"幸福感运营"、"关注渠道"、"圈地式增长"、"涟漪式增长"、"感染式增长"、"三方共赢"、"UGC 哲学内涵"、"公众号从原创到独创"……相应的，许多熟悉的运营观点也将在本书中受到挑战、质疑。例如，我将"种子期"进一步细分为"种子期"、"萌芽期"等。相信本书能为各位带来耳目一新的运营思想洗礼。

（3）洞穿本质的思考习惯

多年的职场阅历告诉我，一个人究竟能否做成一件事，或者说，一件事究竟能做到什么程度、多高境界，归根结底在于他多大程度上能看清这件事的本质、关键。故此，本书也会于多处体现出“剥开现象见本质”的思考，希望借此与读者朋友们自身的思想产生化学反应，从而形成一套真正属于你自身的洞穿本质的方法论。

最后不得不提一下，互联网行业飞速发展固然不断创造了更好的生活及工作条件，但它同时也带来了相应的弊端——懒惰、浮躁。这里的懒惰不是指生活上慵懒，而是一种更严重的懒惰——懒得思考。从咨询我的问题中就可见一斑，不少人表示，他们不需要思路，只需要“拿来即用”的策略。我只能无奈地表示抱歉：首先，对于互联网行业而言，根本就不存在“拿来主义”，更没有“懒得思考”的捷径；其次，如果真有完全可复用的套路，我想反问一句：那运营的价值又在哪里？如果一个岗位的工作可以“套用公式”就完成，那么这个岗位是没有价值的。基于这个认识，本书更多的是因时制宜的独创式思考，而非大量填充各类案例敷衍读者。我相信本书能为诸位朋友们带来一个全新的运营理念。

尽管我竭尽全力完成本书，然而毕竟学识有限，表达不足，书中难免存在瑕疵，还望读者朋友们海涵。在阅读本书的过程中，您若有任何意见建议，或有问题想与我探讨，亦可直接移步至我的个人公众号：少加点班 (ID：lishaojia2015)，与我直接沟通。

感谢您的用心阅读。

2016 年 9 月于深圳

目 录

第 1 章 重新定义运营

记得曾在知乎上看到一个问题："一流高手跟绝顶高手的区别是什么？"

我认为，一个人只要不笨、够努力、常年专注于某个领域，最后都能成为一流高手。我们平时说，谁谁谁是某个领域的专家，这类专家可以说就是一流高手的水平。他的特征在于通晓专业领域内的一切"已知"，他的层次属于"解决问题"级别：这个领域有任何疑难杂症，咨询他准能得到答案，这个领域出了任何问题，找他准能解决。

而绝顶高手，需要的则是对自己所处领域的"彻悟"。所谓的"彻悟"，它的着眼点在于"未知"，在于"开创"。"彻悟"意味着不满足于现状，不将自身的思维、格局局限于"已知"，他勇于挑战不确定性，敢于突破规则束缚，孜孜不倦地追寻着"更好更美更强"，以此慰藉一身才华。

前者会为人们记住一时，后者将为历史铭记万世。

1.1 彻悟运营：唯彻悟，成大道

自信息化革命以来，商界就不乏各种"绝顶高手"。在 IT 及互联网的发源地硅谷，比尔·盖茨对微机操作系统的彻悟最终成就了微软帝国；苹果之父乔布斯对数码科技的彻悟最终成就了苹果霸主；佩奇和布林对互联网信息搜索的彻悟最终成就了 Google；而在国内，马云对电子商务的彻悟成就了阿里商业帝国；张小龙对移动社交的彻悟成就了微信……

要想成为互联网运营的绝顶高手，我们同样需要以"彻悟运营"为目标：这意味着我们既要充分尊重互联网前人在运营业界探索的"已知"，同时还要抱持开创"未知"的勇气。这也是本书的立命所在，一方面我结合自身实践吸收了不少互联网商业形态下的精益创业思维、新型组织管理、互联网传播、产品规划、用户心智定位等思想；另一方面，我更多地融入自身对互联网运营本质的深入思考，不少想法、观点会是目前业界全新的，也许阅读起来会略微吃力，然而我坚信，饱含独创启发式的内容会比纯粹的分享经验更有利于读者朋友成为一个更好的运营人。毕竟，思考能力也是互联网运营的一项核心竞争力。

那么，在迈向“彻悟运营”的漫漫长路前，我们先回归眼前，万里关山从头越，先从了解互联网运营的定义开始。

1.1.1 如何科学地定义运营

其实关于运营的概念，我想这是每个有意从事运营，甚至是有过几年运营工作的从业者都会有过的困惑：究竟，什么才是运营?

目前互联网业界的主流观点有下述几个：

- 产品负责生孩子，运营负责养孩子。
- 运营是以用户为中心进行拉新（增加新用户）、促活（提升用户活跃率）、留存（防止用户流失）的一系列工作。
- 一切围绕着产品进行的人工干预皆称为运营。
- 运营包括用户运营、活动运营、内容运营、产品运营、新媒体运营、社群运营等。

上述观点不能说“不对”，但都比较“抽象”、“零散”、“宽泛”。随便请一位非互联网人士阅读上述概念，我想他们是很难有个感性认知的。这些观点难以为“运营”提供一个体系化的解读，离“彻悟”就更远了。

1.1.2 运营思想源远流长

乍一看，运营貌似是萌芽于互联网土壤之上，然其内涵与工作思维却近乎与人类的商贸文化一样源远流长了。要了解运营的本质，可以先从历史的源头探讨起——上至达官贵人，下至黎民百姓，运营思维实则无处不在。

我们所熟识的典故：“姜太公钓鱼愿者上钩”，这其实是对姜子牙个人进行运营，通过群众的口碑传播，对太公“治理国家的能力”进行预热、造势宣传、饥饿营销，致使周文王在姜子牙发布产品的第一时间便进行“付费下载”。

“卧龙凤雏，得一人可安天下”，这也是运营，通过士人阶级的口碑传播使诸葛亮、庞统的雄才伟略得以在潜在雇主的心中留下深刻的认知，按时下的观点，我们可以理解为，刘备早在多年前就已经关注了“诸葛先生”这个公众号了。

除了历史风流人物，甚至就连市井街头也无处不在渗透着运营的身影。那些卖艺的大嚷“有钱的捧个钱场，没钱的捧个人场”，这是运营，通过在市区人流密集处进行“曝光”，通过“吆喝”的手段吸引人群“注意力”，最后通过“卖艺活动”促进人群活跃，甚至转化为“捧个钱场”的付费用户。

当然，街边卖西瓜的小贩：“免费试尝，不甜赔钱！”，这也是运营，通过付出少量的营销成本，以“免费”的手段吸引质疑产品（西瓜甜不甜）的用户进行“体验”，并尝试将之转化成买下整个西瓜的付费用户。

1.1.3　体系化的运营概念

通过上述例子，我们应该能够初步感性地认知到，运营其实是以特定对象（人或商品、产品、品牌）为运作目标，通过接地气（符合时下人文及商业环境）的传播手段影响目标人群，从而实现自身的运营目的。下面，基于对运营的理解，我体系化地阐述一下运营的概念：

运营是以特定产品（或个人 / 品牌）为运营对象，通过对运营资源（人力、财物、渠道）的最优化配置，持续提升目标人群（受众用户）与产品的关联度。这些关联度从低到高依次是：初次接触产品、初步认知产品价值、关注产品（全面了解）、初次体验产品、决定使用产品、为产品付费、习惯使用产品、心甘情愿地向其他用户分享产品。

是否觉得理解“用户与产品的关联度”有点吃力？其实我们仔细回忆一下自己与一个陌生人从相遇相知到最后成为一个无话不说的好朋友，将这个过程与运营做对比，是否觉得极为神似？

无论如何，我们此处先对运营的体系化概念留个感性认知即可，在全书后续章节的探讨过程中，各位自然能够领会其中的含义。

我始终坚持，任何新事物的概念都是由人而定，而最好的概念不仅应当是具体全面，而且还应该能有效指引我们后续如何开展运营研究并更好地付诸工作实践。

1.1.4 从用户视角进行思考

通过上述定义，我们不仅能够跳出对运营的狭隘认知，更重要的是，这个定义能够有效引导运营从业者，当我们开展运营工作时，能始终坚持细致入微的回归“用户视角”进行思考，无论是运营决策还是具体细节的实施。

所谓的“用户视角”，意即从用户的角度（局外人）由外而内地观察产品，这与我们产品内部人员从内而外地观察产品恰恰相反。

下面举个例子简单说明下用户视角，大家有个初步感性的认识即可。

我所接触的一些公司里，无论是老总、中层管理者或是运营执行人员，他们在开展互联网运营工作时，大都把“拉新”（引入新用户）作为运营工作的起点：最典型如，规划、研发了一个产品 APP 后，有推广经费的就“烧钱”做产品推广，没经费的则让运营人“求爷爷告奶奶”地到处拉用户下载、注册、使用。

结果呢？钱是烧了，脸也拉了，然而用户呢？要么雷声大雨点小，要么来了就跑。这是咋回事呢？问题的根源恰恰在于对互联网的运营模式、对运营工作的错误理解。

首先，互联网产品毕竟完全不同于传统行业的实体化商品，绝大多数互联网产品在用户心智认知上，都是一个全所未见的“新鲜玩意儿”。我用传统行业做比方，大家就非常容易理解上述这句话了。

我们平时经常吃苹果，都知道苹果长啥样、什么味道、大概的市场价位、营养价值如何。我们对苹果掌握的这些“常识”其实就是我们对苹果的“心智认知”。但如果有一天，市场突然出现了一种深蓝色的苹果（纯属虚构），商家自称这蓝色苹果吃了能延年益寿，一千块钱一斤，今天特价，一折促销。试问，你会即刻买下，并觉得占了大便宜，然后即刻回家洗了吃么？肯定不会。

哪怕是很有兴趣的“吃货”，首先也会先上网查询下这个深蓝色苹果，看看什么来头，是否真如商家所言能够食用，还能延年益寿。（以用户视角来看，这个过程属于用户对新产品的初步认知过程。）

确认这“深蓝色苹果”确实如商家所言之后，对于大部分人来说，这毕竟属于全新的食物，内心往往“两分好奇八分担忧”，大都不敢直接买来吃。这个阶段，有兴趣的人首先会持续关注一段时间，例如，看看是否有认识的人吃过了，吃了反馈如何，或者新闻上是否有相关报道。（以用户视角来看，这个属于用户关注新产品，进一步认知产品的过程。）

等到周边开始有人陆续买来吃了，听到不少正面反馈了，自己终于相信这个深蓝色苹果能够放心食用了。于是也计划来一餐尝尝鲜，但是，且慢，价格这么贵，万一味道很差，买了后悔怎么办？当然，精明的商家早已预料到顾客的忧虑，于是在摊位上提供了一些现场切好的苹果，供顾客试吃。（以用户视角来看，这个属于用户体验新产品的过程。）

顾客试吃后觉得味道不错，值这个价。于是，终于去市场买下一斤……请注意，直到这个环节，按互联网运营的观点，这个顾客才能算是“深蓝色苹果”这个产品的新用户。

透过这个例子，我们应当能够看出在互联网运营中，始终回归“用户视角”思考问题的重要性。互联网业界的任何新产品，对于用户而言，恰恰如上述的“深蓝色苹果”。我们站在产品的企业方立场（由内而外），自然清楚产品的价值，知道产品是否能用、好用、易用。但是从用户视角来看，它就像现实中奇怪的“深蓝色苹果”，你想让用户为产品买单，那就得先稳扎稳打地回归用户视角，为用户进行产品的认知教育，让用户关注产品，并尝试体验产品。

遗憾的是，据我了解，大部分企业，在运营全新的互联网产品时，都没有回归“用户视角”的意识。上面提到的几个“教育用户认知产品”的环节，稍微幸运一点的企业，就在接触用户时候，无意做了一些简单的“认知教育”，但更多的时候却直接被忽略了。这导致很多公司的运营人对产品用户的来龙去脉毫不知情。

当然，不一定所有新产品的用户接触、认知、关注、体验都是一个耗时较长的过程，对于“使用门槛”较低的产品（意即用户无须付出多少金钱、学习成本即可体验使用的产品），如休闲娱乐类产品，又或者与业界成熟产品类似的产品，在这些情况中，用户对产品的认知、关注的过程几乎可以忽略。

综上所述，互联网运营，一定要始终坚持回归用户视角，结合当下环境、产品特性因时制宜的规划，而不是不假思索地复用“运营业界套路”或者他人的成功运营经验。

谈到此处，相信诸位读者朋友应该对互联网运营有了初步“体系化”的认识了。若还有不理解的地方也不用担忧，随着对本书阅读的深入，我们必定能逐步解开心中的困惑，完善运营的认知体系，开始逐步构建真正属于自己的运营方法论，而唯有此，才能灵活地将运营学识转化为运营实践的利器。

1.1.5 互联网运营与市场营销的区别

有些对市场营销有了解的读者可能会问，按照上述对运营的定义，运营跟传统行业的市场营销似乎有不少异曲同工之处?

我是如此看待两者的区别：

市场营销诞生于互联网时代前的漫长商业文明中，它是以“向客户直接销售产品从而获取利润”的盈利模式为基础，并以此发展形成的商科体系之一。而互联网运营诞生于互联网时代，它免费向互联网用户提供某种产品服务，以产品的“活跃用户”作为商业价值的基础，通过向客户兜售“用户的注意力”、或向产品的用户提供付费增值服务、或者通过变现产品对用户的“影响力”而获取利润。互联网运营是以此为基础发展起来的“非正式”商科体系之一，之所以说“非正式”是因为互联网运营诞生的时间较短，其真正兴起至今不过才十来年。

传统行业的盈利模式我们常年接触，也非常容易理解。下面，我举几个案例说明互联网的盈利模式。

例如：腾讯以 QQ 免费为用户提供即时通信服务，积累了海量用户后，通过向其中愿意为 QQ 会员、游戏等增值服务付费的用户收取费用从而获取盈利（此外还有各种广告）；淘宝是通过电商平台为商家提供便捷的销售渠道，同时为用户提供免费便利的网购服务，通过收取商家推广费进行盈利；而百度则以免费的互联网搜索服务吸引用户，当用户搜索信息时会看到一些相关广告，百度则通过向这些广告主收取费用，本质上是在兜售用户注意力；目前最成功的自媒体代表，“罗辑思维”是通过向粉丝提供知识服务，并通过自身的影响力向用户推荐（售）书、或者推荐其他付费订阅内容，从而实现盈利……

市场营销也好、互联网运营也罢，它们均是针对不同类型的企业，或者确切地说，针对不同商业时代的企业而各自发展出的两套商科体系，它们关注的群体不同，市场营销关注客户，关注直接盈利，而互联网运营关注产品的用户，并不特别在意直接盈利。必须说明的一点是，在未来，或者说，现在，完全不具备互联网属性的企业将渐渐退出历史舞台。

市场营销的历史远比互联网运营悠久得多，但这并不代表运营属于市场营销部门的一个子分支。反观我自身多年的互联网从业经验，广义上的运营（通常称为“大运营”），其范畴甚至涵盖市场类部门的绝大部分职能。毕竟，互联网企业的核心商业价值完全靠用户支撑，有用户才会有客户。故此，运营在互联网企业中，权利远大于市场类部门，甚至直接监管除商务、销售外的市场部门也不足为奇。

当然，探讨两者区别的目的是对运营的进一步“彻悟”。陷入对岗职本身的定义、或者谁大谁小、谁管理谁的争辩当中，意义不大。运营是一个体系化的互联网工作内容，没必要硬去纠岗职，纠概念。我们唯有把工作内容理解到位，将用户伺候到位，将企业资源应用到位，一切方有意义。

例如，培养用户对产品的“认知”，这类工作内容，你是定义为市场推广专员、品牌专员也好、新媒体运营也好，用户运营也罢，都没问题，关键是，得有人把它做好。

本书探讨的“运营”，特指这类工作的内涵、工作内容本身。一家企业能否将运营工作的价值发挥出来，关键是对工作本身的“彻悟”而非纠结岗位的名称，具体的工作交由哪个部门、哪个岗职去做应该视各家公司的“司情”而定，我认为，怎样高效、怎样能有效降低岗职间的冲突矛盾，就怎样操作。

从长远来看，目前我们所熟悉的组织“专业化分工”其实还是源自于传统大型企业“大批量、流水化”的管理模式，但这类模式的弊端在于：部门间各自为政，相互推诿，彼此沟通成本高，业务割裂……这些都成为企业快速响应市场的巨大阻碍——在互联网商业竞争中，这是很致命的。

不少互联网企业亦开始将原先按职能划分的组织架构改为按事业部（产品组）为单位的组织结构，而对人才的要求也不断地由专业型向全能型转变——这其实更接地气：一方面，“做正确的事情”比“做专业的事情”更满足用户价值；另一方面，这也是由运营特有的“环环相扣”的属性决定了对运营人“全能型”的高要求（后面会谈到）。

所幸，社会日趋成熟的商业环境也为这个变革打下了基础：随着各种“专业化工具”的“小白化”，例如以前需要依赖研发人员进行技术支持的工作，时下只需要找到成熟的第三方软件拼拼凑凑即可制作出来……未来，岗位与岗位之间的界限将变得愈发模糊。

故此，本书的写作思路亦是始终从“大运营”的视野着笔，目的是成就“全能型”的运营人才，而非局限于具体某一个“点”的狭义层面的“专才”（例如仅懂写文案）。

1.1.6 运营的液态属性及弹簧属性

相对于企业的其他岗位，互联网运营岗诞生至今不过短短数十年，论“资历”，它还仅仅是一个青春期的小伙：青涩、生气勃勃，充满巨大的可塑性。正因为此，在尚未形成全面、透彻、严谨、权威的体系化学科前，目前互联网业界的运营前辈们对“运营工作”的观点，渐渐成为了指导运营工作的“不成文”手册。

这些前辈们的观点，对于互联网运营岗的工作边界、职责定义、人员配置起到了正向作用，我们一方面必须尊重前人的运营实践经验，感谢他们的贡献，但另一方面，却绝对不能迷信，更不能束缚自己的运营思考力。

经过多年的运营实践及对互联网商业形态的深入思考后，我认为，得以最大限度发挥运营威力的并非来自于“他人的成功经验”，亦非来自于“专家权威”，或者是“既定的运营条条框框”。

在我看来，最有效的“运营方法论”应当具备两大属性：液态属性和弹簧属性。

液态属性是指，我们的运营方法必须基于企业、产品的内外部刚性环境（例如互联网人文环境、竞品情况、用户心智认知背景等），持续的自我“塑形”、填满其中的隙缝，而非与之对抗；弹簧属性则是在液态属性的基础上，将企业资源整合成一股强有力的弹簧，一伸一缩间，释放无穷的威力。

这便是我的互联网运营之“道”。

无论是液态属性也好，弹簧属性也罢，它们都并非空中楼阁、无影无形。它们具备从上述“体系化运营”的概念中抽离出来的一种初始的、稳定的“轮廓”，或者说是一种具有高度可塑性的“运营底层框架”。这个“底层框架”，才是最有价值的，亦是本书探讨的核心：通过对运营底层框架的探讨、启发式的思考，剖开现象挖本质，帮助读者朋友们构建一套真正属于自己的运营方法论，唯有此，才可谓真正掌握了运营的门道。

下文开始，我们正式开启运营框架的“塑造之旅”，而第一步，也是运营思考的起点：从用户视角出发。

1.2 运营思考的起点：用户视角看运营

小时候曾看过一句话，“最打动人心的，莫过于谈论人们珍爱之事。”不知为何，一直印象深刻。随着年岁渐长，愈发意识到这句话的妙不可言，尤其是对于与人打交道、与“人性”相关的工作更是一招杀手锏。

1.2.1　为何要回归用户视角

运营工作，恰恰是完全围绕“用户”开展，往本质上来说，就是完全基于“人性”进行思考。

我们也常常听到“换位思考”这个词，然而遗憾的是，无论是企业对于岗位职责的定义，还是目前业界对“运营经验”的主流叙述视角，均是从企业方的视角展开。

例如，我们经常会听到：内容运营、活动运营、产品运营、用户运营、社群运营和新媒体传播等概念，然而，一旦脱离“用户视角”，这些无非是一堆干巴巴的概念罢了，我们完全无法从中识别出运营工作的内涵，更难以将各种孤立的“运营策略”有效组合起来，达到事半功倍的成效。甚至对于一些热衷于炒作互联网概念的企业而言，这些岗位设置不过是企业方掩耳盗铃，为自己贴个互联网的标签罢了。

事实上，“用户视角”才是运营底层框架——运营思考的起点。唯有通过“用户视角”，我们运营人方能将杂乱无序的运营模块（例如内容运营、活动运营和新媒体运营）有序地串联起来，从而真正盘活整个企业的运营资源。

1.2.2　如何理解用户视角

那么，用户视角的确切含义是什么？用户视角包括哪些要素，各个要素有何关联，应当如何理解？

前文我们已经进行了初步说明，下面，我们再模拟一个例子详细论证。

近年来相信大家都在人行道或广场上见到一些年轻人双脚踏在独轮（或双轮）的电动平衡车（又称体感车）上，骑者只需固定身躯，依靠重心的调整便能非常潇洒地驾驶着平衡车前行。当下，大型商场上有品牌保障的平衡车体验店，一旦有较大的促销优惠活动，通常能吸引一些潜在的客户买单。

但我们不妨先做个假设：若在平衡车尚未面世、甚至还没有媒体报道前，一家拥有同样品质的平衡车体验店，开在同样人潮热闹的大型商场中，采取同样的促销活动（我们清空自己对平衡车的所有认知），再想想，这样能带来多少订单？

哪怕是追求新鲜时髦，对平衡车极度有兴趣的潜在客户，心中也难免有非常多的疑虑，例如：这玩意儿怎么玩，安全么？它有哪些实质价值，适用于哪些场合？我骑着它走人行道还是机动车道，会被交警罚款么？几千块的价位真的很便宜么？有没有同行参考……一系列的疑惑。

从事互联网电商运营的朋友应当知道电商有一条公式：订单等于流量乘以转化率。此处稍作说明，对于一个电商网站，流量是指访问网站的用户数量，转化率是指在访问电商网站的用户中最终下单购买的比率。

奇了怪了，按照互联网电商的观点来看，上述这家平衡车体验店位于人潮汹涌的高端商场，既有大量的人流，又有促进转化的促销活动，然而为何电商的公式“流量乘以转化率”突然就失灵了呢？

问题的根源就在于——这项促销活动没有站在“用户视角”进行策划。

我们先看看“用户视角”的定义。我是如此定义“用户视角”的：

用户在进行任何商业决策前、决策中、决策后，对产品的一系列心智认知及行为模式的变化。用户的心智认知及行为模式具体是指从用户对产品完全陌生、到初次接触产品、到初步认知产品、关注产品进一步深化认知、尝试体验产品、确认使用产品、为产品的付费项目进行购买决策、培养使用产品的习惯、分享产品的任何资讯等。

需要说明的是，用户对产品的心智变化应视不同的产品类型而定，上述谈到的用户对产品的心智及行为变化是非常微妙而循序渐进的。为方便本书后续对“用户视角”的叙述，上述定义中从“用户接触产品”开始，依次用“接触”、“认知”、“关注”、“体验”、“使用”、“付费”、“习惯”和“分享”等关键词替代。

1.2.3 “用户视角”解读平衡车

聊完“用户视角”的定义，我们现在将自己切换至“用户视角”，重新回到上述平衡车的例子挖掘问题的根源。

接触：体验店位于大型高端商场，逛街人流中不乏潜在客户，而平衡车外观新颖，极容易吸引客户注意，引来“围观”，这是接触环节，问题不大。

认知：围观过来的这批潜在客户，如果他们已经从身边朋友或媒体报道中对平衡车有初步的了解：它是一种时尚的代步工具，电能驱动，适用于平坦路面、能够带你潇洒带你飞，大概的市场价位多少等基本情况，那么，我们可以说用户已经渡过了认知阶段。

关注：对于价格门槛较高的产品，购买决策大都难以一步到位。对平衡车有初步的认知后，潜在客户通常会通过各种渠道持续关注，例如直接询问购买过的朋友，或者关注与平衡车有关的微博、公众号、测评网站……充分研究他人玩平衡车时的感受、适用场景、优缺点等。

体验：当潜在客户对平衡车有了认知并持续关注后，他们在经过商场的体验店时，商家如果能提供一个供客户进行体验的机会，那么他们极可能会亲身体验一次，验证之前对产品价值的认知与体验的感受是否一致，从而初步打消顾虑。

购买决策：体验良好，对于非价格敏感型的意向客户，很可能就直接买单了。而对于价格敏感型客户，若恰逢商家又搞给力的促销活动，他们在清楚真实市场价的基础上，也有极大概率能够当场下单，完成转化。

使用及习惯培养：对于一种产品而言，当我们购买后，只能说明我们拥有它的“占有权”，但未必会常常使用它（就好比我们手机下载一个 APP 但未必就会天天打开也是类似的道理）。对于平衡车而言，如果消费者购买之后并无培养起使用的习惯，那么从“资源利用”的角度讲，这个产品也是失败的，缺乏生命力。

分享：人们会做出两类“分享”行为，例如，对于培养了平衡车使用习惯的人群，当他们在公共场合使用的时候，对于路边看到的行人，无疑相当于受到了平衡车的“认知”教育，又或者身边人对平衡车有兴趣时，过来询问，在解答他们疑惑的过程中也相当于做了分享，这类分享我称为“被动分享”，意即无意识完成了分享行为；另一类，属于主动分享：当用户在玩平衡车这种新鲜时髦的玩意儿时，心中无疑具有非常强烈的分享意愿，于是无论是与朋友交流、还是通过微信朋友圈、微博之类的社交媒体上的分享，又会进一步对其影响范围内的朋友产生对平衡车的认知。

从心理学的角度来说，当一个人在一个时间段从各种不同渠道（朋友聊天、朋友圈动态、媒体报道）均接触到某类产品的“信息”，能使他对产品的认知产生“协同强化”的效果，这类似于心理版的麦特卡夫定律（网络价值与网络用户数量的平方成正比）：使用、分享产品的人越多，越容易在用户心中留下深刻印象，也就有越大的概率能引发螺旋式增长的传播效应。

综上所述，一旦我们开启“用户视角”对平衡车进行观察后，会发觉它与用户的关系是如此细致入微、环环相扣、螺旋式影响的“多元平滑过渡”，而非跳跃式变化，而促成这一用户与产品“多元平滑过渡”的工作，便是运营的内在核心。

通过“用户视角”观察分析平衡车的例子，我们应当能够发觉，但凡真正有效的运营策略，绝对不应当从企业方自身的立场去考量，而应始终回归“用户视角”作为思考的起点，与这一点比起来，无论是所谓的“BAT 成功经验”，还是不了解用户真实状况的“外部专家”的指导，都是微不足道的。

1.2.4 为何要烧钱培育市场

运营人心中耳熟能详的“用户运营、活动运营、内容运营……”固然可以作为运营岗位划分的参考，但若以此为逻辑开展运营工作，却极易将企业运营工作引导入“自嗨”却不见用户增长、业绩增长的诡异境地。

我们经常会在互联网创投资讯报道中看到的诸如“BAT 烧钱数十亿教育某某市场”其实就是通过巨量的资金进行市场包装、媒体宣传、使用补贴等多种手段打通用户视角的“接触、认知、关注、体验、使用、付费、习惯、分享”等环节。

我们再回过头来分析美团外卖、滴滴打车、Uber 等近年流行的 O2O 商业模式，尽管其核心业务对用户而言早已不是新鲜事：例如电话订餐、出租车等已存在数十年。然而为何运作这些 O2O 商业时，这些互联网公司依然需要大把“烧钱”教育用户呢？原因正在于上述提到的“用户视角”中的“认知”、“体验”和“习惯培养”。

以打车类 APP 应用为例，当市场上刚出现这类产品时，我们站在“用户视角”观察：以往我们打车都是在路边“逮着空车即呼之”，到目的地后通过现金付费。而现在，我们通过手机 APP，居然能够直接查看到周边范围内都有哪些空车，通过一个按键，就会有附近的空车主动联系你，并过来载你，到了目的地之后可以直接下车走人，事后再通过手机付款即可。如此便利的服务，到底靠不靠谱？通过手机支付，安不安全？这是产品认知层面的问题。

以自身为例，当年我了解到市面上有 Uber 之后，也是过了几个月才首次使用。毕竟，在当时看来，本来我在路边一个招手即可搞定的事，为何还需要事先下载 APP、打开手机、处于网络条件、确保安全、花时间熟悉功能操作等烦琐事务之后再去做呢？故而我一直未体验产品，直到他们推出优惠补贴为止，毕竟相当于免费打车，那就试试呗。这就是“烧钱”来促进用户体验产品的过程。

当然，体验之后，觉得服务确实不错，那么我会把产品 APP 留在手机里。但是，体验一次并不代表用户就能马上培养出“习惯”。许多企业、尤其是产品负责人往往会高估了产品价值对用户行为的影响，认为只要产品能让用户拥抱更好的生活方式，他们就会即刻颠覆旧有习惯。事实证明，这事比想象的要难。

用户非常务实，要用户放弃旧有的行为习惯，可不是几句“戳中痛点的宣传标语”，或者找明星代言个品牌广告就能做到的。要改变用户的习惯，需要在感性、理性层面让用户切实感受到改善。若对于用户需求强度不高或者可替代类产品较多的情况，还需要外在的“物质或者精神刺激”，又或者是“制度约束”用户持续某个行为，方能做到。

O2O 类产品通过“烧钱”培养用户习惯正是利用“物质利益”来刺激用户持续使用。

1.2.5 用户视角是运营框架的核心要素

如同前文所说，运营作为互联网商业时代中一个极度重要却又“稚嫩”的岗位，在未来相当长一段时间内，人们对运营的理解、运营工作的职责定义必然会不断地出现疑惑、争辩，在争辩与困惑中不断地向前探索实践，而实践结果的反馈又能不断地优化运营工作，最终推动“运营体系”的不断成熟。

尽管运营的工作表象、运营的工具、手段会随着科技、主流技术的更新换代不断地变更：例如，从纸媒时代到互联网时代、从互联网到移动互联网、从移动互联网到物联网、虚拟现实……但是，运营的目标对象：用户，或者更深入地说，人性，以及运营思考的起点——回归“用户视角”思考并制订策略，这些却是永远不会变的。

故此，我坚信，“用户视角”便是前文提到的“运营底层框架”的核心要素：通过“用户视角”重新思考、定义运营的工作内涵，它能够拥有更长远的生命力，而这也是本书的灵魂之所在：仅探讨能经得起时间考验的“运营底层框架”，无论外部运营环境如何变迁，我们依然能通过“运营框架”的“液态属性”塑造运营策略，使其对环境进行“自适应”，并通过“运营框架”的“弹簧属性”释放运营能量。

下一节，我们将继续介绍，如何初步驾驭“用户视角”指导运营工作，从而让我们运营人在与用户、市场、竞品的博弈过程中，能始终清晰地知道何去何从。

1.3 基于用户视角的“用户养成”运营

前文已介绍过，由于运营在互联网商业时代的竞争中日趋重要，但偏偏却缺乏成熟指导思路，导致众多互联网公司的运营都处于高度迷茫状态：要么整体盲从跟风，要么内部各自为政，缺乏一个科学、体系化的运营思路，直接导致在执行具体运营战术时无的放矢。

看着新媒体火了，业界评论新媒体优势显著，便也赶紧招个新媒体运营，开个官方公众号、官方微博开始吸引粉丝；看别人家通过策划“病毒营销”产生了上千万曝光，就也督促市场人员天天绞尽脑汁思索借势营销;看媒体报道“社群运营”如何顺应当下、如何有效,便也开启“社群运营”工作……

往往折腾了大半年才发觉，粉丝、曝光度、关注度，看似该有的都有了，但为何漂亮的业绩始终是“别人家”的?

1.3.1 何为用户养成运营

经过前文对“用户视角”的分析,我们应当不难理解,对于不同的产品,其用户在接触、认知、关注、体验、使用、付费、习惯、分享等各个环节上都有非常大的出入，而“用户视角”每个环节的转化又是如此环环相扣、藕断丝连。故此，成熟的互联网运营应当是体系化的一环接一环的“无缝衔接”的打法，而非孤立空洞的华丽招式。

我相信玩过即时战略类游戏的读者朋友们最能感触其中的差距：军力接近的两军交战，如果我们将攻击能力强、防御弱的远程攻击类兵种置于前线，三两下就会被敌军消灭；但如果我们能在前线设置具有强大抵抗力的步兵，就能与后方辅助攻击的远程类兵种产生强大的“协同强化”效应：一加一远远大于二。

这种能产生“协同强化”的运营组合策略必定来自于对“用户视角”的深度思考，这就是我所说的成熟运营框架的“弹簧属性”。

我们回顾一下前面提到的 O2O 产品通过“烧钱”刺激用户体验产品、培养用户习惯的事例:如果美团外卖、滴滴打车之类的产品尚未做好准备，例如，产品的引导机制、使用操作流程、商家服务的响应、线上支付……只要任何一个环节出现较大问题，那么，无论对用户的利益刺激多大，势必沦落到“用户来一个卸一个”的悲惨境地。

然而，一旦企业能够回归“用户视角”分析产品与用户的关系，便能够清晰明了地知道企业当下最该为用户做什么，例如，是培养用户认知，还是促进用户体验，又或者是促使用户分享？唯有如此思考，企业才能得出一个最容易为用户所接受的运营策略，这种基于“用户视角”为思考起点进行运营规划及实施的方针，我们在本书中称为“用户养成”运营，我是如此定义：

结合行业、产品特征，调研产品用户（用户视角）的特性，包括接触用户的渠道、用户认知水平、行为习惯，以用户视角驱动运营策略，在用户需要的时候恰到好处地出现在用户面前，并不断扩散影响用户人群，持续引导、打动用户、最大程度地缩短用户从接触产品到习惯使用产品的时间，激励用户分享产品，最终实现产品价值至商业价值的转化。

下面，我们根据用户视角的七大转变过程（接触、认知、关注、体验、使用、付费、分享），简单谈谈如何基于“用户视角”来制订相应的“用户养成”策略，或者说，来定位相应的运营工作内容。

1.3.2　用户养成第一步：从接触到认知

于我们运营人而言，我们谈“接触、认知”时，确切地说，应该包含前后两个阶段，第一个阶段其实就是深度的“用户调研”，意即我们运营人自身，主动地与用户进行接触、认知他们。而后半阶段才是基于对用户深度了解的基础上制定产品（或产品资讯）与用户的接触策略，从而实现用户从接触产品到认知产品的转化。

1. 用户认知水平调研

有些大型互联网公司会有专门的“用户调研”部门，也有些企业的运营负责人，由于丰富的业务积累，本身就对特定领域的用户情况非常熟悉，故而从表象上看，“接触及认知用户工作”非常“隐蔽”，并时常被忽略，这是运营工作的一个重大遗漏。

因此，如果企业不具备对当下真实用户的透彻认知，那么当产品即将推向市场之前，我们务必需要重新开展用户调研工作，包括：用户认知水平研究、甄别高密度用户渠道。

我们先简单谈一下用户认知研究，众所周知，一个人的认知水平受多方面因素的影响：教育、阅历、地域、文化、圈子等，不同个体的认知水平都存在差异。当然，此处谈的认知并非是从“认知科学”的角度探讨，对于互联网运营而言，我们只需要分析目标用户群体对我们提供的产品或服务的认知程度即可。

当我们提供一项产品或服务时，可以通过表 1–1 简单地预估用户对产品的认知程度。

表 1–1　用户认知水平评估表示例

认知项	用户认知程度			评　分
能够理解产品中的所有概念么?	全部	部分	完全不	
业界有同类成熟产品么?	有	类同	无	
用户能无障碍操作使用产品么?	能	部分	不能	
知道产品能为生活带来的所有价值么?	全部	部分	完全不	
清楚产品所有的应用场景么?	全部	部分	完全不	
对产品存在信任、安全等忧虑么?	全部	部分	完全不	
……	……	……	……	

基于我们对产品及用户的了解，无论运营何种产品，均可以对照上表简单评估用户的认知水平，通过对表 1–1 左列的产品认知项进行“认知程度”的评分，如果出现认知程度处于“完全不”、“部分”之类的结果，在后续推广产品时，就应该据此制定相应的“认知教育”策略。

当然，表 1–1 并非绝对固定，仅供参考，我们在具体应用时完全能够结合产品及市场环境的变化进行调整。

2. 甄别各渠道的用户密度

在对用户具有较准确的认知把握后、产品投放市场推广前，我们还必须做一件事情：甄别高密度的用户渠道。

如果我们想制造与用户的浪漫邂逅，至少要事先知道他们会途经的地方。同理，我们想让众多的潜在用户尽快认识我们的产品，就需要知道在哪里能够最高性价比地找到他们，无论是线上还是线下。

例如：如果你的产品是面向职场 IT 白领，那么在一线城市的软件园、高新园区的地铁口、写字楼就是高密度用户区；如果你的产品是面向好学上进的人群，那么像知乎、罗辑思维之类的线上知识型社区就是高密度用户渠道；如果你的产品是面向经常出差的企业精英，那么机场、高铁、商务酒店都是高密度用户渠道……

总之，我们可以通过对用户在各种线上、线下分布密度的调研，依据用户密度的高低、在该渠道投放广告接触用户的成本（有些免费，有些收费），对于特别情况，还需要考虑时间成本等各种“个性化要素”，并最终输出一份列表，方便后续进行用户接触、市场推广时使用。

这个表格无须拘泥特定的格式，方便自己及他人查看即可，我们可以基于企业的现状进行优先度排序，类似的列表可以参考表 1–2。

表 1–2 用户密度渠道及获取成本列表

渠 道	接触方式	成 本	注意力	类 型	用户密度（示例）
地铁口海报	地铁广告	X 万元	低	线下	约 85%
知乎	答文	X(人·天)	视内容而定	线上	约 80%
自媒体	软文	X 万元	较高	线上	约 60%
商务酒店	前台易拉宝	X 万元	中	线下	约 50%
某 APP	精准营销	X 万元	高	线上	约 80%
H5 传播	文案	X(人·天)	视内容而定	线上	约 30%
……	……	……	……	……	……

在我们完成了用户的认知水平研究、甄别高密度用户渠道之后，便能够基于这些信息制订首次“接触用户”的内容了。

3. 接触内容的内涵

“接触用户内容”的最终展现形式一般视我们所选择的投放内容的“接触用户渠道”而定：海报、视频、文案、音频甚至展会实体产品等都有可能，这点并不难理解。然而无论“接触内容”的形式如何，其内涵却高度一致，通常会包含三个属性：吸引用户注意力、灌输产品价值、推荐关注（体验）渠道。三者的关系如图 1–1 所示。

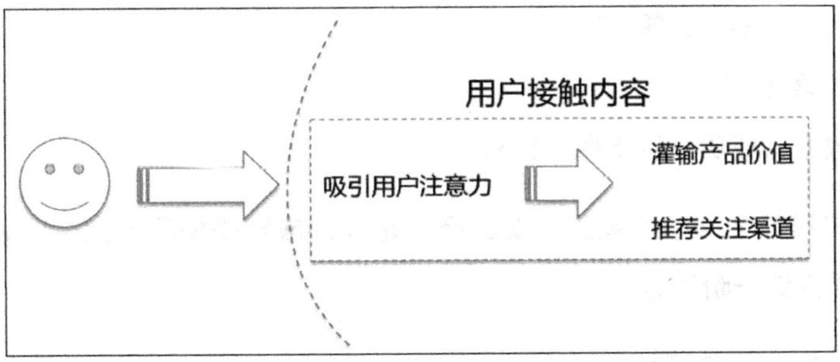

图 1-1 用户接触内容构成

从图 1–1 中可以看出，最初吸引用户注意力的内容是表象，其目的是引导用户，激发用户对产品价值的“欲望”，同时还要留下让用户关注产品、体验产品的渠道。

为确保接触用户内容的有效性，必须能同时满足下面两个条件：

（1）能为产品受众群体的认知水平所理解：例如，我们的目标受众是学生群体，就不要用太多职场化专业语言。我们说一个人善于沟通，其实就是他善于用听众的认知水平能够轻易理解的话语描述。

（2）内容长度适中，视接触渠道的特性而定：例如，如果你与用户的接触渠道是地铁走道的广告牌，行人都是匆匆而过的，就不宜采取超过 5 秒阅读时间以上的篇幅，视频之类的就更加不合适了。

此外，我其实并不建议在“接触内容”中夹带太多营销性质的内容，尤其是对于“高门槛”的产品。毕竟认知教育的目的是初步建立信任感，带有推销性质的内容会失去“中立感”，让用户对产品充满质疑。

必须郑重说明的一点是，移动互联网时代一方面新产品、新鲜事层出不穷，我们得以便利地获取任何资讯，然而另一面，却进一步加剧了人们时间的“碎片化”以及“注意力”的持续下降，这些因素都要求我们运营人在制作接触用户的内容时，对“内容吸引力”提出了更高的要求。关于制作“有吸引力”的接触内容的问题，我们留待第 6.2 节再深入探讨。

1.3.3 用户养成第二步：从认知到关注

在针对用户进行产品价值的认知教育的内容（活动）筹备方面，一般必须思考下面四个问题：

- 这个产品是什么?
- 产品能解决哪些痛点、需求?
- 解决后的效果怎样?
- 辅以权威数据、成功案例支撑（如有）。

有些读者朋友可能会问：如果我负责的产品是较为成熟类型的产品，市场认知度已经相当广泛了，还需要重视这一阶段么?

我的答案是：要。理由有两个。

第一，无论何种类型的产品，总会持续地需要“教育”一批全新的“新晋用户”，哪怕是目前国内用户数最多的微信，其实它在小学生、中学生中的覆盖率也远不及手机 QQ，如若这种状况没有改善，若干年后在新生代群体中，“社交王者”的皇冠花落谁家还未必可知。又比如众多的“百年品牌”，例如可口可乐，还每年投入海量的品牌推广费用，也存在类似的目的。

第二，由于我们受“对自身熟悉的事物更加敏感”的心理影响，我们所认为的“已高度认知产品”的用户群其实占潜在用户的比例可能远低于我们的想象。例如，如果你是知乎的深度用户，可能你会误以为周边的人都在用知乎，可是你要认真问起来，会发觉一些人甚至还以为知乎是个搞笑段子的平台呢。又比如，身处一线城市的你若跟身处三四线乡镇的亲戚们谈论加班，他们可能会觉得匪夷所思。这些都是典型的认知偏差。

用户认知水平调查的结果只是为了给我们评估在这个维度应投入的运营力度，但“用户认知水平整体较高”并不代表我们就可以忽视这部分运营工作。此外，当产品版本有较大的功能迭代时，这种“用户认知教育”的运营思维也是可以复用的，在后面也会深入介绍。

1. 推荐关注渠道

“接触内容”的最终目标当然是希望接触用户都能即刻成为我们产品的用户，然而对于稍微有点认知门槛、信任门槛的产品而言，潜在用户哪怕有一定的兴趣，但也往往有所顾忌，不会马上就体验、使用产品，这个时候，我们就必须主动向用户推荐一个优质的关注产品的内容渠道了。

通常，产品最终的用户绝大部分是从“关注产品的用户”转化而来的，故此在“接触用户”环节，我们的目标就是尽可能地提升“接触用户”转化为“关注用户”的比例。故此，我们必须非常重视对“关注用户”的吸引。

2. 降低用户的关注门槛

抛开用户对产品价值的需求强烈度之外，提升用户关注率的另外关键是什么呢？我认为是：让用户进行关注这一“行为”的门槛越低，关注率会越高。

对于绝大部分产品，接触该产品的用户对其兴趣度“从低到高”的排列都将是图 1-2 所示的“兴趣金字塔”的人数分布。

高度兴趣跟毫无兴趣的人数少，有点兴趣的人数多。对于高度有兴趣的潜在用户，无论产品的关注门槛多高，他们都会想方设法“找到它”，而对于完全没兴趣的群体，无论我们如何争取也是枉然。故此，我们真正需要花心思去争取的就是中间那层“大头”——有点兴趣的用户群体，那么，这部分群体的关注率自然受关注某渠道的“行为门槛”影响。

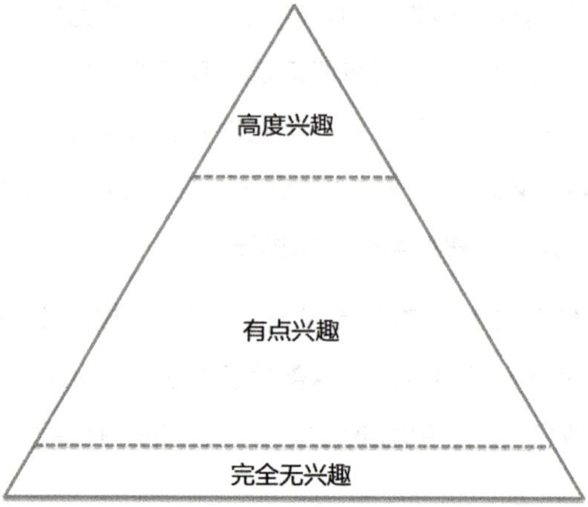

图 1-2　用户对某款产品的兴趣人数分布图

故此，我们应当优先选择一个最契合接触用户的场景、亦是时下最符合主流用户行为习惯的关注渠道。以目前国内互联网发展现状来说，我认为微信公众号依然是一个较优的选择：一方面，微信有着最广泛的用户群体；另一方面，"扫描二维码"关注公众号、"长按图像识别二维码关注"等行为早已深入人心，对大部分用户而言，这些行为门槛算是极低了。

据我在现实场景中的观察，例如机场、地铁、公交、银行、写字楼等区域，不少公司在"接触用户"的框架广告中，都没有留下关注渠道，取而代之的是直接留下产品 APP 的下载链接二维码，渴望一步到位让潜在人群成为用户。这就是典型的站在自己立场不考虑用户视角的做法。

下载一个 APP 的门槛有多高？大部分用户群体都在乎手机流量，故此，需要有 Wi-Fi，其次还要登录 Wi-Fi，通过二维码扫描链接，进入下载地址，还要等待一个下载时间，下载完成后有些产品还需要注册……此外对于苹果手机的用户，众所周知 APP Store 的下载体验很差，如果把整套行为门槛量化下来，至少比关注公众号高个几十倍。

对于线上接触渠道（例如 H5 页面），有些公司是通过留下官方网站链接的方式作为关注渠道，表面上看，虽然行为门槛也很低（仅需收藏），但这个行为已经不符合时下用户了解资讯的主流习惯了。哪怕用户收藏了，下次要让用户"主动"打开浏览器，找到该官网的收藏链接再打开的概率能有多高？

3. 用户视角思考运营工作的内涵

目前我们已经阐述了从了解潜在用户、接触用户、吸引用户、引导用户关注、认知产品的过程……我们不妨暂时停下脚步思考一下，这些运营工作内容都是职场上全新的么?

若从工作表象上看，很显然早在非互联网时代，类似的工作事项都已然存在，一般它们是由传统的市场营销部门主导完成。

然而，当我们从“用户视角”去重新观察思考这些工作，以“用户养成”来重新定义、策划这些工作时，我们会发觉，工作的内涵已然发生了质变——前者通常是“为曝光而曝光、为品牌而品牌”，既不对工作结果设置可量化的考核指标，也没有明确的后续目标。而运营恰恰相反，它从一开始就是奔着“产品的最终用户”而去，有着清楚的事前规划、事中量化、事后承接，获取可量化的数据是基础，分析数据、评估成效、优化运营策略是过程，获取符合产品定位的用户是目标。故此，两者在整体工作的“投入产出比”上完全不可同日而语。

当然，完成“用户认知到用户关注”只是“用户养成”运营工作万里长征的第二步，紧接着，我们进入“用户视角”的第三环：从关注到体验的探讨。

1.3.4　用户养成第三步：从关注到体验

1. 粉丝与订阅用户

在探讨本话题之前，我们先聊聊两个词语：粉丝、关注用户。

时下，不少企业将关注其公众号（或微博）的用户视为“粉丝”，兴许是微博蓬勃发展时带动了“粉丝”这一称谓的普及。事实上，“粉丝”这个称谓尤其容易误导企业陷入“虚假繁荣”的假象中：每天新增了多少用户，粉丝总数达到什么量级……

事实上，真正意义上的粉丝，应当是产品最忠诚的用户、互联网企业最珍贵的资产，他们会自发地分享产品、捍卫产品口碑……若企业将“关注用户”与粉丝混淆，极易以为自己在官微的一举一动都会让用户兴奋、传播。进而毫不考虑用户感受，不断输出广告，甚至将用户关注渠道当成企业的内部公告栏了。

我们千万别想多了，“关注”这个行为，仅仅说明了用户对企业产品有点兴趣、有点好奇，至于企业的作秀，与用户何干?

微信公众号平台对订阅用户的官方叫法是“关注用户”，我认为这个叫法才是最合理的，这种“称谓”才能准确地提醒我们对用户保持敬畏之心：用户只是关注我们的产品，如果我们不能及时给予他们想要的，满足他们的期待，他们会随时离我们而去。

2. 三类关注用户：新手用户、潜伏用户、产品用户

继续回到“用户养成”运营，对于“关注用户”，我们能做哪些运营工作呢?

我们回到“用户视角”看一下，首先，不同关注用户对产品的认知水平是有较大差异的，简单概括一下，可以分成三类程度的用户。

一类是刚刚关注的，对产品认知还相当浅薄，先简单称为新手用户；一类是对产品有高度认知，已经处于体验产品的潜伏期了，称为潜伏用户；最后一类是已经体验并认可产品，甚至是付费用户，是真正意义上的产品用户了，称为产品用户。

对于新手用户，运营策略是如何最快地将其转化为潜伏用户，这不仅是为了缩短时间开销，更重要的是，新手用户一旦没有完成潜伏用户的转化，他极有可能直接取消关注——这是我们最不愿意看到的。必须首先说明的是，对于不同类型的产品，从新手用户到潜伏用户的关注期往往是差异巨大的。关注时间的长短往往与产品的体验（购买）成本成正比，这些成本包括资金、精力、信任成本等。

例如，前文提到的 Uber 刚于国内上线时，尽管我早已有所耳闻，并且兴趣浓厚，但也是一直等到周边有些朋友都用过了，而且有优惠时，才最终促成了我的首次使用。又例如，我们买一部单反照相机，会反复上测评网站、询问朋友了解诸多资讯之后才会进行购买；而对于涉及资金较多、资金安全、隐私安全的应用，往往需要更漫长关注期的发酵，用户才会首次启用，最典型的如理财类产品，对于这类理财产品，推广成本是最高的，因为用户的信任门槛极高。当然，对于资金、信任、操作门槛均极低的产品、或者强需求的产品，基本上关注期非常短，例如免费的工具类产品、休闲娱乐类产品等。

故此，我们运营人请务必结合自己行业、产品的实际情况为新手用户的“关注期”预留必要的时间与耐心，漫无目的、打草惊蛇的营销行为只会破坏好不容易建立起来的信任感，得不偿失。

3. 新手用户的运营策略

针对新手用户，我们能做的缩短关注期的合理运营策略有：

（1）新手用户关注的第一时间，推送承接接触渠道的内容以及能解决用户痛点的最优质内容。

“新手用户”中相当一部分是来自于用户接触渠道的接触内容，而接触内容中大都留下了吸引用户关注的“活动”、“悬念”等，无论留下了什么，切记让这部分用户在初次关注时，能够收到相应的反馈。

例如，我就曾经为了参加一些周末活动关注了某个公众号，可是当我在网上看到“接触内容”，产生兴趣并进行关注时，丝毫没接收到任何报名参与活动的“指引”，让我茫然不知所措，于是只能愤然取消关注。

除了关注时的平滑过渡问题，在用户关注之后，由于关注渠道的“历史内容”往往很多，与其期待用户在内容的海洋中乱逛、或者想当然认为用户会很有耐心地等待着每次的推文、然后某一次打动他，还不如直接针对性地推送最容易让新用户接受的内容给他们。

（2）重视用户的声音，认真答复每一次疑问。

传统企业往往会过于重视市场前端部门的价值，而轻视市场后端（客服售后部门）的价值，或许他们简单地认为，前端部门是替公司挣钱，后端部门是增加公司开销。遗憾的是，这类并不合理的观点也一脉传承地延续到不少互联网企业中，导致一些企业严重低估了主动“找上门”的用户的价值，兴许是由于这些反馈的消息大都是负面的，或者认为答复这些用户太浪费资源……然而我们别忘了一句老话：嫌货才是要货人。

对于关注我们的大部分“沉默”用户，其实我们没法判断他们是否是真正的潜在客户，但是发出声音的用户，我们基本上就能马上判断。对于这类 100% 确定的“真”用户都不重视，还重视什么?

对咨询用户，若能耐心答疑、安抚，很可能一步到位将之转化为产品用户。有些朋友可能会问，随着用户数的增多，咨询量也会呈指数级爆发，这个时候，答复用户咨询还是一件“投入产出比”高的运营事项么? 又该如何应对呢?

首先，这事值得做，这是毋庸置疑的。但在具体的执行层面，我们在运营层面可以有非常多的创新技巧、手段能够极大地压缩“人工回复”的工作量，甚至为用户带来更佳的咨询体验。

例如，将高频咨询的答复内容编制成精美的自动答复；又例如，建立体系化的用户成长机制，激励老用户答复新用户，双方各取所需，这些都是可以借鉴的策略。这些内容本书后续会有更深入探讨，此处不再展开。

对于新关注用户，其实运营策略无非是围绕一件事开展：打造用户对产品的“信任链”，传递产品价值。通过持续地发布相关优质内容，持续地与用户进行互动，逐步打消用户的疑虑，塑造品牌认知，尽快缩短用户的“关注期”。

4. 潜伏用户的运营策略

针对潜伏期的用户，把他们转化为“体验用户”的运营策略有如下两种。

（1）体验（下载）产品的指示清晰可见，确保体验流程顺畅

在每次与用户的互动（无论是内容还是对话）中，清晰地指明体验产品的路径。事先在不同的场景中（例如室内、室外、交通工具中、网络环境差的时候）反复测试用户的体验流程，务必确保顺畅。

有些企业投入大量精力将公众号内容做得很好，终于打动了用户，但用户尝试体验产品时，却偏偏找不到体验（下载）入口，于是愤然离去，岂不可惜?

（2）利用产品用户做示范

产品用户中也有相当一部分群体，他们本身就有喜欢分享、享受曝光的心理需求，既然如此，何不为他们设计一个既能展示自我又能间接传递产品价值的内容模块？这相当于为粉丝们提供一个福利，既满足他们的需求，又能为其他潜伏用户提供更多的信任内容——这些来自用户的真实展示，效果远远高于企业方的“自吹自擂”。当然，最终展示的内容风格要符合产品的品牌定位，能让粉丝们觉得“有面子”，不能低于品牌档次。

我们简单回顾一下“用户养成”中的“从用户关注到用户体验”环节，是否觉得这个阶段的运营工作内容有点熟悉？是的，表象上看，就是业界所说的内容运营、新媒体运营、活动运营的部分工作。

然而当我们回归“用户视角”，深入观察用户对产品认知的微妙变化过程，是否意识到：其实所谓的新媒体运营、内容运营、活动运营都应该是目标清晰、一环接一环地为各个不同层次的用户服务的，它们不是彼此孤立运作，更不应该为内容而内容、为粉丝而粉丝。

微信公众号的运营本身是个非常“高精深”的领域，本节仅简单提起，公众号运营会在第9章作为专题详细说明。

1.3.5 用户养成第四步：从体验到使用

1. 重新定义“新用户”

随着我们将“关注用户”转化成“体验用户”，是不是叹了一口气，有种好不容易得到了真正的产品“新用户”的感觉?

谈到这里，先问一下大家，你们是如何定义“新用户”的?

通常互联网业界认为，当用户首次下载体验产品开始，就算是新用户了。当然，这种对“新用户”的定义清晰直观，而且在进行运营数据统计时较为方便。目前，几乎所有的互联网公司都按照这样的定义进行用户统计。

不过，我在这个定义上并不认同业界的观点，理由很简单，这种定义对于制定最卓越的运营策略而言，精细度不够。

当一个用户渡过了关注期进入到体验产品阶段，只能说，他在“认知层面”认可了产品的价值，但是这个产品到底适不适合用户，到底好不好用，会不会用? 这些都是用户在体验阶段“尚待验证”的事情。然而一旦我们按照业界的定义，会让我们忽视了“体验用户”对产品的“审视”心态，难免会使运营策略的“液态属性”不足，在某些点上让用户感觉很突兀。

故我坚信自己的观点，对于首次体验产品的用户应当视为“体验用户”，还称不上是“新用户”，把他们看作产品的“候选用户”或“潜在目标用户”更为合适。

2. 如何运营体验用户

通常，一个用户首次体验产品时主要验证四点：

- 产品颜值是否达标?
- 产品是否好用、易用?
- 产品能否解决我的问题?
- 解决后的效果是否达到预期?

我们可别小看产品颜值对用户决策的影响权重之大，互联网发展到今天，无论多么创新的产品，都不乏众多的替代品，故此，许多用户都对产品颜值异常挑剔，尤其是女性用户。如果产品的颜值、品位达不到用户预期，很可能用户尚未体验产品就已经先卸载了。

产品好用、易用，属于典型的用户体验层面的问题，产品的功能引导、操作是否为用户理解，是否符合用户操作习惯，会不会用起来感到别扭？最后，是否很好地解决了用户的问题……这些则是用户是否认可产品，并决定让其留在“手机”占领宝贵的一席之地的关键。

有些朋友可能会疑惑，这些问题有不少都是产品经理考虑的，我们运营人理解这些问题的意义何在？

意义当然重大，我们在执行具体的运营策略时，唯有深刻把握“体验用户”的心态，才能与其有效沟通，迅速定位问题，制订相应的措施，并反馈产品进行优化，挽留潜在用户的流失，唯有如此，方能极大地提高“体验用户”变成真正意义上的“新用户”的转化率。

随着本书阅读的深入，相信各位慢慢会看到这种精益运营的思路对产品最终成果的重大影响。

顺带谈点题外话，随着互联网企业的继续演化，未来，产品与运营两个岗位必将从最初的分离又慢慢走向融合，这更符合未来互联网企业的优势竞争形态。故此，本书中我以“大运营”的视角阐述，其中蕴含不少产品思维，也是为未来做铺垫。

1.3.6 用户养成第五步：从场景体验到付费转化

“从场景体验到付费”环节主要是针对 O2O 类产品，即是与我们的现实生活深度契合的产品。例如美团外卖，Uber（优步）、Airbnb（空中食宿）、滴滴出行或者共享知识经济类产品等。

对于 O2O 产品，场景体验是必不可缺的一环。当然，对于纯粹的线上产品，例如知乎、今日头条等，可以不用特别考虑这个环节。

长远来看，我认为，随着物联网的进一步成熟，万物联网必然是趋势，随着线上线下的深度融合，场景体验在“用户养成”运营的诸环节中也当变得愈加重要。

对于运营人，在场景体验环节，我们又需要着手筹备哪些运营事项呢？

1. 筹划一次完美的场景体验

反复测试体验流程：不打没准备的仗。在产品（服务）正式向外推广前，先回归用户的使用场景，反复在线下测试完整的产品使用流程。包括但不限于：网络环境要求、产品下载、首页指引、具体功能的使用、支付、应用反馈的速度、反馈用户的含义是否清晰等实际体验层面的问题。

特殊情况的应急备案：包括体验现场的特殊情况，如网络环境差、声音嘈杂、光线、安全性、外部其他干扰等因素对产品体验影响，甚至包括售后问题（付费产品）的响应等。

对于“人工服务”依赖程度高的产品，还应当评估后台服务的承载能力：在确保服务质量的前提下，评估单位时间能服务用户的数量，对于无法即时响应的用户的应对方案，等等。

2. 促使用户进行付费决策

为了让用户进行购买决策，相信大部分人的第一反应无非是降价、促销等常规手段，但这些其实只是“术”，一个可持续盈利、真正创造价值的产品首先应回过头来问问自己，产品是否具备让用户付费的几个理由，例如，为什么选择你而非其他公司的替代产品？为什么是这个价格而非其他价格？为什么是现在付费而不是以后？任何付费产品或服务，都应当认真思考这三个问题。如果我们的理由还不足以打动自己，那么请务必反馈公司进行产品或服务的差异化升级，直至我们的理由让用户满意为止。

至此境界，让用户付费其实无须刻意为之，不过是水到渠成的事情。

1.3.7　用户养成第六步：从使用到习惯

在“用户养成”的所有环节中，耗资、费时最大，但也最具商业价值的当属用户习惯的培养了。

这一点也是互联网商业的内在属性决定的：互联网产品不是为了满足人们的基本需求而存在，互联网产品是为满足人们“更好”的高级需求。“更好”两字充分说明了互联网产品具有改变用户习惯的内在“基因”。

前面提到的美团、滴滴类 O2O 产品的现金补贴就是一种典型的培养用户习惯的运营策略。当然这种“土豪式”的玩法并不适用于绝大部分中小型企业，尤其是初创型企业。

事实上，这种“现金补贴”的运营策略未必是最有效的，只能说是相对刺激力度较大，传播速度较快。其实很多时候，过度的物质刺激不仅“投入产出比”不高，甚至还会使用户产生“送钱就用，不送钱不用”的反向习惯。所以，我们运营人在这个环节千万不要让这种“现金补贴”的思路固化了我们的想象力，我们应该深入思考的是，如何挖掘更高“性价比”、或者“润物细无声”的习惯培养手段。下面先分享几个业界常见的简单有效的运营策略，在本书后续章节中，会详细阐述更多的启发策略。

1. 针对价格敏感型用户抛出小恩小惠

最典型当属淘宝的淘金币了，每天登录签到即可领取。由于淘金币具有现金抵扣、抽奖等用途，对于广大以省钱为目的的淘宝用户而言，如此一个简单的策略即可发挥强悍的黏性作用。

2. 针对好胜心强的用户进行攀比刺激

这类激励措施主要应用于与“竞技”有关的产品中，例如学习类产品、工具类产品、游戏类产品。以游戏类产品为例，由于游戏玩家大都有与其他玩家存在竞争关系，需要游戏的“内部资源”，故此，很多游戏都会有登录送游戏虚拟货币、送各种游戏卡牌等策略。这些“虚拟奖励”于企业零成本，却能起到不错的激励效果。正所谓，荣誉与头衔，就是最廉价的奢侈品。

3. 为活跃用户提供特权

这种运营策略在工具类产品中特别有效。例如，招聘类 APP，经常登录的用户（求职者）能够获得排序优先，获得更多的曝光量，更有机会被用人单位的 HR 看到。

4. 习惯行为的倍增激励

这个策略其实适用于所有类型的产品，可以说是“登录得好处”的升级版，例如，淘金币为连续登录的用户提供额外奖励积分，第一天登录 10 分，第二天登录 15 分，以此叠加直至达到一个常量。

总之，我们运营人不应当预先为自己的思维设下各种条条框框，培养用户习惯的策略应当是充满创意、没有疆界的。我们唯一需要把握的原则是：结合目标用户的特性，挖掘最吸引他们的玩法，并最终将成本（资金及人力）开销降到最低。

1.3.8　用户养成第七步：让分享成为常态

许多企业的运营人挖空心思，渴望用户、粉丝能在朋友圈中尽量分享产品，以此实现口碑传播的效果。甚至为此不惜砸下重金：转发送现金或者双边送现金（转发者及接受者），这些想必大家都司空见惯。然而，这类“物质激励”在初期虽然见效快，但极易让用户出现“刺激疲劳”，进而愈发麻木，时下类似的激励已然“投入产出比”极低。

事实上，若我们认真分析下社交传播，从用户视角来看，“分享”这一行为本身就是用户的强烈心理需求啊。故而，我们运营人应该考虑的不是“如何刺激用户分享我们的产品”，而应当是“如何为用户的社交分享的心理需求提供人性化的出口”。这些社交心理需求包括：身份标签（彰显与众不同）、塑造良好的社会形象、刷存在感、甚至吐槽，等等。

谙熟用户心理仅仅是个前提，要最大限度地让用户心甘情愿地分享产品，最关键的要点是：触发“用户分享的时机”的把控，以及制造多元化的分享内容。

以某运动类 APP 为例，用户每次跑步时，当他们超越平均水平、或者突破自己历史记录的里程、或者达到最新的速度时，此时的分享欲望是最旺盛的，这个时候，当用户点击“结束跑步”时，弹出一个“超越历史”的数据，并附带一个醒目的分享按钮，我相信分享率是很高的（事实上我确实经常看到不同的朋友在朋友圈晒的跑步截图）。

再以“微信运动”为例，如果仅仅是单纯的体现用户每天走路的步数，哪怕用户每天走路步数的数据很惊人，但晒过几次后，也就厌倦了。有没有更好的点子呢？微信运动不是有个公益捐步数功能么（累积一万步替代一元），当用户捐了步数，既彰显自己的公益心，又能侧面体现自己爱运动的阳光形象，能不愿意分享么？

此处仅仅是简单谈一下“促使用户分享”的运营策略，在本书后续第 3.5 节，会有更体系化的阐述。

1.3.9　用户养成运营小结

本节内容较长，为方便读者朋友们对“用户养成模型”有个整体的认识，我将本节所涵盖的内容简单地汇总为一幅用户养成整体流程图，如图 1-3 所示，当然，这只是对本节内容的概括，并非体系化的用户养成总图。

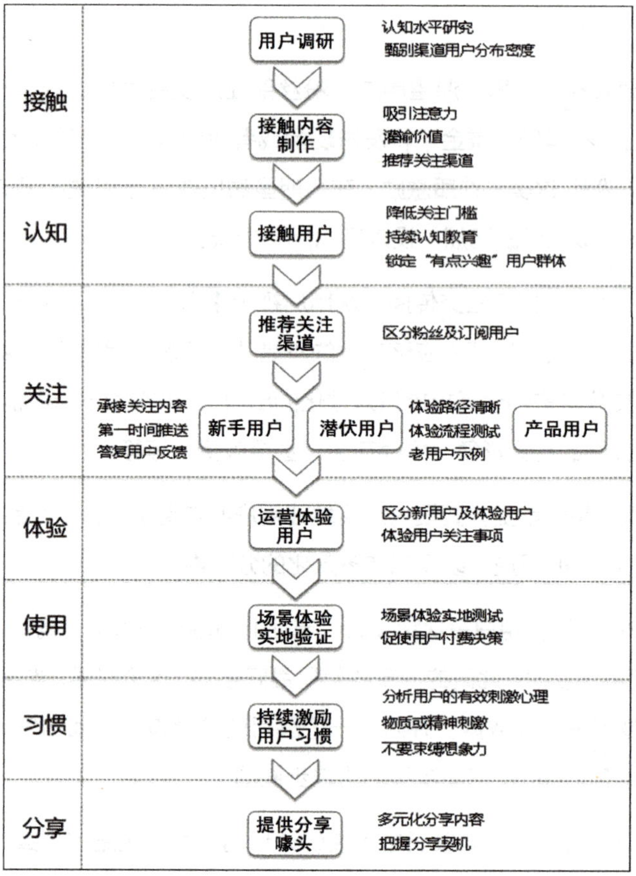

图 1-3　本节所述的用户养成整体图

本章节，我从"用户视角"出发，对"用户养成"各环节的运营策略进行初步的介绍，让诸位能对运营的"液态属性"、"弹簧属性"有个感性化的认识，我们目前先不求完全理解，随着本书阅读的深入，一切将豁然开朗。

以用户视角观察，从接触产品开始，他对产品的认知、关注，到体验、使用、付费、习惯、分享等七大动态过程，近似一个线性过程。但若将用户视角放到真实的"用户养成"运营实践中，必须从"用户群体"而非仅仅是"个体"的视角维度去看待，在这种情况下，它将是一个三维立体网状结构，在本书第 3 章，将详细阐述基于群体"用户视角"进行"用户养成"运营模型如何应用于实践中。当然，这只是一个"运营框架"，我们更重要的是通过这个底层框架的液态属性、弹簧属性，持续适应外部环境，吸收养分，创建出符合企业自身的体系化"用户养成"运营打法。

事实上，一本好书也好，一个好的方法论也罢，它都不应该是个公式，而更应当是一个极具弹性的思维弹簧，在我们需要的时候，能够给头脑一个强有力的启发。

1.4　运营在企业中的角色

前面较为细致地谈到了运营的概念、内涵、工作思路等微观层面的内容，本小节简单谈一下运营的宏观轮廓——运营在企业中的角色，从而构成一个“点面结合”的运营全景图。

1.4.1　互联网企业的内在结构

据我观察，运营也是个“备受委屈”的部门。

有些互联网企业，尤其是初创企业，把运营当作“万金油”，凡是对外的业务，或者其他部门不沾的事项，统统归于运营；也有些企业把运营当作“救火部门”，产品出事了，用户抱怨了，媒体爆料了，就由运营出面扛着；更有些企业把运营当作“门面部门”，平日里撰写推送企业的“官方新闻”，偶尔做些品牌广告，逢年过节搞些花哨的活动，吸引下用户、媒体的眼球……

可以肯定地说，按上述例子定位运营的企业，其互联网业务必然运作维艰。

那么，运营岗在互联网企业中，到底应该扮演什么角色才合适呢，它的地位如何呢？我们先看一下互联网企业的内在结构（仅为简图，省略了诸多非常规部门），如图 1-4 所示。

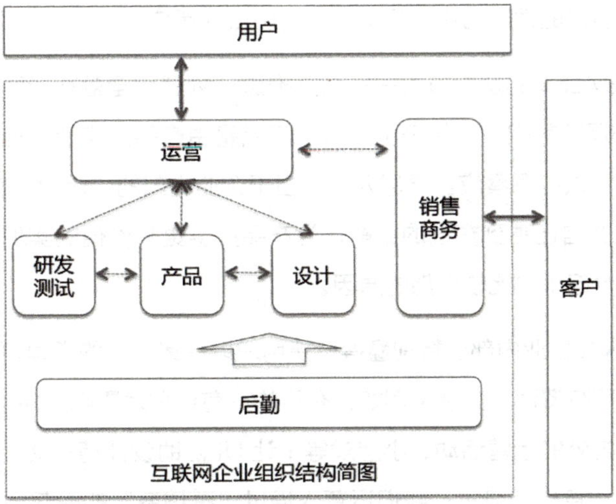

图 1-4　互联网企业的内在结构

图 1–4 中心的虚线框内是互联网企业的内部结构，虚线框外分别是用户与客户。其中，客户是为互联网企业带来直接营收的主要群体（此外还有部分盈利来自于付费用户，例如 QQ 会员），然而，用户才是衡量互联网企业最重要的资产，没有用户的产品，也不会存在客户（客户是因为产品内有大量活跃用户才愿意投放广告或其他形式的合作）。

再看下互联网企业的内在结构，其中，后勤部门是我们通常所说的服务于企业内部员工的职能部门，例如财务部、人力资源部、行政部等；销售部门是通过产品为企业带来盈利的部门；而产品、设计、研发、测试等岗位工作的核心就是为“产品”而存在，大型互联网公司也有按照产品组进行人员划分的，每个产品组通常都包括这些基本岗职，而运营，则是衔接产品与用户的桥梁。

1.4.2 运营充当着中部枢纽的角色

从图 1–4 中可以看出，运营岗囊括了企业的“三个最”：

- 最多接触用户
- 最懂用户
- 最多地与公司内其他部门打交道

运营工作贯穿了互联网企业最核心的资产——用户的全生命周期，从产品接触用户开始，到用户对产品的认知、关注、体验、使用产品，到付费，到用户习惯的培养、分享，运营如此长时间、高频率、带着目的性地与用户打交道，势必最懂用户。

正因为此，互联网公司的发展节奏——用户推进计划就完全落在运营肩上了，甚至，产品的演变方向也间接受运营影响：虽然表面上看，产品是由产品部实现，但产品的需求，包括对需求的解读，我们运营人的洞察应当更深入，相当于企业内部的“用户代言人”，故此，运营人必须要对用户的认知有自己独到精准的见解，为产品提供更有价值的实现方案，这也是为何产品与运营岗位即便融合起来也比较自然的原因。

故此，我们运营人在企业内部应特别懂得“挟用户以令诸侯”的道理，在推动企业往前冲时，务必充分调动内部的所有资源、力量：例如，有目的、有计划地影响产品功能的迭代优先次序；让研发协助开发产品内外的运营活动、小游戏等；让 UI 协助设计精美文案；让市场协助开展产品活动、品牌推广进行宣传造势……我们运营人通过“高情商”的跨部门沟通，整合企业的内外部资源，从而产生“协同强化”的效果，将企业运营能力发挥到极致。

如果把互联网企业比作一辆机动车，那么运营就充当着车上的方向盘和发动机的作用，这辆车能往哪里跑，能跑得多快，跑得多远，这一切，都由运营驱动。

所以，诸位读者朋友们如果正在从事运营、或者未来打算以运营作为自身的职业生涯，请务必抱持一种使命感：互联网企业的成败，皆看运营。

1.5 运营的五重“动态”属性

上一节我们把运营岗位的工作价值、运营在企业的内部地位描述得“牛气冲天”，但我们热血沸腾的同时，千万别理所当然地把这些视为威望，或者视为压制公司内其他部门同事的权力——这与做好运营完全南辕北辙。

我在任职一家企业的运营负责人时，内心深处最大的感触只有一个：沉重的使命感。当时我的老板是为数不多的对互联网商业有着清晰洞见的企业家，他在全公司会议上曾多次强调：企业的所有资源都围绕运营开展。

是的，成也运营、败也运营，支配多少资源就必须背负多大的使命，当整家企业所有员工的未来都赌在运营团队身上时，我们没理由不对这份岗位充满敬畏之心，没理由不全力以赴。

对运营工作实践得越久，我越是感受到运营的“深奥”，它对专业能力、综合能力的要求之高，绝非像表面看上去的那样：与用户吹吹水、吸几个粉丝、写写文案、做做活动那么“肤浅”。

运营最大的难处在于，无论从哪个维度观察它，都始终处于微妙的动态变化中（Being），或者说它像是流动的液体般变幻莫测：工作目标 Being、工作对象 Being、工作内容 Being、工作工具及手段 Being、连工作者的人格切换都是一个 Being。

1.5.1 工作目标 Being

大部分岗位的工作目标在一个时期内都较为稳定。例如，研发专注完成产品需求、销售专注做好业绩，人资（招聘方向）专注做好招聘……唯有运营，在产品不同的生命周期，甚至在产品生命周期的同一个阶段，工作的“核心指标”都在变化，而且这个“变化”还没有任何人会告诉你，必须自己敏锐地识别并大胆进行工作调整。若一旦“核心指标”与实际运营需要出现“不适配”，便会极大地延缓企业运营战略的达成，在异常激烈的互联网商业竞争中，“一着不慎满盘皆输”的例子比比皆是。

有关产品各生命周期的运营策略、运营“核心指标”、运营工作的开展等内容，将在本书第4章～第7章全面讲解。

1.5.2 工作对象 Being

我一直认为“与人打交道”的工作始终是最考验个人能力，同时也是最能学到东西的。皆因人性无常、人心易变。而运营，不仅需要与企业内部不同岗位的人打交道——而且，还需要动辄与百万、千万甚至上亿的用户打交道。

例如，前面提到的，在“用户养成”的各个阶段：接触用户、认知用户、关注用户、使用用户、付费用户、习惯用户……每个阶段的用户都始终处于微妙的变动、流动状态：任何用户都会经历从关注到熟悉，到信任，到成为真正的忠诚用户……每个阶段都会源源不断地涌进来新人，又会源源不断地有部分老用户会迁移进另外一个阶段……

而从微观的角度来看，每个用户个体，他自身也会成长，随着年纪、阅历、社会环境的变迁，他的心态、他的认知水平、他对事物的看法也会发生急剧的变化。这些任意微妙的变化，都可能导致用户数据的大规模异常行为。

所以，我们运营人要时刻保持高度的敏感度，慎重处理用户的“变幻莫测”，珍惜每一次与用户的接触。

1.5.3 工作内容 Being

如前文所述，运营工作是否专业，很大程度上体现在能否发挥运营底层框架的“液态属性”对各种运营资源进行“整合柔化”，进而发挥出“一环扣一环”的运营组合策略的“弹簧属性”的威力。

但如果运营策略上“每一环”的工作人员都各司其职，仅仅盯着自己的一亩三分地，势必难以理解整体运营意图，更难以达到“完美衔接”的境界，从“用户体验”的角度来看，离“优秀”两字就相差更远了。

例如，做新媒体运营的同事，每天就盯着他的文案，却从来不真正接触用户，倾听用户的需求、声音，试问，他怎么写得出一个真正戳中用户泪点的文案?

我以前管理运营团队时，就有让他们“轮岗”的硬性要求：写文案的要有能与用户直面沟通的工作，做客服的也要有能够写文案的能力。再后来招聘运营人时，就直接按照“运营通才”的标准招聘。

1.5.4　工具、手段 Being

互联网人耳熟能详“唯快不破”四个字。从结果上来看，所谓的“快”是体现在产品迭代、用户增长速度上，然而具体的策划、实施执行过程，自然是落到了我们运营人肩上。

互联网时代有个非常明显的特征，那些“卓有成效”的运营推广策略、玩法、手段，有效期非常之短，皆因用户的“口味”日新月异。

故此，微博火了，我们必须第一时间掌握微博运营的手段方法；当用户转移到微信公众号上了，我们又得跟着用户，学习公众号的玩法；H5 流行了，我们学 H5；社群运营见成效了，我们也得懂社群；直播火了，我们又要开始评估直播的传播价值……

所以，追求互联网新鲜事，寻找用户在互联网上的“新阵营”，与时俱进、学习新工具，永远是运营人的必修课。

1.5.5　人格 Being

人格 Being 是工作对象 Being 的延伸，我们运营人在与不同的用户打交道时，既要能做得了活泼开朗的萌妹子，又要扮得了成熟睿智的大叔，更多时候要体贴用户——“用户虐我千百遍，我待用户如初恋”；有时候又要能“貌似柔和”的强势引导用户；在与企业内部人员打交道时，又要摆出精干强势的一面，目标清晰，阴谋阳谋，能上则上，最大程度地调动企业全体的力量……

而在这高频的“变动”过程中，运营人也必须锻炼出“自由切换”多重人格的“变形技能”，着实不易。

读懂了这“五大 Being”，如果我们依然决定将运营进行到底，那么，就必须有所觉悟：我们运营人不仅必须见多识广、心态开放，既要具备与人沟通的感性化思维，又要具备专注目标、系统思考的理性化思维，在性格上还必须有主动争取资源的强势硬派，在推进项目时更需要有破釜沉舟、不留退路的勇气。

十八般武艺，样样精通，说的就是一名优秀运营人。

谈了这么多运营的“变幻莫测”，最后我们再强调下运营的“不变”之处——基于“用户视角”进行“用户养成”的运营底层框架：不断增加与用户的接触、提升用户对产品的认知、关注、体验、使用、付费、习惯、分享，这些“用户养成”的主心骨是不变的。

如表 1-3 所示，左一的用户养成各环节是处于一种稳定状态，越靠右，变动得越快。例如，运营手段，真可谓“年年新月月异”。

表 1-3　用户养成各环节的运营内容、手段

用户养成各环节	运营策略（示例）	运营手段（示例）
从接触到认知	线上线下推广、新媒体运营	搜索引擎竞价排名、网盟推广、实体广告、精准推送、病毒营销
从认知到关注	新媒体运营、内容运营、社群运营	微博、公众号、社交传播、H5 游戏……
从关注到体验	内容运营、活动运营、用户运营	微博、公众号、社群、内容平台、直播……
从体验到使用	产品运营、活动运营、用户运营	行为分析、用户调研、需求输出
从使用到付费	活动运营、用户运营	数据分析、积分、电话、邮件、短信
从付费到习惯	用户运营、内容运营、产品运营	文案灌输、广告、游戏化激励……
让分享成为常态	活动运营、用户运营、产品运营	社交货币、游戏化激励……

本章涵盖了我们运营人及准运营人都需要理解的运营内涵、运营底层框架。

“运营”很年轻却又身负重任，它有点类似前互联网时代的市场营销，尽管目前尚未形成成熟的理论体系，然而势必在不远的将来会成为一门高精深的实践学科。

而我撰写本书，亦是效仿前人“俯首甘为孺子牛”的心态，希望借助本书，能启示我们运营人发掘更大的运营潜力，共同完善更为经得起时间考验的运营体系。

在本书的后续章节中，我思考问题、分析问题、提出解决思路均将以“用户视角”为出发点，通过更多细节的深度思考，为读者朋友们提供更接地气的“用户养成”运营启示。

2

第 2 章 运营开始前

第 1 章我们从宏观、微观的角度对运营的概念、理念做了一番较为体系的介绍，但对于现实中运营工作的开展并无详细的叙述。在进入更深入的用户养成运营模型探讨之前，我们先谈谈真实的运营工作是什么样子的。

如果你尚未入行，对运营职业兴趣浓厚，准备以此作为职业生涯的起点，或者你已经在运营的道路上了，但是对这份工作充满迷茫，或者你正处于职业瓶颈期，不知如何突破……那么，相信本章能为你带来一些启示。

2.1 找到你的第一份运营工作

我的个人公众号后台经常会收到不少关注用户的询问，其中，最多的一类咨询，便是求教："我是某某行业的（或者刚毕业），没有互联网运营经验，如何找到一份运营工作？"。看到这么多朋友对运营充满兴趣，我内心其实还是挺欣慰的。

尽管从工作表象上看，运营确实存在许多"看似简单"的低门槛杂活，给人一种没有经验也能轻松上岗的错觉。

我们或许经常在媒体上看到"企业招人"难的问题，但这些招人难的领域主要是集中在普工蓝领以及职场高端人才领域。对于初中级人才，尤其是初级的"白领"岗位，在一线城市中其实早已供过于求，若是遇上经济大环境不好的年头，"一岗十争"甚至"百争"都不足为奇。

那么，对于欠缺运营工作经验的准运营新人，当如何高成效地找到第一份运营工作呢？突破的切入口又在哪里？

2.1.1 招聘方需要怎样的运营候选人

以终为始，我们先回到用人单位（企业招聘方）的角度分析下，他们到底需要怎样的运营人？高度概括来说，企业方最看重三点：愿做事，会做事，做成事。看着简单的九个字，三个点，它们分别隐含着对候选人的三类要求。

- 愿做事：考察候选人对运营是否理解，在理解的基础上是否具有良好的工作态度；
- 会做事：是否具备基本的运营工作技能，例如内容文案编制、用户思维、数据分析、新媒体运营传播、活动组织等；
- 做成事：是否具备运营工作经验，最好能有初步的成功案例。

2.1.2 应聘运营工作的筹备方案

基于用人单位的要求，我们就能够制订一个“获取第一份运营工作的突击方案”，整个方案的大致思路如图 2-1 所示，下面进行详细阐述。

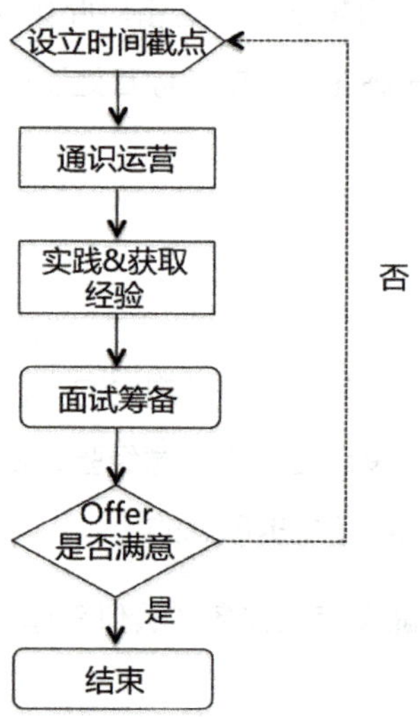

图 2-1 获取运营工作的筹备流程图

首先，可能也是为大部分职场新人所忽略的一点就是——设定一个时间截点。是的，我们做任何事情，都不能漫无目标、毫无时间观念地做下去。一旦设立了时间截点，能让我们的目标感倍加清晰，有效去除拖延症，尤其是对于互联网运营这类“目标驱动型”工作，很需要紧凑的“时间及进度意识”。

设立时间截点，把寻找运营工作的整个筹备过程当作一个项目去运作，对准运营人也是一种必要的修行。

故此，我们可以结合自身的实际情况，例如，自身的学习速率、每天业余时间的多少，制订一个初步的时间截点。个人建议尽量不要让时间截点超过三个月。毕竟，能否习惯高节奏、高强度的工作，也是运营的一项基础“软技能”。

2.1.3　打造运营的知识体系

我们计划从事一门职业之前，最起码需要掌握一些基本的门道、感性认知吧。对于运营，最起码要掌握：

- 对运营的理解（包括定义、知识体系）；
- 运营工作的边界、模式；
- 协作部门。

运营的概念，本书开篇便已介绍：通过对运营资源的最优化配置、运作，持续提升产品与潜在用户的关联度，这些关联度从低到高依次是:接触、认知、关注、体验、使用、付费、习惯、分享。

表 2-1 所示为我自己搭建的运营知识体系索引，诸位可通过本书、或者其他书籍，以及搜索网络资源自行学习及扩充。顺带一提，快速搜索信息的能力本身也是运营的一项“基本功”。

表 2-1　运营人需掌握的基础知识

一级目录	二级目录	说　明	优先级
学科知识	心理学	重点了解社会心理学、人格、认知、发展、决策心理学等，推荐《社会心理学》	中
	传播学	重点了解信息的传播规律、传播媒介、对人的影响等	中
	统计学	统计是数据分析的基础，了解基本的统计方法即可	中
	营销学	重点了解营销的理念、思维，运营与营销在许多方面是相通的	中
	经济学	理解商业社会的基础学科之一	低
	管理学	理解企业运作的基础学科之一	低
	进化学	从生态平衡、物种竞争中会对互联网运营的内涵、企业竞争有更深的认知	低
	职场人际	运营涉及大量的协调沟通工作，尤其需要深谙沟通的艺术	中

续表

<table>
<tr><th>一级目录</th><th>二级目录</th><th>说　明</th><th>优先级</th></tr>
<tr><td rowspan="9">思维模式</td><td>用户思维</td><td rowspan="9">推荐《互联网思维独孤九剑》，快速地对互联网思维形态有初步的认知了解</td><td>高</td></tr>
<tr><td>迭代思维</td><td>高</td></tr>
<tr><td>流量思维</td><td>高</td></tr>
<tr><td>社会化思维</td><td>高</td></tr>
<tr><td>数据思维</td><td>高</td></tr>
<tr><td>简约思维</td><td>高</td></tr>
<tr><td>极致思维</td><td>高</td></tr>
<tr><td>跨界思维</td><td>高</td></tr>
<tr><td>平台思维</td><td>高</td></tr>
<tr><td rowspan="4">互联网基础</td><td>历史及发展</td><td>推荐《浪潮之巅》，以硅谷传奇企业为线索，介绍 IT 信息化、互联网产业背景、创投融资基础知识等</td><td>中</td></tr>
<tr><td>商业模式</td><td>包括盈利模式、产品模式、用户模式、增长模式等</td><td>高</td></tr>
<tr><td>企业架构</td><td>了解互联网企业的人员组织构成</td><td>高</td></tr>
<tr><td>企业运作</td><td>了解企业运作的目标、组织协作关系</td><td>高</td></tr>
<tr><td rowspan="15">运营工作</td><td>渠道推广</td><td>了解线上线下的各类推广渠道、成本</td><td>中</td></tr>
<tr><td>内容运营</td><td>包括产品内的内容运营（UGC）以及产品外的内容运营（用于引流）</td><td>高</td></tr>
<tr><td>事件营销</td><td>利用社会热点策划内容或活动，以达到产品广泛曝光的目的</td><td>中</td></tr>
<tr><td>用户运营</td><td>通过对产品的用户干预以提升用户的养成状态</td><td>高</td></tr>
<tr><td>活动运营</td><td>通过线上线下活动的策划实施，从而增加新用户或者活跃产品用户</td><td>中</td></tr>
<tr><td>产品运营</td><td>提升产品某功能模块的用户使用率、体验感、转化率等</td><td>中</td></tr>
<tr><td>新媒体运营</td><td>通常是企业的官方微信公众号、官方微博或其他官方自媒体平台等，了解后台操作、运作规则、内容运营手段</td><td>高</td></tr>
<tr><td>社群运营</td><td>以线上线下社群的模式直接组织用户群体深度参与产品，方式灵活</td><td>中</td></tr>
<tr><td>电商运营</td><td>针对电商类平台的内部商品的品类管理、曝光、转化、活动组织等</td><td>中</td></tr>
<tr><td>品牌策划</td><td>提升用户对产品的品牌认同，促进产品的曝光、传播、转化</td><td>低</td></tr>
<tr><td>商务公关</td><td>确保产品及企业始终对外保持良好的社会形象</td><td>低</td></tr>
<tr><td>数据分析</td><td>数据分析是判断运营策略是否有效以及持续优化运营策略的基础</td><td>高</td></tr>
<tr><td>竞品分析</td><td>对竞品及其策略的持续跟进、优劣势分析、取长补短是运营的基本技能</td><td>中</td></tr>
<tr><td>新模式探索</td><td>运营非常重视创新，而对互联网新兴科技、产品的敏感度是创新的基础</td><td>中</td></tr>
</table>

续表

一级目录	二级目录	说　　明	优先级
基础技能	Office	包括 Word、Excel、PowerPoint	高
	监测统计	主要是第三方工具，例如百度统计、新媒体统计、电商趋势统计等	中
	流程图	梳理运营思路或内部沟通时使用	中
	Photoshop	文案、内容制作的基本技能	中
	H5	移动端常见的宣传工具	中
	问卷调查	用户调研工具之一	中
	脑图	梳理运营思路或内部沟通时使用	中
	搜索	除了对信息的搜集能力，还包括对优质内容、创意内容的积累、储备	中

稍微说明一下，表 2-1 中所提到的是“通识运营”的基本入门知识，若要深入研究运营，这些知识还远远不足。看了这些内容，相信大家也不会再觉得“运营没啥门槛”了吧。

当然，以“找一份运营工作”为目标而言，我们无须对上述内容均学习得非常透彻、精通，只需要有初步的感性认识、能明白是怎么回事即可。我一直认为，要真正掌握一门知识，最重要的还是回归实践，从实践中获取、吸收、完善。另外，表中的“优先级”是我个人的建议，在时间有限的情况下，建议优先学习的内容。但并不表示，优先级别低的内容就没那么重要。

运营的工作边界，在读完第 1 章后，我们应不难理解，运营的工作边界—维系产品与用户的一切关联纽带，但凡与接触用户，让用户认知产品、关注产品、体验产品、使用产品、为产品付费、使其习惯使用产品、促使用户分享产品的一系列工作皆由运营承担。

运营工作属于典型的“目标驱动型”工作，这一点上类似传统行业的销售工作，其工作的最终成果，无论是产品的新增用户数、活跃用户数还是其他内容类指标，都是最容易量化的。这些都意味着运营人需要有强烈的“自我驱动”、“结果导向”、“争取资源”、“组织协调”的意识。

运营工作中会产生交集的企业内部员工主要包括两类人员，一部分属于产品“内部”的人员，主要包括产品经理、技术研发、设计美化等，另一部分则属于产品“外部”的人员，例如公关、品牌、商务等。从运营需要打交道的人员之多，也能侧面反映出运营在互联网企业中的“中枢地位”。

2.1.4 全职工作之外，如何获取运营经验

谈到“工作经验”，相信读者朋友看到此处可能会有点困惑了：我还没找到运营工作，又怎么获取运营经验呢?

但真的束手无策么? 我们重新回顾一下运营工作的本质：维系产品与该产品用户的一切关联纽带，促成产品与用户的接触，使其认知、关注、体验……故此，要获取运营经验，我们只需要找到可供我们运作的“产品”即可，然后通过各种互联网的方式进行产品运作，这就是获取运营经验的切入口。

顺带一提，要快速掌握一门技能，知行合一是非常必要的，建议本节的“实践环节”与上述的“学习环节”可以并行开始，效率会远高于“脱产学习”。

有些朋友可能又会说，哎，我不会开发 APP，也没有朋友给我整个 APP 出来，哪里来的产品? 事实上，由于刻板印象的心理作用，不少人先入为主地将 APP 与“互联网产品”视为同等概念了。然而这个理解是狭隘且偏颇的，事实上，产品的概念远不仅仅是 APP，非常多的东西都可以是产品：

你在淘宝开一家店，你这家店就是个“提供某商品销售服务”的产品；

你英语好，能为学生做英语家教，那么你本人也是个“提供英语培训服务”的产品；

你善于搜集、整编人们乐意学习的干货内容，并在公众号上推文，那么你的公众号就是个“提供内容服务”的产品；

你在某些专业领域上具有较深的沉淀，那么你在知乎上开个账号，专门回答这类问题，并不断提升这个账号的关注人数、得赞数等，那么你这个号也是个“提供某领域专业答疑”的产品。

是的，一旦我们放开对产品的狭隘认知，就能够轻松地找到“获取运营经验”的切入口。有了产品，运营经验不就水到渠成了?

截至目前我撰写本书的时候（2016 年 8 月），业界对新媒体运营能力的认可度较高，新媒体运营岗位的需求量也较大，外加运作一个微信公众号几乎可以是零资金成本，建议诸位朋友大可将“开启个人公众号”作为运营练手的起点。

运作个人公众号的整体思路如下：

- 选定一个你擅长的内容领域（做你擅长的能事半功倍）；
- 申请个人公众号，并命名、简介、制作内容；
- 找准这个领域的目标人群；
- 分析他们在线上的用户密度；
- 在用户密度高的地方持续进行内容曝光，并引流至你的公众号；
- 结合每篇文章的阅读、分享、收藏等数据持续优化公众号内容、交互；
- 同时不断地参考“运营业界的优秀方法”探寻更高效的运营策略。

相信不用多久，你的公众号订阅用户数、阅读数就能有所突破。而这一系列的努力本身就是实实在在的运营经验，应对互联网公司运营岗的基本工作是没有什么大碍了。这些“运营工作”都可以直接写在你的求职简历上，相信很快，你就能接到运营岗位面试的邀请。

类似的道理，你运营个人微博账号、知乎账号、甚至是娱乐类的（如唱吧）的个人账号等，只要内容较为聚焦，能吸引到较多的关注，都可以作为“运营经验”。

2.1.5　运营面试筹备

关于何时开始进入更新简历、筹备面试的环节，我的建议是：“别太早，但也别太晚。”

这可不是一句废话，如果更新简历时间太早，若频繁接到面试邀请，不仅会因为“尚未成熟”而错失机会，更重要的是会极大干扰你实践基础运营的专注度，延长时间截点。

那么，什么时候才算是准备就绪，可以进入面试筹备环节了呢？我认为，一个最好的标志是—你开始发自内心领悟到互联网运营的道道，对一些互联网书籍谈的观点能够开始有所触动时。

达到这个层面，意味着你已经初步具有互联网思维、意识，能够在认知水平层面与互联网同行保持一致，从而确保彼此的理解、沟通到位。达到这个水平，在面试环节也会更加自信，有真实的心得体会，增加面试通过率。

最后，在着手筹备运营面试的环节，我们将目光重新聚焦于前面提到的招聘单位的三个要求：“愿做事”、“会做事”、“做成事”，若能用心进行“运营体系化学习”、“运营实践”，我相信“会做事”、“能成事”就没问题了。

倒是“愿做事”，我想要多说两句。

有些读者可能会在想，“愿做事”不就是态度问题嘛，面试的时候表表决心不就行了。可是用人单位，尤其是靠谱的用人单位，往往是抱着宁缺毋滥的心态招聘，不可能会如此感性地被“如簧巧舌”给打动。

我曾经面试过大量的运营人，感触很深的一点是，不是我们用人方不愿意给没经验的准新人机会，而是大部分准新人确实充满“不确定性”。

当我问及一些候选人：“为何投身运营？”。他们的答复居然是：“运营简单”、“工作压力小”、“没有专业门槛”，或者说“运营好玩”、“收入前景不错”……诸如此类不靠谱的答复。我很难相信抱着此类心态的候选人，当需要他完成烦琐细腻的运营工作时，他能坚持多久。

那么，我们应当如何证明自己是发自内心“愿意”做运营呢?

我认为一个好的答案应该是：你用心投入时间体系化地学习运营，实践过运营，对这份工作的优缺点都有初步的感触，然后依然选择运营作为职业生涯的起点。唯有此，才能在心态层面打动面试官。这也是为何我建议大家需要对运营工作有了自己的心得体悟后再准备面试的原因之一。

经历了几个月的努力，面试了几家公司，我们好不容易收到第一个运营岗位的 Offer，这个时候，是否该好好庆贺一番，然后准备开启全新的职业生涯了?

且慢。先评估一下这个 Offer 靠不靠谱。

2.2 如何判断一份运营工作是否靠谱

“新兴事物总是代表未来”，这句话并没错，但新兴也同时代表着混乱、无序—这点历史倒是经常忘记了，历史总是偏好于记住美好，遗忘悲痛。

运营亦然。作为一个相对新兴的职业，近年越来越多的年轻人看好它的未来、前景，无论是应届毕业生，还是各行各业有过多年工作经验的人，纷纷转型投向运营的怀抱。另一方面，由于运营工作表面上貌似充满着琐务，这也给了大众一个错误的印象：运营门槛很低，而这份“低门槛”工作的薪资待遇貌似普遍比其他“低门槛”工作有一定的涨幅，这进一步加剧了运营从业大军的数量，也导致运营人综合水平参差不齐。

2.2.1　靠谱的运营需满足三个条件

运营是一门非常重视实践的工作岗位。作为一名运营人，未来如果我们想从运营从业人群中脱颖而出，取得不凡的成就，就意味着你必须持续积累实战经验，快速成长，而持续地快速成长，必然离不开一份靠谱的工作—无论我们的天资多么聪颖，缺乏一个好平台，注定无法发挥才能，更别提积累有效经验了。

不少渴望转型运营的职场人士或者应届毕业生，难得逮着一个运营 Offer，往往便迫不及待地接受，未经基本调查。

正所谓欲速则不达，一份不靠谱的运营工作不但没法让你学到有效的实战经验，还会让你觉得工作非常“痛苦”。于是你可能又会被迫再次跳槽，白白浪费了宝贵的时间、诸多的机会成本。下一份工作的雇主也会对你的“频繁跳槽”心生顾忌。

我的个人公众号后台就非常高频率地接到类似的“烦恼咨询”：运营工作没法进行下去了，怎么办？诸如此类。

“凤翔千仞，非梧不栖”，作为一名抱负远大的运营人，我们更需要抱着找对象的心态来寻觅工作机会。那么，我们应当如何判断一份运营工作是否靠谱呢？或者更具体地说，怎样的运营工作才能既让你发挥所长，又能持续进步呢？

我认为，一份优质的运营工作必须同时满足三项条件：

- 有一个靠谱的上级，给到你发挥实力的空间；
- 公司重视运营，以运营为核心推动产品发展；
- 所运营的产品本身必须是用户的真实需求。

不无遗憾地说，按目前现状，同时符合上述三项条件的互联网公司，比例还是比较低的。但退而求其次，能同时符合以上一两项，特别是第一项的工作，还是比较有选择余地的。第一项条件恰好也是我们能够较容易从外部判断的，下面详细说明。

2.2.2　条件一：靠谱的上级

靠谱的上级意味着：他能给到符合你能力的运营权限，给到你充分施展才华的空间，这一点非常重要。

举个例子，如果你负责新媒体运营，可是每一次内容制作时，从选题策划、创意设计、素材、文案结构，上级都给你定好了，你只是负责“组合内容”，形同文字搬运工，试问如何实践自己的运营思考力？又比如，让你负责 APP 的用户运营，但却不给你后台的数据权限，每次查看数据还得发邮件申请，甚至三求五请才能拿到数据，而且还是不完整的数据！试问如此开展运营工作，效率能高到哪里去？更有甚者，“背黑锅你来，邀功勋我去”，这样的领导也是真实存在的……

反过来，靠谱的上级意味着他具备丰富的工作经验，拥有体系化的运营思维，在你陷入运营困境的时候，能够随时给你有效的建议，让你的水平、视野更上一层楼。

那么，我们该如何在面试时判断未来上级的靠谱程度？

当面试谈的内容让你对公司的产品、薪酬都较为满意时，可以主动询问负责业务面试的面试官是否就是你未来的直接汇报对象（一般都是），确定后，我建议询问他两类问题。

第一，开门见山，询问细节。

直接询问入职后开展工作的方式，特别是与上级如何协作：是由他制订一个目标，由你去思考去策划去执行，最后反馈；还是每个工作步骤都需要他面面俱到地“指导你”，随时汇报等。一般来说，前者的比例越高，说明他越信任下属，越会给你施展才华的空间。

第二，旁敲侧击，了解历史。

了解他自身的履历，包括他自己精通、擅长的领域，“请教”他对某业务领域未来前景的看法、业余生活喜好……当然，交流这些的目的是观察他是否足够自信、心胸是否豁达。一个没有自信的人，是不可能完全信任下属的，甚至还会打压下属的成长。

通过这两方面的询问，你大概能够勾勒出一幅与未来上司共事的日常图谱，大可自行判断这样的方式自己是否能接受。

有些职场新人担心面试时询问太多会让对方对自己产生负面评价，这是一种完全没必要的顾忌。我可以肯定地说，你问的问题越多，问题本身越有价值，恰恰从侧面说明了你是一位慎重、有诚意、有主见的人，反倒是面试加分项。

退一万步，如果一个连你多问几个问题就因此质疑你的面试官，真要被这样的上级录用了那才是最大的不幸。

2.2.3　条件二：公司重视运营

未来能有一个靠谱的上级，对我们运营人而言，可以放 60% 的心了。

但是，如果一家公司的 CEO（首席执行官）不重视运营，那也会让你的运营工作异常惨淡，甚至你那靠谱的上级也随时可能离任。

故此，确定了靠谱的上级，还需要判断一家公司是否重视运营，我们可以考察以下三点。

第一，看薪酬。

如今互联网的薪酬相当透明，我们大可通过招聘网站、调查网站、询问朋友、同行，获取运营岗位大概的薪资水平。如果你所面试的是一家行业内不缺钱的大公司，开出的薪酬也只是平均水平，哪怕是略高于平均值，那也未必说明运营是个受重视的岗位；反之，如果是一家中小型企业，但运营工资依然能略高于平均水平，那说明这家公司还是较为重视运营的。

第二，看运营在公司的发言权。

我们可以通过一些“略为尖锐”的跨部门合作问题或“内部争夺资源”的问题来询问：例如，当我们与产品对用户需求的解读出现较大分歧时如何处理？又例如，当需要争取研发资源协助进行简单的运营功能开发时，大概的流程如何，申请难度如何？如果得出的答复是类似：各司其职，功能实现主要看产品的；或者无特殊情况尽量少调用研发资源……那么，运营地位可想而知了。

在前面 1.5 节中也提到过了，我以前所在的公司，老板就曾在公司级会议里多次郑重宣告过：公司的一切资源都围绕着运营开展。如果你能有幸进入这样的公司，那么运营的权利就非常大了。

第三，询问面试官这个岗位的未来发展规划。

如果他能描述得非常具体清楚，说明公司对运营这个岗位是有体系化的规划，说明公司高层认真思考过运营问题，这也是重视运营的表现。反之，如果他聊的闪烁其词，或者说的空洞浮华，例如从专员、到主管、到总监、COO 等，那么就最好谨慎一些了。

2.2.4　条件三：产品能否做成，做大

如果从锻炼一个人运营能力的角度讲，拥有一个靠谱的上级，一家重视运营的公司，对于运营新人，这已经是一家可以接受的“好公司”了。

但是，如果你的目标是找到一家让自己安心做上 5 年、10 年的公司，一家视为自己事业的公司，那么你还需要判断这家公司是否有足够的决心、资源，能否将核心项目做成，做大。

判断这个问题，对于缺乏社会工作经验的年轻朋友们、甚至是对拥有一定阅历的朋友们可能都有点苛求了，但我们至少能简单地逆向推断产品项目的靠谱度：我们既然没法预估哪些项目能拥有旺盛的生命力，但我们能够较易确定哪些项目会很大概率“做不成”。

通常“做不成”的项目都有以下特征。

第一，没有戳中刚需。

判断一个产品到底有没有戳中刚需，最简单的方法便是回归用户的视角，反思产品本身有没有创造“实质价值”：例如，是否让本身低效率的事务变得更高效；是否能让用户省钱；是否让用户更省力；是否能满足用户的各种心理需求，等等。

没有戳中刚需的产品非常多：例如，曾经火一时的“脸萌”、“围住神经猫”等现象级产品；又或者一些看似是有需求的产品，例如，小区的半熟人社交，差旅社交，这类产品的问题在于需求分散，而且能够通过其他现有产品实现；此外，传统行业一些资金规模巨大的大企业做出来的“面子工程”也经常是些“伪需求”。

第二，不够资源推动。

有些项目点子很好，“若能做成”确实能满足用户需求，甚至做成一个巨大的产业链，但是，它推动起来往往需要强大的国际资源、政府关系或者多边平台同时发力等，试问一个十几人、百来人的公司如何推动得了？这类项目最多体现在一些人渴望颠覆革新传统行业的低效业务，但有些领域并不是一朝一夕仅靠“用户需求”就能打动的，背后的利益关系错综复杂。例如教育行业、医疗行业和其他公共事务等。

第三，和巨头的核心业务正面冲突。

互联网行业是典型的赢家通吃行业，在这样的背景下，如果你的业务和 BAT 的核心业务类似，例如熟人社交、电商平台、搜索业务，那也是凶多吉少。

第四，盘子太小，模式太重。

有些业务是刚需，但覆盖人群太少，频率太低，又或者难以实现“标准化服务”，这些商业都是难以做大的。

当我们充分筹备，步步为营，相信迟早还是能找到一份不错的运营工作的。那么，在正式踏上运营大道时，我们也有必要了解一下运营岗位的职业发展路径如何？我们如何尽量少走弯路步入正轨呢？

2.3 运营的五重境界，以终为始

每一位运营人或者准运营人，应该都特别想知道，运营职业的整体发展路径如何？目前自己处于运营成长阶梯里的哪一个阶段，后续将向哪个方向迈进。本节，我将详细介绍运营发展的五个阶段。

我也算是个三国迷，而运营的岗职特点恰恰像极了各诸侯国的军师、参谋。故下文以三国时代蜀国丞相诸葛亮的成长轨迹来类比运营成长的五个境界：躬耕南阳、初出茅庐、舌战群儒、运筹帷幄、入主西川。

2.3.1 境界一：躬耕南阳，操作阶段

运营级别：助理级，被动接受工作事务，被动进行工作。

核心要务：培养对运营的感性认知，快速掌握各类运营工具并应用于实践中。

对于刚刚踏入互联网圈子的应届毕业生、或者由传统行业其他岗位转型的运营新人，尽管或多或少掌握了运营的基本概念，但毕竟属于没有实战经验的“一介书生”，这个阶段一般来说还不具备独立承担运营事务的能力，故此，配合运营专员、经理进行具体的运营事务操作，熟悉绝大部分的运营工具、与用户打交道的感觉，初步培养对运营的感性认知是这个阶段的核心要务。

这个阶段典型的操作事务有：

1. 用户沟通

通过产品内部管理员账号、官方公众号、官方微信、微博、QQ、电话、邮件等回复用户的咨询、疑问、吐槽，并进行分类记录、汇总。

2. 内容编辑

微信公众号（或其他公众号）的基本编辑操作，订阅用户管理，后台消息回复，第三方编

辑器的使用，对内容素材（或产品需要）的快速寻找、归类整理、二次创作的能力；能简单制作 H5 页面、熟练使用 Photoshop、Office 办公软件等。

3. 社交传播

对主要的、当下流行的社交媒体平台的特点、适用场合、用户群体、内容传播特征有较深认识。例如，微信几乎覆盖了所有人群，微博主要是追求八卦娱乐的人群，知乎都是比较好学上进的群体，秒拍以爱美的女性用户居多……逐步累积对这些平台用户的“动态”认知（不同社交平台在不同时期的用户群体可能会出现差异）。

4. 线上线下推广类

了解主流的线上付费推广平台：百度 SEO、微博粉丝通、腾讯广点通、网盟、自媒体……线下广告平台：框架广告、机场、高铁、地铁、公交站台、传统纸媒……关键是了解各种广告媒体的受众群体特征，能视推广需要及预算选择相应的渠道。

运营新人一般不会直接负责付费推广，顶多只是辅助进行操作型事务，此处为运营新人们提个醒，别只为操作而操作，应该珍惜每次参与的机会，深入研究每个渠道背后的特点、适应场景和优化策略。

5. 数据统计及分析类

理解各类运营数据的含义，例如用户的日新增数、注册数、日 / 周 / 月活跃率、留存率、页面跳出率……收集汇总分散在各个渠道的用户数据，能根据业务需要简单地分析数据背后的用户行为含义。

看了以上种类繁多的事务后，是否会疑惑，对运营新人而言能胜任么？我觉得新人们不用太有压力，初涉运营时，更多的仅仅是按照运营经理、专员的指导开展“操作”工作，这个阶段暂时不需要自己独立策划实施一整套运营模块的工作。

在助理阶段，我提三个建议。

一、心态上，切勿眼高手低或者妄自菲薄。运营的助理级工作看似重复烦琐，却是培养用户意识的重要阶段。事实上，哪怕以后你上升到总监、甚至 COO，这些看似不起眼的琐碎工作也必须直接参与，否则便会失去对“一线用户”的感觉。

二、既要脚踏实地，又别只盯眼前。人都有惰性，新人在上级的指导下开展工作，如果纯粹是做那些“眼前的琐事”，往往不需要“动脑”，所谓人无远虑必有近忧，一旦不小心陷入“混日子”的状态，是非常浪费职场的“黄金学习期”的。故此，学习这些运营“操作”只是表象，在烦琐的事务之余，多研究思索动作背后的运营内涵才是根本。

三、运营工具、手段有效期通常非常短，今年流行的，明年可能就不能用了，故此，比起研究、精通具体的运营工具，运营新人更重要的是培养运营逻辑以及对运营新工具的学习速度。

对于运营新人，从工作内容上来说，无论是用户运营、内容运营、活动运营、新媒体运营，如果有机会均应该主动申请参与。从用户养成模型来看，对于用户的认知、关注、体验、使用、付费、习惯培养等各环节的工作若有机会尽量都有所涉猎，跨越的范围越大，成长就越快。

2.3.2　境界二：初出茅庐，独立阶段

运营级别：专员级，被动接受工作模块，主动工作。

核心要务：独立完成运营子模块的全程运作。

此处必须先郑重说明下我们对运营五个阶段的理解。从“境界”上说，它们是独立的。但从工作内容上，它们是始终交叉渗透的。例如，一位运营新人从助理到专员，可能他已经能独立负责某一模块的整体运营事务了，例如公众号运营，但依然在其他事务上要协助运营经理进行一些执行操作，这些都是非常正常的。反之，有些小公司可能从来就没有所谓的助理学徒阶段，运营人一上来就“委以重任”负责单独的模块，这些都很正常。但也对运营新人的学习能力要求非常高，甚至要业余时间“恶补”。当然，压力大的“福利”是能逼着自己更快速成长。

当运营朋友们“初出茅庐”时，意味着能开始独立承担具体运营子模块的全程工作了：例如，承担公众号每天的推文，具体包括：选题、内容收集编制、美化、推文、后台用户答复、用户数据分析（阅读数、分享、收藏数）、内容调整及优化等公众号内容的全程策划及编制工作。又如，能独立策划一个简单的线上 / 线下活动，具体包括：活动目标、确定活动受众范围、预算评估、活动渠道选取、活动创意设计、活动流程的测试、备案、活动预热、活动投放、活动持续监控、活动优化、活动总结等。

这个境界的关键点在于“完整、独立”两字，对于上级交代的运营事务，只需要清楚地知道工作的目标、效果的量化指标，其他具体如何开展，中途需要哪些资源，资源如何组合，完

全能够自己去思考，自己去协调，而不是处处请示、处处汇报。

这个阶段的工作往往是以“天或周”为周期进行总结。今日事今日毕，每天都能看到工作反馈，不断优化调整。

随着你对运营子模块的精通，对上下游关联外延模块的理解、衔接开始有了自己独到的见解，并能通过简单尝试、数据反馈来验证自己的想法时，你就开始进入运营的第三重境界了。

2.3.3 境界三：舌战群儒，策划阶段

运营级别：经理（主管）级，半主动半被动接受工作。

核心要务：对运营战略的理解、目标的量化、传达，对任务的彻悟、运营资源的协调。

此阶段属于运营战略与运营执行间承上启下的关键阶段，为运营的执行成效负责。此阶段的境界我之所以用“舌战群儒”这个词，正是因为这个阶段的运营人有特别多的内外部沟通、协调、推进工作。对上级要沟通战略目标，确定 KPI，争取运营资源，对下级要将分拆的运营任务落实下去，并推动任务的达成。

通常来说，你可能会开始带领小团队，担当一个较大的运营领域。从用户视角的用户养成模型上来看，通常会纵向跨越几个不同的用户养成阶段，例如从用户认知到关注，从用户关注到体验、付费转化等。

典型的如负责公司的新媒体运营。运营上级（总监、COO，甚至老板）会给你一个具体的运营目标。例如，品牌月曝光百万、粉丝月新增两万（视具体行业而定）和预算多少等。至于具体在哪些渠道曝光，哪些渠道吸粉，做什么活动，需要申请哪些协作资源等，由你来判断、选择、计划及推动实施。

又或者，负责某产品的用户拉新、促活、留存等。基于你自身对潜在用户的认知，带领团队不断在用户密度高的地方投放吸引他们的内容、广告、活动等，进行用户拉新。持续跟进后台数据，对用户进行精细化分级管理，一方面保证用户活跃率，提升留存率，另一方面还需要持续跟进用户的反馈为产品提供持续的优化需求，为后续产品的迭代提供用户数据支撑。

这个阶段的运营人，应刻意调整自己的工作状态，由被动工作向主动工作转变。我认为，处于境界三的运营人应该培养自己三方面的意识：

1. 运营策略的迭代意识，唯快不破

你会开始强烈意识到第 1 章所提到的运营的“动态”属性，意识到没有一成不变的好渠道、好运营策略，只有最适合用户的运营策略才是最好的策略。面对一个目标，你需要预先制订多种运营策略，并根据优先级不断快速测试寻找最好的运营策略，变换花样玩创新是常有的事。

2. 运营组合拳的意识

你会意识到孤立运营策略的结果可能只是获得了空洞的数据，却没有最终的成效，是不专业而又眼光短浅的表现。例如，为了追求“阅读数”不断地“择其热门而推之”，最终失去了内容定位，导致订阅用户数、活跃度均持续下降。又例如，只注重拉新，对拉新后的新用户该如何恰当引导缺乏相应的规划，或者没有协调相应部门进行“承接”，最终导致有数据没结果。

3. 团队协作意识

这个境界的运营人得开始有强烈的团队意识，你应该随时考虑团队效率最优化，而不是个人效率最优化。例如，不能为了节省时间，草率地交待运营任务，结果自己的时间省下来了，但团队其他人员的运营任务执行不到位，又得推翻重来，反而更加误事。

这个阶段的工作成果通常以“月”为单位进行总结、调整。

随着你对自身数据目标与产品最终运营结果的关联关系的深入理解，对运营资源优化配置的重要度的清晰认知，对跨部门协作、沟通的“情商”的提升，这一切意味着，你即将迈入运营的第四重境界了。

2.3.4 境界四：运筹帷幄，运筹阶段

运营级别：总监级，全主动式工作。

核心要务：对运营资源的取舍、调配，对大目标的理解及推动。

境界四的运营人的工作，可能是从“讨价还价”开始的。跟谁讨价还价？当然是 COO（或老板）。为什么而讨价？曰：指标。

在这个阶段，对外，你必须对自己从事领域的宏观行业情况、竞品情况、用户情况有非常

清醒的认识。对内，你必须对自己公司产品的地位、能调动的资源、团队的战斗力有充分的把握。正所谓，“知己知彼”方能相对准确地给出一个有挑战性的运营目标。

为什么运营目标如此重要？有过运营管理经验的朋友应该感触会比较深：运营目标对运营团队而言，恰似茫茫大海中为航船指引方向的指南针。如果没有一个科学合理的运营目标，运营团队将失去方向，不知所措。目标定得过高，就完全失去了目标的意义，让团队完全失去动力，因为完全没希望达成；目标定得太低，过于容易达成，也不利于挖掘团队的潜能。

这个阶段的运营人，监管着整条产品线的所有目标用户，从用户养成模型来看，横跨了用户接触、认知、关注、体验、使用、付费、习惯培养、分享的所有环节。当你与上级商讨好具体的运营目标后，由你来部署运营团队资源该分别在哪几个运营区域发力，如何组合发力，用户养成状态的变化、切换流程该如何通过团队内部的搭配“无缝衔接”，如何建设系统的运营管理机制，如何优化，都由你来思考了。

在这个阶段，你心中关注的数据将是“海量级”，而非为了一城一池患得患失，你必须不断权衡运营资源的投入产出比，工作重心应当是持续督导各个运营经理对运营目标的贯彻程度，各运营模块协作或跨部门协作是否“柔和自然”，能随时为他们提供专业化的运营支持、资源调配等。如果哪个运营模块的数据出现瓶颈了，你需要协助相应的负责人“打破”瓶颈。必要时，如果发现用户数据持续出现问题的根源确实是出在产品身上时，还需要能据理力争，推进产品的大版本改进。

这个阶段你的工作成果是以季度或半年为周期进行总结。

在这个阶段的运营人已经要有“背负产品荣辱”的使命感了：一旦产品没做好，用户数据没起来，最差情况，整条产品线都会被砍掉；反之，一旦产品数据做起来了，产品火了，最大的功劳也是你。

正所谓，运筹帷幄之中，决胜千里之外。

据我观察，目前互联网业界能在境界四中做到“优秀”的运营人才非常罕见。没错，有着“运营总监”头衔的人确实不少，但大都对互联网商业形态的认识还停留在传统企业组织的形态中，思维眼界、学识经验都跟不上，更谈不上对运营理解的彻悟程度了。这也是为何互联网创业十有九死的缘故。

传统企业管理者脑海中或多或少都有“上下级”的等级观点，以为“高高在上指使下属”工作就 OK 了。可是在互联网商业环境中，在这种“生死毫厘间”的残酷竞争下，一旦我们失去持续快速学习、快速成长的意识，那么在产品倒下前，可能你就先卷铺盖走人了。

当然，我认为这其实是社会的进步，任何有能力有才干的人，都能够在互联网商业下崭露头角，获得与你的努力、与你的能力匹配的报酬。

2.3.5　境界五：入主西川，引领阶段

运营级别：COO、CEO、VP、合伙人、创始人。

核心要务：对行业及互联网本质的理解、对运营的彻悟、对商业模式的领悟，继而制订业务大方向、设计、创新商业模式。

看过金庸武侠小说的朋友们想必对小说中的剑仙——独孤求败有极其深刻的印象。相传他的剑术修为已经达到“心中有剑，万物皆剑”的地步。按照我的定义，能达到这个境界的运营人，他的能力基本上可以不受企业，甚至行业的限制了。他想去创业做老板，还是在企业留任做个 VP、COO，只是视自己的爱好来决定。

如果说一个天赋异禀的人从境界一走到境界四最快需要 5 年，那么从境界四到境界五，我认为至少需要 10 年。达到境界五的人，本身应该在互联网卓有名气，拥有自己的强大影响力了。此时赚钱已经不是他的核心目标（这些人大都已经财务自由），“赢得生前身后名”、“改变世界”可能才是他的动力。

他深谙人性的深层需求，对互联网的发展趋势有独到把握，能够基于企业自身资源的判断，深入地识别哪些商业模式基于互联网形态能做成，哪些不能做成。他一人同时监管着数条产品线，甚至数家公司的业务。此外还练就了一身“像弹簧般能够自由拉伸的运营方法论”，身负提升业界运营整体水平的使命。

本节简单介绍了我眼中的运营五重境界，也算是一幅运营蓝图，希望能为正在运营道路上努力的诸位朋友们带来一些启示。当然，无论你现在所处运营的哪个阶段，希望你都能始终保持着“运营人的荣辱感”，努力做好一名运营人。而这份荣辱感，这份努力，终有一天会给你带来丰厚的人生回报。

2.4 运营的那些“破事儿”

或许前文的五重境界将运营工作描绘得让人有些热血沸腾，那么本节要对不起了：我得浇一盆冷水，让诸位对目前业界运营的真实情况有一个更加理性的认识。

相对其他岗位，“运营”这个工种还非常年轻，充其量也就十多年历史，与其近亲“市场”工作相比，不过“乳臭未干”。故此，若有更多的有才之士加入运营大军，共同提升运营的“业界地位”固然是件大好事。但若不客观看待这个岗位，凭着一时冲动一身理想主义地投入其中，届时赔了夫人又折兵岂不悲乎。

运营工作并没有那么优雅，这既有它的客观因素，也有主观因素。

客观上，毕竟运营的工作事项中包含“事无巨细”的用户工作：有很多看似低价值但却绕不开的“重复手动”工作，例如编辑文档，记录用户行为，答复用户等；而运营又是跨部门协作的中枢部门，自然有无尽的“与人打交道”的工作，这必然会产生一些利益上的纷争。有句话叫“有人的地方就有江湖”，足见与人沟通所需要的技巧之高、情商之高。而偏偏我们当代的教育是相对“重智商轻情商”，缺乏“对事不对人”的理性培养，这导致沟通、协调资源时，难上加难。

如果用“二八原则”做类比，让运营变得“痛苦”的因素中，客观因素便是那个“二”，而主观因素才是那个“八”。历史告诉我们，任何新生的事物，都必然会经历从混沌到朦胧到逐渐清晰有序的过程，十几岁的互联网运营，现在正处于一片混乱的阶段。

我简单总结下，目前运营工作主要存在着五类“破事儿”。

2.4.1 运营理念不被高层理解

如同第 1 章所述，老板对运营的理解程度，决定了运营在公司的地位。不仅如此，运营还是一个特别需要“节奏感”、特别需要“悉心照料用户”的工作，如果运营理念不被老板理解，一方面运营的推进工作会因为得不到高层支持被彻底打乱，另一方面，还很可能对用户做出“杀鸡取卵”的愚蠢行为。而最痛苦的事情还在结尾——这一切后果还是得由我们运营人承担。

运营理念不被高层理解，可能是运营工作痛苦的根源。这就是为何在第 2.2 节，如何判断一份运营工作是否靠谱，我将“有个靠谱的上级”摆在第一位的缘故。

当然，既来之则安之，不管自己眼光多独到，但毕竟由于信息不对称或者高层调整等原因，都有可能出现运营工作不被高层理解的情况，万一出现这类事情，我完全不赞成意气用事、冲动离职的行为。

那么，遇到这种情况怎么办?

突围建议：先不要与高层直接冲突，而是给他几个方案，其中包括他的思路，然后根据你的运营专业经验，事先告知他每种方案会出现的大概结果，各自的优劣势，最后由他来选择方案，这样就巧妙地把决策权给回他了。几次的摩擦合作之后，通过数据结果来证明你的专业性，慢慢建立彼此间的信任，从而获得真正的“运营权”。

2.4.2 目标不靠谱，老板一言谈

有些老板，运营思路与你谈妥了，但在运营指标方面，总是难以谈拢。站在老板的立场，他当然希望指标越高越好，美其名曰，激发团队的潜力。

客观上来说，从合理的角度讲，如果团队全力以赴能完成 100 分，那么定个 120 分的指标是合理的。但现实中，很多老板往往是定 100 分后再补个 0，或许老板心中是认为：这样团队大概能拿到 800 分左右的成绩。虽然俗话是说“重赏之下必有勇夫”，可过分的“重压之下唯有跑路”啊。

哪怕团队硬着头皮上，顶着个遥不可及的目标，那也完全失去“目标”作为运营方向、作为激励团队的价值了。

突围建议：总的思路是“摆数据，谈条件”，如果有类似的竞品，我们可以从竞品的推广时间逆向推出一个比较合理的高预期目标数据；如果是全新的没有竞品的产品，我们可以从市场容量入手：例如一个针对高收入年轻母亲的产品，我们可以大概推算出在某个城市这类群体的人数，然后与老板敲定一个合理的用户增长计划。

2.4.3 背负着指标，没相应权利

运营思路没问题，指标也敲定了，但在运营的推进过程中，你突然发现，当你需要产品上线一些促进产品传播的运营功能时（例如，分享双方的红包），产品方以各种理由将需求优先级往后排；又或者你需要预算办一个活动，上边迟迟不审批；更有甚者，在产品内部的内容运营中，

每次的内容发布还需要处处经产品审批才能通过……试问，如何推动运营工作?

突围建议：这个问题其实是在定运营指标之时疏漏了和老板“谈条件”埋下的祸根，在定指标时，就应该将附带的资源条件说明白：例如能优先调用产品研发资源，需要多少预算做活动等。

2.4.4 背黑锅我来，军功勋你领

乍看这一点，是不是觉得这是所有岗位都可能出现的“破事儿”？ 当然，这里特别强调的是与其他部门的微妙利益关系。

对于没有触及用户痛点的产品，运营能力再好，数据也不会很好看，毕竟现在移动互联网用户已经被市场教育得非常“理性”、成熟了，对于没有特点的产品基本上用户都不会考虑下载、注册。平时能幸运进入我们手机的 APP 其实只是 APP 总量中的沧海一粟……一旦用户数没做好，起内讧了，“其他部门”自然能把责任丢给运营，尤其是在“强技术弱运营”的企业里，基本上运营是没有抗争余地的。

另外，用户数即便做起来了，不排除在“轻视运营”的企业里，大部分功劳都由“其他部门”代领……总之，这是敏感的区域。

突围建议：坦白说，这个问题不是运营单方面可以解决的，一般需要推动高层处理。一种方式是建议将运营及“相关部门”放在一个组织架构中，由一个高层直接带领，将外部矛盾转化为内部矛盾处理；另外一种方式，唯有俩哥们私下找个地方聚个餐，好好谈谈，找到共赢之策略，当然这需要双方都有一定的情商以及都有一颗“将产品做好”的心。

2.4.5 人身在家中，心仍系用户

这个问题不像上述四个问题，它是运营工作本身触发的。

运营对用户的关系，可以类比传统企业的售后客服与客户的关系。而移动互联网时代的用户更是处于 7×24 小时在线状态，时下的产品，其功能层面的竞争已经趋于瓶颈，再有特色的功能，别人也能一夜“山寨”，反倒是隐性的服务能力不容易模仿，故而用户服务的比拼就变得举足轻重了。这就要求运营随时保持在线状态。

对于工作负责的运营朋友们，哪怕公司没有硬性要求，下班后遇到用户的咨询，能忍住不理么？又或者需要策划跟进热点事件时，三更半夜通宵赶稿拼创意第一时间发布内容都是常有的事。

突围建议：可以视产品对服务质量的要求和工作量的实际情况而定，必要的话，可以拿着工作数据向公司高层申请、协商增加运营人手，或者向产品、技术提需求，找到一些自动化的解决方案。

以上问题可能只是运营实战中会遇到的部分“破事儿”，我在本节只是以上述内容作为引子，目的当然是降低诸位读者朋友对运营工作不切实际的期待——过高的期待除了让自身变得浮躁之外，毫无作用。

当然，兵来将挡水来土掩，解决问题的方法总是比逃避的借口多，如果你选择运营作为自己职业生涯的起点，那么，请务必用心坚持下去。

2.5 如何成为一名优秀的运营人

写本节内容之前，其实我起草了一篇文章：“哪些人适合做运营”。写的过程中，脑海中近似本能地反复提醒自己，这样的想法真的对么？对于一些对运营充满热情却又不幸“躺枪”的朋友们真的公平么？这样的文章岂不是否定了人的主观能动性？

其实，我们“人”这一物种最有意思的地方在于，我们拥有近乎无限的可塑性及可能性，不应当将自身的发展束缚于“自我暗示”或者“大众暗示”之下。

任何一个人，只要不笨，好学上进，对运营充满热情，我认为，都能将运营作为人生事业的起点。于是我彻底删掉了一篇已经敲了几千字的文章。取而代之，我想认真谈谈 7 种人人都可以努力成为“优秀运营人”的方法。

我们在第 1.5 节：运营的五重动态属性中探讨过，运营工作就是属于典型的“看似简单，实则极难”的岗位。所幸的是，越是有难度意味着越是有价值。例如，当我们达到前文提到的四、五境界之间时，财务自由基本上不成问题了。

下面先抱歉地请诸位暂时扑灭内心的憧憬，我们回归现实，逐一谈下能让我们“径直”朝着高阶境界往上爬的路。

2.5.1 不以事小而不为，不以事大而避退

众所周知，运营有许多“细、繁、烦”的小事儿：细腻、繁杂、心烦。典型如，用户沟通工作。

例如，产品刚上线时，每天沟通的用户大都是种子用户，相对好说话，交谈起来既能高效获取用户反馈，又能传播产品价值，做着感觉还不错；可是渡过种子期，进入成长期后，每天用户沟通的工作量可能突然猛增了几十倍、百倍……用户数急剧增多对团队而言当然是件大好事，但对运营可头痛了。

当然，我们可以马上出台相应的“用户沟通”机制（功能），要么是采用 UGC 让“用户自身解决自己的问题”的方式，要么是采用机器回复的方式或者其他创新方式。但无论哪种方式，都需要时间啊。

那这段时间怎么办？不少运营人会认为，产品用户量如此大，个别用户沧海一粟，无甚影响，能回则回。但我不认同这个观点。

前面已经说了，如今产品日益同质化，拼的就是运营能力，服务能力。一个好的产品，一个好的品牌都是始终坚持十年如一日的优质服务方有所成。再者，询问的用户，哪怕是辱骂、吐槽，往往反倒是潜在的“好用户”，如果运营方能够始终坚持良好的服务，更容易将“关注用户”一步到位转化成乐于分享产品的“忠实用户”。

在这些用户中，谁又知道哪些用户是 KOL（关键意见领袖）用户呢？

例如我本人，曾经体验一个全新的 APP 时，就因为在使用过程中，运营人员的“高素养”表现打动了我，后来我经常在个人公众号推文中引用该产品作为案例，有些朋友咨询我时我也会主动推荐该产品给他，这无形中为他们带来了大量的品牌曝光、新增了许多用户。

所以，优秀的运营人不会“以事小而不为”，可以慢，但不能怠慢，始终坚持高质量沟通，确保用户增长的“正向黑天鹅”事件（意即无法预料的突发事件但却带来极大的好处）频繁发生。

另外一种情况，则是面对一些大事项时，没有人站出来“担当”。我数年前在一家大型公司担任运营推广经理，有次公司面向全球渠道商召开大型新品发布会，我们产品的总负责人临时突发有事不能上台，居然打算让主持人带着备好的台词“读过”了事。台下的观众全都是潜在的优质用户，这对于我们产品的推广是个多大的损失！于是我咬咬牙，主动将任务承担下来，

临会前夜，熬夜准备，第二天即上台讲演。最终从台下观众的互动热情来看，效果远不是主持人随意读过可以相提并论的。

2.5.2 学习即运营，运营即学习

本书开头就谈到了，互联网行业最令人敬畏的地方恰恰在于商业规则、人才知识的“刷新速度”之快。故此，“虚怀若谷、终身学习”的心态是任何一名卓越运营人的必备心态。我们常常谈到“开放”，谈到“海纳百川”、谈到“兼收并蓄”，这一切，如果没有抱着终身学习的心态是不可能做到的。

运营工作的“多变”特性前面已经谈了很多了，我认为，除了本书谈到的基于用户视角的用户养成运营模型：“持续推进用户在认知、关注、体验、使用、付费、习惯、分享”，这方面是恒久不变之外，其他的工作属性：工作对象、渠道、方式、平台特性等，都始终在快速地变动着。第 2.1 节中提到的运营知识体系，里面的大多数学科自身也还在每年快速地发展中，这些都催着我们必须时刻跟紧步伐。

故此，优秀运营人的世界中从来没有“一技防身”，唯有“技不压身”。

2.5.3 运营策略迭代优化，重复事务化繁为简

在第 2.3 节的运营五重境界中，我谈到了：从资源的维度来看，运营竞争的本质是对资源“投入产出比”的竞争。

而任何一项运营指标，都能有几种甚至数十种运营策略去完成。

例如，新产品的用户拉新，你可以通过线上渠道：百度 SEO、广告联盟、自媒体大 V 推荐、大号换量、通过活动制造病毒式营销传播、UGC 平台内容运营等诸多方式实现，亦可以通过线下的广告投放、节目赞助、主持大型活动等方式去实现。

而在运营的预算、人资有限、时间有限的情况下，我们只能选择其中的一种或几种方式组合来完成。由于产品不同，用户特性不同，推广渠道自身也不断地变化……究竟哪种运营策略最好，我们心里没谱，而过往成功经验能复用的地方其实并不多。

所以作为一名优秀运营人，你必须独立思考，具备强烈的运营迭代意识，迅速理清相对可行的运营策略，不断尝试，观察分析用户的反馈数据，对于可行的策略则固化，不行则果断换一种。

此外，运营难免会出现许多重复琐碎的操作型事务，对于运营高手，找到一种好的工具、模板，将“重复的事务变得自动化”，极大地释放团队的工作压力，提升运营团队的整体战斗力，这也是一种高级能力。

例如，假设产品后台每天会收到用户的数千个问题，但其中有九百多个都是雷同的咨询，那么你如果能按咨询频率整理出一套精致的自动答疑内容指引，根据关键词自动匹配回复用户，是否能提升 90% 的工作效率呢?

又比如，对于高频重复的后台数据操作，你可以将需求整理后提交研发进行功能实现，也许投入研发一人天的工作量，就能长久提升运营 80% 的工作效率。

2.5.4 高级运营思考观：好奇、观察、移植应用

互联网时代，最累人的地方在于用户的各种“疲累”：审美疲累，心理疲累，注意力疲累。而在国内这种特别喜欢“跟风”的商业、文化背景之下，一旦某种方法火了，由于社交传播，会迅速地被其他公司所“引用”。这往往导致一种新颖的运营策略，第一次对用户很有效，第二次则大打折扣，第三次几乎大部分用户都麻木了。

互联网用户与其说是注意力稀缺，背后更重要的是“心智认知”的稀缺，时下一个完全不具备“独特性”、“创新能力”而仅仅只会盲目跟风的运营策略完全难以存活。爱因斯坦曾说：“想象力比知识更重要”。其实我们从互联网现状也可以看出，对于未来，知识的获取门槛将持续变低，而“创造知识”的能力将变得更为稀缺。在这种背景下，运营高手就更需要具有持续“推陈出新”的独创能力。

那么，关于创新，又引申出一个“度”的问题：

我们在第 1 章谈到“用户认知”时提过，一旦你的“创新”达到用户认知的临界点之上时，用户是“无法看懂”的，连产品价值都没法传达，这样的创新等于没创。

那么，安全的创新策略应当如何把握呢?

我认为，比起完全的颠覆性创新，创新的“移植应用”会更接地气。例如，我们很多人都喜欢玩游戏，游戏有很多吸引我们的元素：趣味性、简易的启动、可量化的经验、可量化的反馈、成就系统的打造、竞争机制的设计……

但是对于善于“移植应用”的专业运营人士，他完全可以借鉴游戏化思维进行产品运营。

例如，以 UGC 产品（用户产生内容，例如微博、知乎）为例，借鉴游戏的量化经验“打怪升级”机制：通过大量的量化，例如用户登录频率、用户停留时间、用户对文中的赞赏次数、文章字数、打赏的人次等，让用户明显感知到成长。

又如，借鉴游戏的竞争机制：通过积分、排行榜的竞争方式激励用户不断使用产品。

借鉴游戏的成就机制：通过发行有一定门槛才能得到的“勋章”提升老用户的忠诚度，促进新用户的活跃率。

优秀的运营人，必须拥有一颗对世界充满无限好奇的少年心，而好奇才能不断地发现生活中的美好、与众不同——唯有那些吸引人的元素经由我们脑海中智慧的发酵，才能转化成独具魅力的创意。

2.5.5 优秀运营处事观：先洞悉本质，再找解决方案

对于运营人，执行力很重要，这点没错。但执行力高不代表不经深度思考的行动。对于优秀的运营人，一定要时刻保持在“行动之前”为思维按下“暂停键”。这个暂停键是为了什么呢？对运营目标本质的理解及判断——这是找到最佳运营策略的前提。

一个肤浅不精准的目标解读往往会诱导我们往错误的运营方向走，最怕的还不是达不到目标，而是费劲九牛二虎之力达成了“错误的目标”。

例如，你负责公司的公众号运营，老板也不给你硬性指标，全权交给你做（现实中能遇上这样的老板是件非常幸运的事）。你会怎么做？

首先，也许你会给自己定一个目标，一年涨粉五万。紧接着，按照常规做法：申请预算，做活动拉粉；根据粉丝的胃口，尝试几种内容，哪种内容转发率高就写哪种；跟其他大号互推、荐号；给全体员工分配指标，三大姑七大婆都来关注……

我们不妨按下“暂停键”剖析一下，是否觉得哪里不对劲：这样做会吸引什么粉丝呢？活跃率多少呢？对公司产品有多大帮助呢？

我们先回归目标：做好公众号运营，如何才是真正意义上的做好？它必须服务于特定目标人群，能对他们提供实质价值，对他们能产生影响力……如此分析之后，我们就能把“涨粉五万”的目标调整成：把公众号粉丝做到一万，要求 90% 是潜在客户，活跃率至少 50%（微信公众号运营将在第 9 章作为专题介绍，此处仅为示例）。

这么一剖析问题，后续的运营策略就该完全不同了吧。运营策略有千千万万，如果我们没有先识别目标本质，最终得到的五万粉丝与后者一万粉丝相比，对企业的价值可能会有天壤之别。技巧、工具层面的能力好培养，但涉及意识、一针见血见本质的能力确实需要长年累月的知识沉淀、思考及磨炼才能达到。

2.5.6　优秀运营格局观：大格局，大视野

如前文所述，无论企业内部还是外部，运营均身处与众多不同人员打交道的“交界处”，这势必会不断地出现“利益纷争”，无论大小。

对于大部分涉世未深的运营人往往较为感性，容易将与自己观点不同、立场不同、利益点不同的群体直接划为对立方，处处树敌，分毫必争。甚至有不少混迹职场多年的老手也经常教导运营新人要学会“处事强势”。

不懂变通的强势，哪怕在跨部门合作时取得了“胜利”又如何？公司同事间的合作并非“一次性”生意。这些处事方针、这种格局观未免过于狭隘。

一个卓越的运营人员，无论是对公司内部的沟通合作，还是对外部用户，其思考的起点更多是如何创造双赢局面，持续健康相处，最终共同获利。而这种双赢思维，无论是用于具体的运营策略，或是思考产品的盈利模式时都能产生意想不到的好效果。

例如，UGC 产品（如微博）往往都有“私信”功能。

但是，当一个普通用户私信一个大 V，甚至是明星时，他一般都不会回复。这种情况，大部分 UGC 平台并没有做处理，但这方面的用户体验其实并不好，为何不用双赢思维进行改进呢？一个用户私信一个大 V 可能是咨询他在这个领域方面的专业问题，但肯定有不少有才的小 V 渴望与人交流却无人咨询啊，将两者一关联，不就达到“双赢”的效果了吗？

后续在第 7 章的商业盈利变现的探讨中，我们会举更多的多方共赢的模式，充分说明格局观的重要性。

2.5.7　优秀运营管理观：修己安人，会心欣赏

一个运营人若具备前面提到的六个习惯，想不成为运营管理者都难。故此，我想谈谈运营的管理观。

我在之前的运营团队管理中也算小有所成：带领的团队中，所有人都能将工作当成自己的事业拼搏，全心思考公司、产品的发展；无论何时，大家有好的运营创意想法都会毫无保留地提出，团队一起探讨；大家不计较个人得失，跟公司利益保持一致；运营经常会有突发状况需要加班加点，团队都毫无怨言；平日里也能自觉优化自己的工作成果……

从管理成效上来看，自认为也算得上可圈可点了。有些新晋的管理者会向我请教究竟如何做到的，是否有些独门秘籍？我觉得管理其实并没那么复杂，若真有秘籍，无非八个字：修己安人，会心欣赏。

1. 如何修己安人？

修己安人出自《论语》，是先贤们留给我们的大智慧。其实也类似庄子的“内生外王”。若我们运营管理者能从自身做起，用心思考运营战略，身先士卒带领团队实施运营策略，并能主动自省自查，调整优化；始终保持激情，充实自己，确保接触的运营才能，能随时协助团队解决问题，勇于担当团队过失，随时关心团队成员。试问，谁能不被感动并以此为榜样呢？

能有一个让自己快速成长的上级比眼前的工资更重要，现在的人都不傻，什么样的管理者值得追随，大家心里都有一杆秤。有这样的运营管理者，就必然有出色的执行团队。

2. 如何会心欣赏？

意即发自内心地欣赏下属，并让他感知到。

例如，“这篇文案的创意构思太棒了！虽然整体行文有优化的空间……”、“你提出的在某业务增加信息复核流程我很认可……”、“你文章结尾那句话简直戳到我泪点了……”类似这样的话语是我经常在部门群里对团队成员说的。

细心的读者朋友们可能会注意到，其实我都不是在敷衍地夸，这些话语传递了两个信息：他们的工作成果我都很用心地看，用心地欣赏，这样他们更有动力做出更好的成绩，不断超越自己。另外，他们工作也更开心，不断形成良性循环。“发自内心的准确夸赞”绝对是我用过的最好用的管理工具。

第 3 章 用户养成运营模型：从定义到实战

第 1 章中我们初步引入了运营底层框架：基于“用户视角”的“用户养成”运营，前面的介绍主要是便于大家对体系化运营的感性认识，本章我们将一起深入研究如何将用户养成模型应用于运营实践中：对于运营新人，可以使我们学会如何思考运营；对于运营经理，可以使我们更好地制定运营策略；对于运营高层，可以指导我们重新审视运营战略。

3.1 “用户养成”运营模型的启示

第 1.3 节中我们提到过基于“用户视角”的“用户养成”运营，当时我们提到了这个模型应用于“用户群体”中会比“用户个体”更有实际意义，下面我们重新看一下。

从用户个体的角度观察：用户从接触产品开始，到他对产品的认知、关注、体验、使用、付费、习惯、分享八个动态过程，近似一个线性过程，如图 3-1 所示。

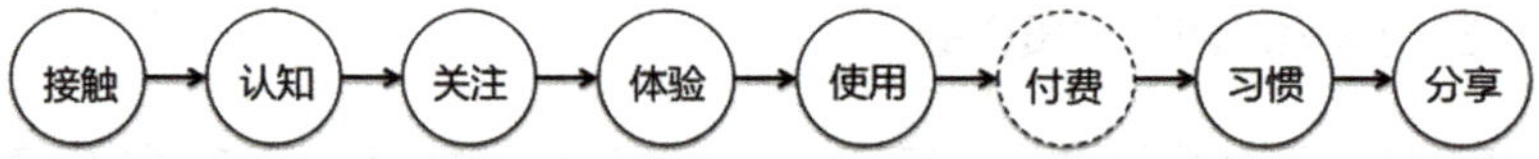

图 3-1 用户个体与产品的线性关系

我们通过简化的模型来阐述事物是为了方便读者朋友们的理解，其实若从真实的场景考虑一下，便知道上述的“用户养成”过程在实际情况下必然不是纯粹线性的。例如，用户在刚认知某样新产品的时候，很可能他自身不感兴趣，但他知道身边的亲友会有这类需求，故极可能“分享给亲友，但自己不继续关注”。

由此可见，我们要想“用户养成”模型真正能为现实的运营工作提供有效指导，还是必须回归用户“群体”的视角，即“群体维度”去看待。

3.1.1　群体用户养成总图解读

我们从群体维度重新梳理一下用户养成模型，在这种情况下，它将是一个充满“联动关系”的网状结构，如图 3-2 所示。

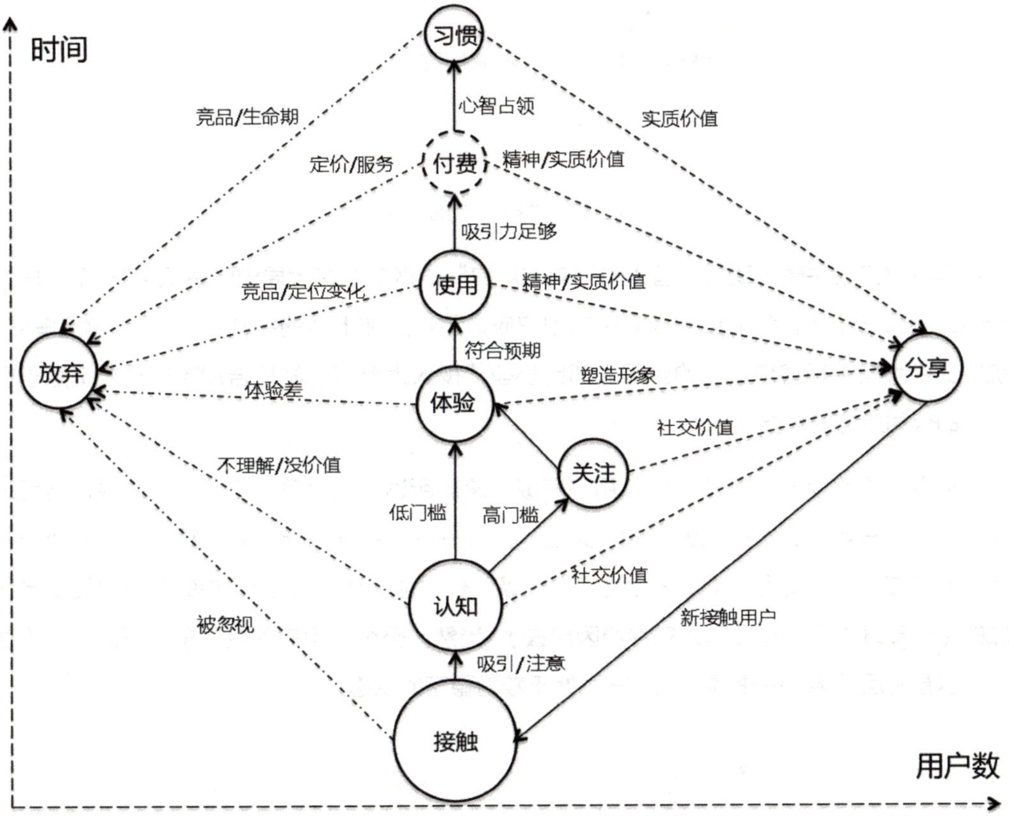

图 3-2　群体“用户养成”模型简化总图

细心的读者可能会发现，图 3-2“用户养成”每个环节的圆圈，从底部（接触用户数）到顶部（习惯用户数）呈现面积逐渐变小的趋势。我并非信手随意画，而是有意为之：“圆圈面积”其实代表着用户数量，这样便可以理解，旨在说明，对于同一批首次接触产品的用户群，在整个“用户养成”过程中，随着养成阶段的上升，最初接触产品的这批用户数是成“递减”趋势的。

故此，严格来说，上图应当是一个三维的立体图，但为了易于查看，我用二维坐标轴取而代之。上图中的横坐标代表用户数量，而纵坐标则代指时间。另外，建议读者朋友们在查看上述总图时，记住上述每一个圆圈其实都是一个“圆环”，如图 3-3 所示，圆环外围群体代表圆环内层用户群体得以影响的“圈外”用户，简单来说，即是同一批用户群的人脉及影响群体延伸。

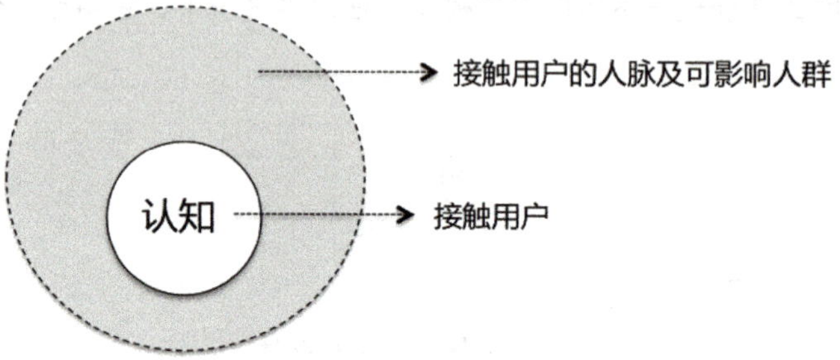

图 3-3 “圆环”的含义

我强调这点就是建议我们运营人能够对“用户”的概念抱有大局观的意识：“一个用户看似是个体却又仅非个体，我们运营人心中的用户应该是用户加上他的影响圈”。这也侧面解释了，传统行业中那些重视客户服务的公司大都比那些“投入大量资金做广告却吝啬投入资源于客户服务”的公司成功的重要原因。

下面我们重点谈谈图 3-2“群体用户养成”总图所透露的信息：于大方向来说，当用户从初次接触产品开始，到对产品的认知、关注、体验……一直到习惯培养，随着时间的变迁，用户养成的状态是不断变化的（未必始终向上升级，有时也会降级），而用户的总体数量却是不断递减的（一部分用户必然会因为各种原因离去）。当然，整个“用户养成”总图所揭示的信息也属于“运营底层框架”的重要组成，它也处于较为稳定的状态。

3.1.2 用户“分享”及“放弃”的深层影响

在“用户养成”的全过程中，有两样事物是特别需要留意的：一个是“分享”，另一个是“放弃”。

我们从图 3-2 可以看出，在用户养成的任意一个环节，都可能因为运营的激励措施或用户自身的原因，使用户做出“分享”这一我们运营人最乐于看到的行为。而“分享”其实意味着又扩大了“用户养成”底部的“接触”用户数量，进而形成一个全新的“用户养成”循环，此外也会间接增加每一个“用户养成”环节的用户数量。例如，对于某个处于“关注环节”的用户，当他看到自己身边的朋友都有人使用产品时，便打消了疑虑，从而转化成“体验用户”。这些信息，总图中并无标识出来，大家心中必须有此意识。

与之相对的，“放弃”亦是用户在任意一个环节都可能发生的行为，总的来说，“放弃”或者说用户流失，是企业最不愿意发生的事情，故此，我们透过“用户养成”总图的分析也可以协助我们找出用户在任一环节“放弃”的主要原因。

现实中，还经常会发生一种特别的“分享”——准确地说应当是“放弃式吐槽”，意即用户在流失时顺带在社交网络中“黑”、“骂”某产品的行为，但这些负面的吐槽，其实未必就是坏事。例如，如果产品被放弃的原因不是因为体验或者服务没做好，而仅仅是该用户自身与产品的定位背道而驰。那么，用户的吐槽反而会吸引一批潜在的产品用户对产品心生好奇，继而体验产品。

我认为，一个优秀的产品往往都有着强烈的趋向，这种强烈的趋向势必会对用户产生“强烈的爱”或者“强烈的恨”；反之，一个中规中矩、平庸无奇的产品，哪怕没有用户“黑”它，也大都无法成功。这与人们的心智认知持续下降有关，时下的用户心里很难再容纳毫无特色的产品。

顺带说下，图 3-2“用户养成”总图中，“习惯”环节并非真正的终点，之后其实还有一个“自然消亡”环节，我没有画出来。意即由于用户自身的阅历或者外部环境变迁，从而自然离开某个产品。例如一款针对大学生群体的产品，当用户大学毕业后，自然会流失。这是产品用户的生命周期决定的，故不再引入探讨，以免增加图形的复杂度。读者朋友们心中知道即可。

3.1.3　用户养成模型的三个启示

我们再盯着“用户养成”总图深入思考一下，它是否深藏着一些能为我们的运营实践带来重大指导意义的信息?

是的，有三个非常重大的运营启示。

1. 最大程度地缩短“用户养成”时间

用户养成时间是指用户从首次接触产品到最终成为习惯使用产品的用户所需要的时间，意即总图中纵坐标时间的高度。不无夸张地说，“用户养成”时间的长短可以说是互联网产品成败的关键要素，能否使用户养成时间周期尽量缩短，考验着每家公司的产品尤其是运营的综合实力，可以说是产品、运营的核心竞争力。

2. 培育健康的“用户养成”梯形

如图 3-4 左图所示，如果每一批次的“接触用户”数量到最后培养成“习惯用户”，其各阶段的用户数量呈现锋利的类三角形，说明每个环节的用户养成数量丢失严重。也就是说，要么是产品功能定位，要么是运营策略，要么是运营服务等方面出现了严重问题，需要即刻调整优化，直至打造成如图 3-4 右图所示的“粗钝”用户养成梯形为止。而运营策略优化，我们可以从每一环节的“放弃”用户着手进行研究。

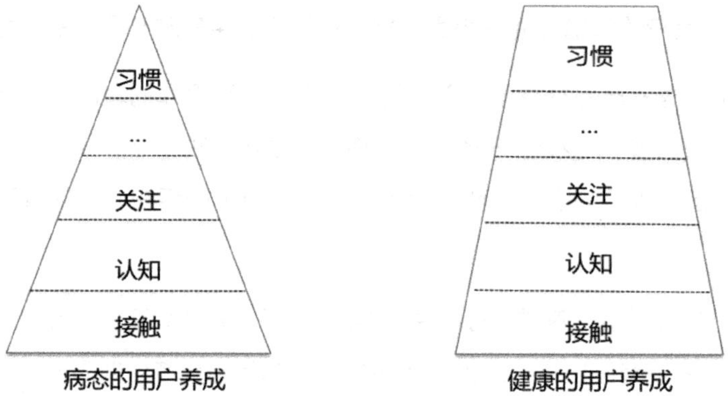

图 3-4　病态及健康的用户养成状态对比图

3. 最大化每一环节的分享

前面也谈到了，用户在其人脉圈子内进行“分享”意味着两点：一个是能增加全新的“接触”用户，扩大图 3-2 群体“用户养成”模型总图的底座“接触用户”的基数；另外一点，能促进“用户养成”各阶段的用户向高阶转化。例如，一个处于“关注”阶段的用户看到其朋友分享的产品“代金券”，在其刺激下也转化成了“体验”用户。

故此，在培育成健康的“用户养成”梯形后，在每个用户养成环节最大程度地促使用户主动分享，将是产品拉动用户增长、缩短“用户养成”时间的利器。

下面的几个章节，我们将分别具体阐述这三大启示该如何应用于运营实践中，例如，如何诊断“病态”的运营状态、预防潜在的运营风险，以及如何优化运营策略组合。

3.2 最大程度缩短“用户养成”时间

“用户养成”时间意即用户首次接触产品到最终成为习惯使用产品的用户所需要的时间。例如，从我们第一次听说有人用“微信”，到我们自己也开始天天使用微信的这段时间。

3.2.1 用户养成时间的内涵

我们切莫轻看了“用户养成”时间的概念。对任何一款互联网产品，一旦一批用户的“用户养成”环节达到了“习惯”环节，意味着这批用户基本上属于产品的忠实用户，同时也意味着其他竞品想“抢走”这批用户的成本将非常之高。可以说，较短的“用户养成”时间已经是企业一个强大的竞争壁垒了。

例如，众所周知，微信的用户养成时间是非常短的，几乎从“首次体验”到“习惯”是一蹴而成。我们试想一下：若有一个以即时通信为基础的熟人社交产品，它想要取代微信在用户心中的地位，难度有多大？

另外一种情况，对于两个“用户养成梯形”接近的同类产品，一个的“用户养成”时间是 2 个月，另一个的时间是 4 个月，一年后，前者的用户数大概是后者的两三倍，两年后，读者猜猜会是多少？

答案是：无限大。原因是，后者已经在残酷的竞争中被淘汰了。这种弱肉强食的丛林法则在移动互联网商业环境中尤其突出。尽管异常残酷，然而从另一种角度来看，一个健康的生态圈却又是依靠“丛林法则”孕育了另一种进化之美——存活下来的物种必然是强大独特的，从而进一步强化了生态圈整体应对环境的能力。从商业的角度来解读，就是一个产业链能做到多大，能走多远。

故而，各位做产品、运营的朋友们既然选择了互联网，就要有着“要么全胜，要么全败”的觉悟。

这就是我在前文强调的，“用户养成”时间决定生死的缘由。那么，我们运营人应当如何最大程度地缩短“用户养成”时间呢？

相信大家都听过经济学的“二八原则”，我们从事运营时间较长的朋友们应该深刻体会到，二八原则在运营实践中真可谓是无处不在。是的，无论是何种类型的产品，在本节探讨的“用户养成”各环节的时间分配中，二八原则将频繁展示它的魔力：用户从接触到认知产品、从认知到关注产品、从关注到体验产品……至成为产品的习惯用户，在不同的“用户养成”环节中，所需的时间差异甚大。

我们运营人若想最大程度地缩短“用户养成”时间，首要之务便是先甄别出“事半功倍”的环节。

3.2.2 找到“事半功倍”的环节

移动互联网的产品按照产品特性可以分为：应用工具类产品、社交类产品、电商类产品和泛娱乐类产品等。按照产品是否免费可以分为：免费产品和付费产品。

对于不同种类的产品，其用户养成时间的关键环节差别很大。例如，对于一个类似余额宝但利息较高的理财类产品，一旦用户突破了“信任”问题，首次投入一定额度的金额之后，很快就能从体验用户变成习惯用户。对于这类产品，相信 80% 的用户养成时间是体现在“关注”环节到“体验”环节上；而对于一个社交类应用产品，例如陌陌，用户从接触、认知、关注到体验、使用各个环节的转化时间非常短，而真正考验运营人功力的，反而是从“使用”到“习惯”环节的打磨。

那么，决定产品的“用户养成”时间在哪一环节耗时最长的根本要素是什么?

答案是用户使用产品的决策成本。决策成本，意即用户使用某个产品所需要付出的物质或精神的代价总和。

例如，一个 60 元的付费游戏，对相当部分人而言，已经逼近其心理价位了，故而属于高决策成本的产品；一个理财类产品，虽然下载免费，但是产品的核心业务——投资理财，却需要极高的信任门槛，用户除了要比较不同理财产品的“收益率”之外，更大的忧虑在于，将自己的大量资金投放到这个理财平台是否安全、是否能随时赎回本金等因素，故此，理财类产品通常也属于高决策成本的产品；又比如一个企业级产品（意即整个企业使用的协同办公、管理类产品），由于决策者需要细细思考产品是否符合企业实际运作、企业数据是否安全、后续服务是否有保障……诸多需要动脑考虑的因素，故也属于高决策成本的产品。

典型的高决策成本的产品有：金融理财类、付费的工具游戏类和 2B 的企业级应用类产品。高决策成本产品的典型用户养成时间比例大概如图 3-5 所示，“线段长度”代表时间长度，我们可以看到，用户养成时间最长的环节通常是从“关注”到“体验”环节。

图 3-5　高决策成本用户养成时间图

典型的低决策成本的产品有：社交类、免费的休闲、娱乐、游戏类和电商工具类等。低决策成本产品的典型用户养成时间比例大概如图 3-6 所示，用户养成时间最长的环节是从“使用”到“习惯”环节。

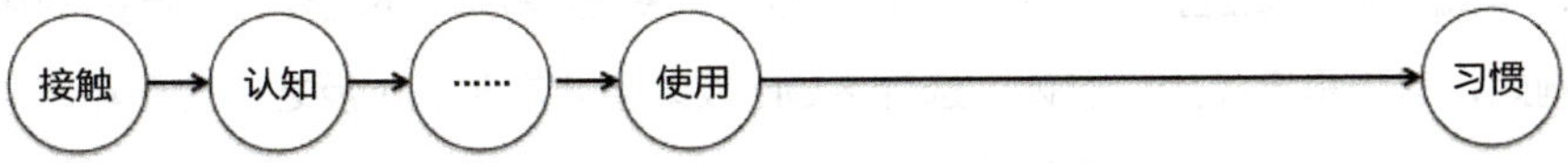

图 3-6　低决策成本用户养成时间图

3.2.3　锻造用户信任链

对于高决策成本产品，我们从用户角度观察一下：在用户体验产品前，他持续关注你的产品，说明产品对他有实质价值，然而若要用户下定决心选择这个产品，意味着用户要么需要投入相当的时间、精力成本（培训类产品的培训课件）、金钱成本（付费游戏、付费内容类产品）或者其他风险要素，例如声誉风险（共享类产品）、资金风险（理财类产品）和企业级损失（2B 类企业产品）等。

故此，缩短用户从“关注到体验环节”时长的关键便是打消用户的顾虑。用什么打消？最有效的利刃便是：信任。所有的运营策略都围绕“信任”开展，具体的措施如下。

1．品牌广告曝光

注意此处我强调了“品牌”两个字，意即不是一般的广告，而是能够尽快塑造产品品牌形象的广告。

近年来传统广告业受到互联网的冲击江河日下，有些企业矫枉过正，一度贬低品牌广告的价值，将运营重心投入到“免费”的新媒体社交传播中。互联网社交媒体传播确实有它独特的传播价值，但由于国内互联网始终无法摆脱“屌丝”的刻板印象，故而在品牌塑造方面很难取代传统广告。

运营竞争的本质是对“运营资源投入产出比”的竞争，而不是以某种运营策略是否付费、是否省钱来衡量优劣。只要是在最适当的阶段投入某渠道能获得最高的投入产出比，那么就该当机立断地投入。

2. 明星代言、KOL 用户发文

明星代言、KOL 用户（关键意见领袖）也能使该代言明星、或 KOL 所影响的用户群体迅速对产品产生信任感。

我们在实践中究竟该选择何种推广渠道，或者是组合使用，还是要回归产品的用户群体特性来定。例如，对于垂直类用户群体，选择 KOL 效果会非常明显；反之，对于年轻时尚的用户群，选择当前热门明星代言效果会更佳。

前阵子某 P2P 平台资金链断裂，不少惨遭资金损失的用户纷纷控诉该产品的代言明星。这类事件虽然层出不穷，但也侧面说明了明星代言的强大影响力。

3. 稳定的价格

对于付费类产品（包括产品本身付费或者内置付费功能、付费商品），相当一部分用户不是因为产品费用本身犹豫，用户更担心的是：买贵了怎么办？买了之后又突然降价了怎么办？

故此，对于能够完全自控价格的平台，“促销”反倒是一招“臭棋”，从数据上看，“促销”确实能转化一批“围观”用户，但频繁地促销却会极大地延长更大批量围观用户转化成付费用户的时长——因为他们在等待平台更大力度的促销。长远来看，频繁促销不仅完全不利于付费用户的增长，反倒自损利润、自伤品牌。有些电商平台打出“贵就赔”的旗号也是为了保住用户心里“稳定价格”的印象，这也起到类似的效果。

故此，保持价格稳定本身就能产生信任力。在必须“促销”时，可以采取一些“精神类”激励、刺激用户购买。例如，某特定日期购买某产品就能获取某种勋章标识等，我们运营人大可基于对用户的人性化洞察，大胆发挥创意创造“精神激励”，运营成效会远高于价格上“动刀”的方式。

4. 保险

明星代言、品牌广告，其实质是用明星的信誉、企业的强大资金背景替产品背书，以此实现

“信任链的打通”。那么对于精明、理性的用户群体，他们更看重实实在在的资金保险。例如，某奢侈品电商平台通过与大型保险公司的合作，为每个商品承担购物保险，并显著标明，也起到了快速产生“信任”的效果。

5. 用户主动推荐

如果说，上述提到的策略都归为“由外而内”的锻造产品与用户的信任链，那么，通过老用户（付费 / 体验使用过产品的用户）“现身说法”影响新用户的策略，可以归为“由内而外”的锻造信任链的方式。

例如，一个 60 元的工具型效率类 APP，你熟悉的同事使用后相当认可，并推荐给你，本来就对该产品关注已久的你还会犹豫吗?

当然，此处所说的用户推荐并非是炮制一些自导自演摆在官网上的小视频，这些手段对于我们精明的用户而言已然效果不大。真正能迅速产生“信任”效果的，应当是用户发自内心的主动推荐。其实，对于一个优秀靠谱的产品，体验过产品的用户，他本身就有想要分享的意愿，而我们运营人要做的就是循循善诱，让用户在最想分享的时刻给他们提供一个分享的通道。关于分享的话题，将在第 3.4 节中会有更详细的论述。

6. 限时低价

请注意限时低价与限时免费的区别。对于促使用户体验产品的运营策略，我更建议采纳前者。对于一个付费产品，一旦“免费”成为用户首次使用的印象后，对后续付费就会产生或多或少的排斥感了。但是低价策略，哪怕是一个低的接近免费的价格，都能起到截然不同的效果。

例如，亚马逊在推出电子书包月服务时，便采用“0.1 元试用 7 天”的策略，对爱好读书的用户非常有吸引力。

高决策产品的缩短“用户养成时间”的核心环节在于从“关注”到“体验”。而对于低决策成本的产品，用户使用产品最大的成本也就是付出“下载 APP 流量”以及“学习使用产品”的必要时间开销，决策成本极低。这种情况下，缩短“用户养成时间”的核心环节则是从“使用”到“习惯”。

3.2.4 培养用户使用习惯

一个产品的“习惯”用户数的多少，基本上决定了这个产品的商业价值，毕竟这意味着产品占据了用户的心智，持续吸引多少用户注意力，以及由此对用户产生的影响力。因此，用户使用习惯的培养又是体现企业运营核心竞争力的环节。

关于用户习惯培养的常规运营策略，我于第 1.3 节中初步谈过下述四个策略：

- 针对价格敏感型用户抛出小恩小惠；
- 针对好胜心强的用户进行攀比刺激；
- 为活跃用户提供特权；
- 用户习惯行为的倍增激励。

下面我抛出几个更为大胆的运营思路，希望能为读者朋友们遇到运营瓶颈时激发更多灵感。

1. 精细化激励

对于运营后台、用户数据完善的互联网企业，采用精细化的用户“差异化激励”也是一种既能节省开支又能有效提升用户活跃率的方式。

例如，对高频活跃用户提供较小的奖励、对低频用户提供较高的奖励。对于高频使用的用户，由于他本身就已经是“习惯”用户了，通过最小的成本代价激发“习惯”用户影响“准习惯”用户，是一种非常划算的运营策略。

例如，美团、滴滴等的“分享朋友圈红包”，用的就是此类策略。细心的朋友应该会察觉到，如果你是产品的高频使用用户，当你把红包分享到群里时，产品用得少的人，抢到的红包往往高于产品用得多的人。

2. 限制用户的使用时间

一般的产品不是希望用户使用的时间越长越好吗？为何却要限制用户的使用时长？据我了解，最初使用“限制时间”运营策略的是一些优秀的游戏类 APP。它们限制用户使用的策略非常柔和，例如，每天配备定量的“能量”，能量耗完，用户则需要等待一定的时长才能继续玩；又例如，竞技类游戏，每天设置定量的胜利奖励，超过之后，即便获胜也没任何奖励。

当然，游戏类应用使用此策略的初衷是为了提升用户的付费率（付费摆脱时间限制）或者是为了延长用户的游戏生命周期。但最终的结果，却反而极大地促进了用户的使用习惯，充分验证了人们常说的“越难得到的反而越珍惜”的心理。

我们聪明的读者朋友们想一下，难道这个卓有成效的运营策略只能用于游戏吗？其实一个产品只要拥有“高度吸引用户的独家优质资源”，都可以尝试采用此策略。

3. 引入 UGC 属性

UGC（用户生产内容）属性可说是增加用户黏度的首选利器，基本上适用于所有产品。尤其对于工具类 APP，更是需要 UGC 来培养用户习惯，最典型的如微信朋友圈（早期的微信还是个语音即时通信工具）。此外，我们可以看到，无论是运动类 APP，还是招聘类 APP，但凡是工具类 APP，都开始重视 UGC 社区的建设了。

用户可以在 UGC 社区通过与有着同类特性的用户交流、互动，从而找到归属感，持续获得激励。有关 UGC，也是运营底层框架的重要构成，在本书第 8 章会作为专题详细论述。

4. 启发式借鉴才是核心竞争力

对我们运营人而言，我建议大家要逐步培养“启发式借鉴”的思维模式，在互联网商业环境中，用户的喜新厌旧心理非常强烈，任何一种有效的运营策略，一旦流行之后，很快就会失效。哪怕是“微信红包”这类充分迎合国内群众胃口、喜闻乐见、具备“物质、精神”双重激励属性的运营策略，如今的火热程度也已今非昔比了。反之，连“扫码有惊喜”等时下看来很“low”的宣传方式，在最初出现的时候亦能斩获不少新用户。互联网的“唯快不破”很多时候不如“唯新不破”有效。

毕加索曾说：拙工抄，巧匠盗（good artists copy,great artists steal）。其实与我所谈的“启发式借鉴”颇有异曲同工之处。“可复制的成功经验”在互联网商业环境下已然步履艰难，往后的道路将愈发狭窄。

故此，我于本书中更多的是阐述“启发式思考”。对我们运营人，若过度依赖“拿来主义”，未经自身的过滤、独立思考、创新应用，这种习惯对我们运营人而言几乎是百害而无一利。时下互联网创业，十有九死，这也与“过于依赖以往成功经验”的思维习惯有很大关系。

缩短“用户养成”其他环节的时间的通用运营策略，在本书的第 1.3 节中已进行过详细的论述，此处不再赘述。

3.3 培育健康的“用户养成梯形”

上一节我们谈到了如何最大程度地缩短“用户养成时间”，本节我们谈一下与之同等重要的“用户养成梯形”。

此两者间还存在着微妙的交叉关系：用户养成时间固然是越短越好，但凡事得有个度。有些公司，尤其是现金流充裕的公司，喜欢采取一些激进的运营策略，例如，在产品功能体验尚未完备前，就极大地将“用户养成时间”缩短至不合理的时限，短期内看似成效卓著，殊不知杀鸡取卵，活生生将好的用户养成梯形“从钝削尖”，最终死于激进，这样的产品并不少见。

最典型的激进策略如：过度烧钱补贴，短期内自然烧起了一片华丽的用户付费数据，一旦千金散尽，人心即离；又比如，过度高频促销，不仅将利润削弱到薄如刀片，客户服务往往还跟不上，最终导致用户流失率居高不下。

故此，吾辈还是应当步步为营，踏踏实实研究“用户养成”任一环节的转化健康度，稳扎稳打，培育出健康的用户养成梯形。

下面，我们分别为用户养成各环节中，用户出现规模离开的“症状”进行诊断，并开出相应的药方，为后续我们实践中培育健康的“用户养成梯形”注入扎实的抗体。

用户养成的所有环节中，从“关注”到“体验”、从“使用”到“习惯”两个环节在第3.2节中已经深入探讨，本节不再赘述。

3.3.1 用户接触后离去

当我们产品（或产品相关资讯）与用户接触后，吸引到的用户数目与接触渠道的流量不成正比时（通常我们能从阅读数、新增关注用户数、新增产品下载用户数获知），可能有三个原因，这三个原因层次由低到高依次是：

- 渠道不匹配；
- 未能吸引用户注意力；
- 接触内容的表述语言与潜在用户认知不匹配。

我们在选择接触渠道时，不能仅考虑渠道流量的大小，或者一味追求低费用的渠道，还应当综合权衡渠道的用户密度、用户的二次传播意愿等因素。有些垂直领域的社区，尽管用户基数小，但社区氛围活跃，一旦“接触内容”符合用户的胃口，极易被“顶起”或“分享”，迅速吸引大量用户的目光，如果这批用户恰恰是我们产品的潜在用户，那么这样的渠道就是个不错的渠道。反之，有些渠道虽然流量极大，例如一线城市步行街的地铁口周边，然而人群中鱼龙混杂，环境嘈杂，所能吸引的潜在用户的注意力其实非常有限，这样的渠道未必是好渠道。

如果不是渠道的问题，那么另一个问题可能与“接触内容”缺乏感性吸引力有关。例如，整体呈现的视觉效果过于融入环境中，或者大片的文字介绍等。有关“吸引注意力”的问题，我们在第 6.2 节中深入探讨。

排除了渠道、吸引力的问题之后，最后的可能就是“接触内容”的表述层次高于潜在用户的认知水平。

例如，我曾参加一个技术博览会，起初对一个改善老年人健康睡眠的高科技产品有兴趣，可是无论是现场工作人员还是宣传材料，都不断地跟我说明这个产品背后是应用了哪些医疗原理、理论、荣获了多少奖项，我想除了研究这方面的专业人士之外，没有多少人能听得懂，这就是典型的认知不匹配问题。

故此，“接触内容”制作的一个原则是：务必根据用户的认知层次、接触渠道量身定制。

例如，如果用户的接触渠道是步行街广告牌（用户往往匆匆扫过一眼），那么冗长的文字介绍就会被用户视觉直接屏蔽；又如，产品的主要用户群体都是一些高端人士，但产品宣传内容如果在视觉效果上制作得很“杀马特”，那么依旧不会被用户所认可。如果目标用户群体是一批高级知识分子，那么传达内容措辞的专业度又是一个考验了。总之，我们运营人唯有对自己目标用户的认知水平、喜好深度理解了，才能制作出让他们容易“消化”的认知内容。

3.3.2　认知却不关注

“接触内容”制作到位了，可是用户关注率依然不高，问题很大可能出在企业为用户提供的关注渠道上。第 1.3 节“推荐关注渠道”中提到了关注渠道需要低门槛，让用户能够轻松“关注”。除此之外，还需要回归用户的场景进一步思考可能存在的问题。

如果与用户的接触渠道是线上渠道，那么请务必注意引导用户关注的链接能够快速打开（目标页面的图文尽量小），对于不支持直接下载的链接（IOS 系统经常有此类限制），务必做好相应引导，并在显著的位置标明。安卓与苹果手机的操作系统会有许多差异，均可能造成一些链接无法打开、无法下载的情况，这些均需要事先做好预防措施。

此外，若与用户的接触渠道是电台的音频节目，那么就要考虑你最后抛出的关注渠道是个简短且不容易与其他语音混淆的公众号名称；又例如，如果我们的关注渠道是让用户扫描二维码，那么一方面要考虑二维码与用户的距离是否是手机能够识别的大小比例，二维码的位置是否容易被人群阻挡，甚至还要考虑是否在特定的场景下掏出手机扫描这个行为让用户感到尴尬等。

综上所述，我们可以画出从用户“认知”到“关注”阶段的运营工作流程图，如图 3-7 所示。

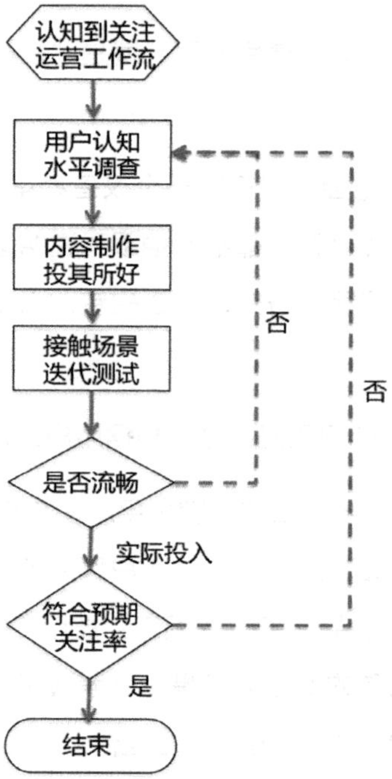

图 3-7　从“认知”到“关注”的运营工作流程图

作为运营人，我们自身务必在真实场景中从头到尾将关注流程体验多次，直到能排除绝大部分不通畅的问题为止。

那么，是否内容制作完成后投入到实际的接触场景中就完事了？当然不是，我们还得持续跟进用户关注率，一旦关注率低于预期目标，那么就需要重新结合实际情况分析问题根源，并迭代内容，再次进行尝试。

还有一种情况是，无论整个过程如何完美，内容如何到位，用户的关注率依然很低。这种情况是非常需要警惕的，这个时候应当重新反思整个产品的核心价值是否没有戳中用户痛点，而仅仅是实现了伪需求。

3.3.3 关注后离开

打过篮球的朋友们应该都知道，“抢篮板”的能力对于篮球赛场上的重要性——进可攻，退可守，既能“挽救”队友的进攻失误，又能将对方的进攻失误转化为己方的控制权。如果我们将用户养成各环节中的一个环节与“抢篮板”做比较，大家觉得哪个环节最接近“抢篮板”的战略价值?

对，就是“用户关注”环节。“用户关注”不仅是“用户体验”前的过渡阶段，它同时还承担着“进可攻退可守”的重要战略地位。我们设想下，对于大部分用户，一旦产品让他失望，他很可能不会耐心等待“下一个版本”，而是直接将其卸载。但是，对于关注渠道，只要能持续为用户提供“有价值”的内容，他一般不会因为对产品不满而连带公众号一起取消关注。

故此，尽管确保“用户持续关注”产品并不能缩短“用户养成”时间，但却能够有效挽留众多的“流失用户”，一旦他们还在关注，就意味着还是潜在用户，还有机会使用户重新回头。

在时下信息爆炸，用户注意力极易被外界抢夺的情况下，只是持续吸引“用户关注”本身就是个难题。关于如何持续吸引用户的话题，我们将在第 9 章微信公众号的运营专题中详述。

3.3.4 关注却不体验，使用却不付费

这个问题，绝大部分情况发生在“高决策成本”的产品上，这与第 3.2 节探讨的高决策产品“打通信任链”问题如出一辙，此处不再赘述。

3.3.5 体验后离开

我们在第 1.3 节也谈到了，用户体验产品其实就是在验证产品是否符合起初的认知预期。他主要考虑四点：

- 颜值是否达标?
- 产品是否好用、易用?
- 产品能否解决问题?
- 解决后的效果是否达到预期?

对于用户首次体验后即离开的情况，我们可以结合用户离开产品前，最后操作的行为轨迹、用户登录时长来初步判断产品的问题。例如，有些用户出现登录时间较短，不足以完成一次核心功能闭环的使用时长（即正常人完整操作一遍产品核心功能所需要的时间），且最后停留的操作皆是在某个相同的环节上，那么很可能该环节的体验或者认知设计上出了问题。

又如，如果登录时长满足核心功能闭环时长，并且用户已经生成并看到操作结果（例如美图类产品已经生成美化后的效果图），那么问题很可能是产品的解决效果或者内容质量（内容资讯类产品）达不到要求。

类似上述思路，对于不同类型的产品，我们运营人都必须事先进行“数据埋点”（事先协调产品研发人员在关键点上留下用户行为统计代码），并根据用户留下的数据“痕迹”，回归场景进行分析，也可以再找一部分用户进行访谈调研，结合不同维度的因素能够较为准确地定位问题所在。

3.3.6 付费后离开

这个问题，其实很严峻。通常来自于两大“病因”：

一是企业投入过多的运营资源在触发用户首次体验、付费上，却忽略了相应“付费后环节”的配套服务。传统行业典型的“重视售前忽视售后”的思维放在互联网这种重视口碑、重视体验的商业环境中，任何一个弊端都会被放大百倍，更何况“配套服务缺失”这个如此之大的漏洞?

如果产品本身检测不出问题，付费用户（包括平台内置第三方商品的购买用户）流失率又偏高，那么，请务必确保用户反馈渠道的通畅，甚至通过一些激励措施鼓励用户“吐槽”，以此随时监测用户对产品、服务是否满意，如若不满意，无论是第三方供货商还是自身服务问题，均应快速响应，并针对性进行整改。

第二个病因则可能出现在用户养成的“体验前阶段”，为了让用户尽快从“关注”状态转变成“付费”，做出一些过于夸张的产品描述，或者是活动宣传渲染过度，致使用户期待过高。互联网的特征之一便是解决信息不对称的问题，切勿反其道而行。

“期待越高，落差越大”，这是众所周知的心理。一旦用户的心理预期过高，在体验产品或者参加付费的线下活动之前，就已埋下了用户失望的隐患。此后，用户的差评或者在他自身的圈子中的负面吐槽，对企业产品的负面影响也就自然而然地到来，不知不觉，用户就悄悄离开了。

当然，也有可能是我们运营人无意为之使用户的心理预期过高了。无论如何，用户的“心理预期管理”也是我们运营人的一门必修课。

用户的关注阶段，其实就是一个非常好的维持用户心理预期的平衡阶段，我们应当确保与用户的互动、交流渠道非常通畅，随时留意后台用户一切“不切实际的幻想”留言，一旦出现苗头，应当想尽办法在关注渠道的内容中传达出产品的真实成效，拉近“产品真实效果”与“用户心理预期”的距离。

这也充分验证了前文谈到的，在与缩短“用户养成时间”之间取得平衡的重要性。

3.3.7　使用后难以培养习惯

这个问题，也与 3.2 节探讨的“低决策产品如何培养用户习惯”的问题如出一辙，此处不再赘述。

3.3.8　习惯用户的突然流失

当一个用户习惯了某个产品，说明此产品已经占据了该用户的心智。两者间的关系，说的矫情点，恰似热恋中的情侣。这个时候，若用户突然离开——那还得了，当然要彻查问题。

且慢，用户那么多，我们如何知道哪些流失的用户是“习惯”用户？类似前面提到的数据埋点的应用，我们也可以通过类似 CRM（客户关系管理）的手段进行精细化用户管理。不管我们是运营一个 APP，还是一个微信公众号，其实都能够做到。

APP 运营后台实现“习惯用户”的统计较为简单：通过我们运营人对自身业务的了解，向产品研发同事提交一个“习惯用户”的用户行为定义，通过技术实现后，由后台数据直接抓取即可。对于某些工具类产品，定义用户的习惯时，务必要考虑用户使用该工具的“周期性”，例如垂直领域的快消品电商，起码得等用户消耗完一批商品后才会再次使用。故此，定义习惯用户还应当回归业务本身，不能一概粗暴地通过“日活跃数”来定义。

那么对于微信公众号粉丝呢？我个人的习惯是通过对后台的活跃互动用户或者留言用户的谈话内容、“打赏”行为来确认，然后通过标签进行标识，尽管这样统计出的“忠实”粉丝可能仅仅是“习惯”粉丝的一小部分，但我依然能从数据反馈中看出问题——忠实粉丝如果出现流失那也是件大事。

通过数据的监测，我们就可以获知“习惯用户”的流失情况了。

下面我归结三类主要导致“习惯用户”流失的情况，分别进行说明。

1. 第一种情况，明枪：强大的情敌——竞品出现

市场上一旦有产品运作的卓有小成，同类产品如雨后春笋般冒出来已经是众所周知的必然事件了。

竞品既有能力把忠实用户抢走，有几个可能：一是竞品在产品功能、体验层面优于你们的产品，那我们运营人应当尽快识别出对方优势，并反馈给产品人员即时在下个版本优化；二是对方采用“价格战术”，这种价格战一般容易形成“双输”的局面，我并不建议以价格压制竞品，而是建议通过功能、服务等差异化优势，将自身的档次与竞品拉开差距。

如果不是产品、定价的问题，那么，最后的可能便是“软实力”出现问题，恰似员工离职的理由——要么是利益受损，要么是心理受委屈了。若认真观察如今的市场环境，我们会发觉，时下产品层面的优势已经难以形成长期竞争优势了，毕竟技术门槛愈发变低了。然而软实力——即运营服务能力反倒成为产品制胜市场的关键。

针对运营服务能力，我实践多年的感触是——它既是最容易整改的，又是最难的。说它容易，是因为运营服务毕竟没有纯粹的技术性门槛；说它难，是因为要推动一个企业长期保持卓越的服务能力，需要公司自上而下、由内而外的推动，上至企业高层、企业文化，下至运营客服部门真正得到企业的认可，并落实到绩效考核上，由此才能推动。这些并非运营部门单方面努力就可以做好的。当然，我们作为运营人，自然是有义务推动公司逐步改进运营服务能力。

2. 第二种情况，暗箭：低调的情敌——替代品出现

所谓明枪易躲冷箭难防，比竞争最可怕的对手往往不是来自同行，反而是跨界替代品。很多时候，企业连怎么死的都不知道。

就连当年如日中天的手机霸主诺基亚，由于未能跟上移动互联网时代的步伐，用户在心智认知上对“手机”的看法悄悄发生了改变：从话务通信工具过渡到掌上的智能设备。诺基亚最终节节败退，短短几年内其手机业务就溃不成军。

对于跨界替代品的威胁，不仅是一个公司，有时甚至是整个产业链都要去应对的行业级事件。但对于我们运营人而言，从习惯用户“无缘无故”的离去中，就应该第一时间收到警报。所谓春江水暖鸭先知，我们运营人就充当着这个“先知”，我们有义务在做好本职工作的基础上，不断跟进业界最新的互联网潮流，不断学习探索新鲜的商业现象，在“非常”时代下，行“非常”之事。

3. 第三种情况，七年之痒：用户生命周期自然衰亡

前面也提到过，任何产品都是面向特定背景的用户群体，而一旦该用户的年龄、阅历、社会角色发生改变之后，意味着他也自然地从这个产品中离去了。

例如招聘类 APP，当用户找到工作后，基本上他就可以定义为流失用户了；又例如教育类 APP，当用户达到自身的教育目的后，也自然流失了。目前业界针对自然流失用户，并没有做太多的措施进行干预，但是，我们是否能够做得更多?

我先开启脑洞大胆抛出一个思路：我们知道，现实世界中处理“消亡”的方式是由继承人“继承”，那么，继承这个思路，是否可以在产品运营中进行借鉴呢？例如，可以在产品中定义一个“临界点”，让即将“消亡”的用户触发这个临界点功能，然后提醒他可以将自己的账号由亲朋好友来“继承”，完成账号“交接”，这样就能为平台开拓新的潜在忠诚用户增长点了。

除了这三类情况之外，还有一些原因也会导致习惯用户的离去，例如产品功能或者服务人群的定位调整，又或者是对于 UGC 产品，随着产品用户的激增，新用户对老用户的干扰，社区氛围的改变，都会导致部分老用户的离去，这些 UGC 相关内容会在第 8 章中作为专题详述。

本节，我们提到了“用户养成”各环节维持健康的“用户养成梯形”的诸多思路，提到的措施主要用于启发我们的运营灵感，而非固化的“公式”。本节更大的价值在于使我们培养“确保用户养成梯形健康”的意识，无论以后的运营平台、产品如何变化，均能够举一反三，不断完善更精妙的运营策略。

3.4　最大化每一环节的分享

我们在听到“分享”两个字时，千万不要把思维局限于微信朋友圈的分享上。事实上，分享是个非常广泛的行为：你告诉朋友某家餐厅特别好吃是种分享；你推荐一本好书给一群同事

也是分享；你发表一篇文章，其中提到某个产品（通常是褒扬），对读者而言也是一种分享。这种类型的分享属于主动分享。另外还有一种被动分享，例如前面提到的在公众场合玩平衡车，对于看到这个场面的群众，无意中也促成了产品的“分享”。

3.4.1 用户分享带来的多层价值

用户“分享”这个行为对产品运营有何价值呢?

最直观的价值就是增加了产品的曝光率、传播量。但其实这只是“分享”的表层价值，它更大的价值在于，由于“分享”更多的是用户主动向自身社交圈子的传播行为，它对被分享用户所产生的信任作用，不是企业方的自吹自擂可以相提并论的。故此，加速信任、促进“用户养成”每一环节的用户向下一个阶段转化，这是用户分享的第二大核心价值。

此外，在人们的分享行为中，虽然有一部分分享属于“无的放矢”的线上分享，例如，我们经常在朋友圈中看到的“鸡汤文”就属于这一类。但是，更多的分享，其实反而是目的性极强的分享。例如，你的好朋友准备开始学运营了，然后你告诉他本书挺不错，建议他也可以买一本。这类分享，就是属于典型的定向分享。

故此，我们可以简单总结一下“分享”的三大好处：高性价比的传播及塑造产品品牌（很多时候都是免费的）、加速用户信任、精准传递给用户，极大地缩短“用户养成”的时间，优化“用户养成”梯形。

下面，我先简单总结一下目前主流的促进用户分享的思路。

3.4.2 用户分享的七种心理驱动力

1.“利己”驱动，满足的心理需求：基本物质需求

正所谓“人不为己天诛地灭”，我们必须正视人性中的趋利性，这是很正常的。利己驱动的分享大都是为了满足自身的物质利益要求，这也是我们在互联网上最常见的刺激用户分享的方式。例如“分享朋友圈送红包”、“分享送积分”、“分享得礼品、代金券”等。

有些朋友也许会对这类“利己”分享很不屑，认为它“low”。但在运营实践中，我们还是得回归用户视角来审视它的投入产出比，如果用户是价格敏感型用户，而我们的运营战略恰好需要快速获取大量用户时，那么“利己”驱动也是一个不错的选择。

2. “利他”驱动，满足的心理需求：归属、互惠互利

“相互帮助”的社会现象溯源可至人类原始社会。当时人们生产力低下，需要相互协作才能存活下来，故此逐渐形成人类特有的社群互助文化，而人们内心的归属感、“互惠互利”的文化习惯也是源于此。

“利他驱动”的内在含义其实是“利己驱动”的延伸，只是通过“人情”这种特殊的介质完成了“利益债务”的使命。今天你帮助我，明天我帮助你，人之常情。

“利他”分享其实也非常多见，尤其体现在与“安全”相关的负面消息层面。例如，一些新的诈骗方式、查出对身体健康有问题的大众消费品、不健康的食物等，我们往往会第一时间“广而告之”。又或者有一些优质产品的促销信息，可能与你本人无关，但与你的亲朋好友有关，你也会记住并分享给对方。

3. “谈资”驱动，满足的心理需求：归属、安全（社交）

“谈资”这一需求也是源于人类社会文化独有的，需要与其他人沟通、交流感情的需要。从表面上看，“谈资”其实就是两个人或多个人之间交流时，总是需要一些话题来聊，避免尴尬，而这个话题就是我们说的谈资。

时至今日，不是任何鸡毛蒜皮的无聊事儿都能作为谈资，通常只有那些让聊天者觉得“有点意思”的内容才会被人们讨论。哪些内容能够作为谈资被分享出去呢？一般是大众话题、娱乐、八卦、出乎人们预期的事情。例如，一个老总开着特斯拉上班，这不算什么。但若一个刚毕业的实习生开着特斯拉上班，就会容易成为谈资而被人们分享出去。

4. “塑形”驱动，满足的心理需求：尊重（彰显与众不同）

无论是现实中还是网络上，人们都有塑造自身更好形象的需求，往根源上来说，这其实是属于马斯洛心理层次中的“被尊重”的需求。

人们永远希望周边的人都觉得自己很聪明、很美丽、很富裕、有权威。故此，当你的产品或内容能帮助用户自身塑造更好的形象时，他们非常乐于分享。例如，我们偶尔会见到一些朋友分享国际顶端奢侈品品牌的新闻，乍一看，这些国际顶端奢侈品品牌与他们的工作、生活好像均无任何关联，那为何分享呢？其实背后的目的就是标榜：自己是个有品位、富有的人，故此才会关注顶端奢侈品。

5.“表达”驱动，满足的心理需求：尊重（有影响力）

人人都有观点、有倾向，只是出于复杂的人际关系，很多时候人们不便于直接从自己口中表达某些观点，这时候，如果你能为用户提供他们急于想要表达，或想要吐槽的内容，那么，用户是非常乐于帮你分享的。

这类“分享”尤其体现在职场领域。例如，某普通学者发表了一篇企业调研文稿：高工资更有利于提升企业效益。这类文章就会被非常多的用户转发分享，而且评论台词往往对作者充满高度的赞誉：专家、权威学者之类的，哪怕用户其实根本不认识这个作者。为何呢？因为他替用户表达出了自己对工资严重不满的想法，而借权威人士之口说出，比起普通人士说出效果肯定会更强烈。

值得警惕的是，毕竟是替他人表达观点，自然要控制好度，尤其是对某一社会现象的抨击，若过于强烈，哪怕用户非常想分享，但迫于“对自己的负面影响”也只能作罢。

6.“攀比”驱动，满足的心理需求：尊重（权威）

心理学界曾做过一个典型的实验，让受测者选择两份工作，A 工作年薪 5 万美元、B 工作年薪 10 万美元。毫无疑问，人们会选择后者。但是，心理学家们在进行测验时加一个前提条件，A 工作群体的平均年薪是 2 万美元，而 B 工作群体的平均年薪是 20 万美元，然后再让受测者进行选择。我们以旁人的视角来看是否认为大家还是会选择 B？但是，测量结果：绝大部分人选择 A 工作。这是人类攀比心理的一个典型表现，有句俗话说，幸福往往是比出来的。没有人愿意自己过得比周边的人差，都希望身边的人能够羡慕自己。

故此，如果你的产品（或内容）能够让用户觉得自己居于平均水平之上，他们是非常乐意将信息分享出去的。我们可以看到众多的产品，例如测试性能，或者给用户的照片颜值打分，当它显示出分数后，还要强调一句诸如“打败了 90% 的用户”，就是为了刺激人们的攀比心理进而分享出去。

7.“情绪（共鸣）”驱动，满足的心理需求：归属、安全

在所有的驱动分享中，“共鸣型”（又称“替表达”）的分享应该是最为感性也最为强烈的一种分享。根据心理学的研究，“敬畏、兴奋、愉悦、愤怒、警惕”等情绪最容易让用户产生“分享”的冲动。故此，当我们想要刺激用户的“共鸣”时，除了在题材上选取用户群体的“共同美好记忆”

之外，还可以在内容呈现时融入更具戏剧化的情感性元素，也能有效提升用户的分享意愿。

当然，能够触发用户分享的策略绝对不止以上这些。但是，我始终坚持本书的一贯理念：一切均为启发运营创新灵感。工具是死的，唯有因时制宜地针对特定的用户群体，在适当的阶段采取适当的策略，才能体现运营人的专业。

3.4.3　如何制定有效的用户分享策略

我们从上面的探讨中可以看到，仅仅是刺激用户分享的思路就有七类，具体触发用户分享的方式更是种类纷繁。

然而，当我们针对“用户养成”某一环节的用户进行内容接触时，“诱发”用户分享的策略却只能选择一样，那么我们应当如何选择最佳的分享“诱因”，制定高效的触发用户分享策略呢?

答曰：从核心用户群体的特征及产品特性的结合点出发。

从需求内因的角度讲，“分享”本身就是一种满足用户自身需求的行为。但是，不同类型的群体，哪怕是使用同一个产品的不同用户，他们“分享需求”的“优先级”差异是非常巨大的。

例如，同样是 Uber（优步）的乘客用户，有些用户分享推荐给好友使用是为了获取代金券（满足物质需求）；有些用户分享朋友圈主要是为了彰显自己的“时髦”（满足塑造自我形象的心理需求）；有些用户分享是因为他认可 Uber 提供了更好的出行方式，故推荐给朋友使用（满足利他心理需求）……故此，我们运营人在思考如何促进“用户分享”时，其实就是深入思考下面三个问题：

（1）计划刺激用户分享是针对“用户养成”的哪个环节?

（2）该环节目标用户群体最在乎的事物是什么?

（3）这个事物跟我们产品的连接点在哪里?

我们先看看“用户养成”的各个阶段，用户在每个阶段的“分享”契机，或者说分享的源驱动力是有很大差异的。

以早期的“知乎”产品为例，在不同阶段，用户分享的主流心理分别如下。

- 接触、认知阶段：当用户在某科技类博文中首次了解到这个产品时，分享该博文的目的更多是为了塑造自身形象，表明自己走在互联网时代的前沿，同时彰显自己是个爱好知识的人。

- 体验阶段：当用户在获得邀请码后，对外分享更多是满足“炫耀、攀比”的心理需求，“邀请码不容易得到，但是我得到了”。
- 使用阶段：用户分享自己的答文，更多是希望获取其他人的赏识及点赞，以满足答案排名提升的“攀比”需求以及“被认可”的成就感需求……

我初步总结了不同类型的产品在不同用户养成阶段的核心分享驱动力，如表 3–1 所示（各驱动力的解释可参照前面的描述）。

表 3–1 用户养成各阶段分享触发心理

用户养成阶段	产品类型及对应阶段的核心驱动因素			
	泛娱乐类	社交类	电商工具类	应用工具类
接触、认知	谈资、塑形	谈资、塑形	利他、谈资	利他、谈资
关注	–	–	利他、谈资	谈资
体验	利他、塑形	利他、塑形	–	利他、塑形
使用	利己、塑形、攀比	利己、塑形、攀比	–	利他、谈资
付费	情绪、攀比	塑形、攀比	情绪、利己	情绪、攀比
习惯	利己、攀比	利己、攀比	利己、攀比	利己、攀比

表中的分享驱动心理是较为宽泛的概括，但细化到每个具体的产品，对于不同的用户群体，他们的分享驱动心理就需要我们运营人具体情况具体分析了。

在确定了需要促进“用户分享”的具体“用户养成”环节后，就该梳理用户群体，分析定位他们“最在乎”的问题了。例如：经常购物的用户群体可能最在乎“价格”问题；娱乐类的内容生产者用户最在乎“人气、排行”问题；知识型用户最在乎“被认可”的问题；年轻的妈妈群体最关注的是与孩子安全有关的问题……不一而足。对我们运营人而言，深入理解自己运作产品的用户群体是开展工作的基础。

最后，当属分享的契机、分享内容的制造问题。在这个问题上，最典型的吃亏当属于：赢得了曝光，却忽视了产品。例如，曾经火爆一时的“杜蕾斯雨夜鞋套”话题为杜蕾斯带来了巨大的品牌曝光。但我们有没有想过，同样的传播能量，如果幕后策划的团队是那双鞋子的品牌商，这个微博会火起来吗?

我认为，依然会火。但是，事后人们会记住这个鞋子的品牌吗？不会。人们依然只会记住和谈论杜蕾斯。故此，我们运营人（或者市场品牌人）策划分享内容时，千万要记住将内容与自家产品（品牌）牢牢关联起来，切忌让其他元素喧宾夺主。

3.4.4　刺激分享的挑战及进阶思考

我们运营人必须不断地打磨自己的创意，不断地自问："当人们在现实中，或者在线上分享、传播这个'消息'时，他们会记住我们的产品吗？"直到得到一个满意的答案为止。当然，如前文所说，用户主动分享有两类：线上分享（往往是无的放矢）以及线下的口头分享，对于线上分享，可能相对容易避免"赢得曝光忘记产品"的问题，毕竟我们能在分享内容中嵌入产品链接等方式。

此处必须郑重提醒的是，时下信息爆炸的时代，线上分享所产生的影响力正在减弱。

据我近期做过的微信朋友圈转发点击率的统计，一篇中规中矩的文章，被分享后的点击率大概是其好友人数的 2% 左右，也就是说一个有着 300 好友的微信用户，分享带来的阅读量不过才五六人左右，更别提带来的关注量了，几乎不到千分之一。反倒是线下的一对一口头传播，往往能吸引全部的注意力。故此，一个高阶运营人，在进行分享设计时，不能顾头不顾尾，仅考虑主流的"线上"，而放弃"线下"隐藏的大量获得关注的机会。

目前为止，我们简单探讨了如何在用户养成的各环节最大化地触发用户进行分享的话题。具体的实战案例，我会在后面的实践篇章中有更多阐述。那么，关于"分享"，我们考虑到这种层面是否就够了？

当然不是。我认为，能充分考虑上面三大要素设计出的"分享刺激"充其量只能是 80 分，对于"用户分享"这件高价值的事情，完全值得我们投入更多的运营资源去思考、创新、设计更高水平的"分享契机"。

我抛砖引玉先举一例：我们刺激用户在线上分享传播时，可以为用户事先提供有趣的"分享台词"。

例如，我们知道一般人分享朋友圈时会顺带写上几句话说下自己的评论，或是为了表达自己的"高深见解"，或是为了表达自己的"俏皮幽默"，总之，分享的用户，他自身的目的也是希望能吸引更多的用户（与企业方利益一致），故此，相当多的用户在分享前都会思考一下"措辞"。可是我们是否知道，有多少用户是因为懒得"思考措辞"而放弃分享的？针对这个问题，我们运营人在提供给用户分享的内容时，完全能事先给他们提供一些"预设"好的分享措辞。

移动互联网时代，"懒"本身就是一个巨大的用户需求，这也是我们运营人的思考发力点之一。

3.5 用户养成高阶：运营品牌化，从习惯向幸福感

至本节为止，已经详细地阐述了基于“用户视角”从用户接触、认知、关注、体验、使用、习惯培养等“用户养成”的运营模型，探讨了如何应用“用户养成”模型为运营工作提供可落地的指导。那么，是否将用户培养成“习惯”用户之后就相当于对该用户“负责到底”了呢?

当然不是。“用户养成模型”是我提出的一个开放的基于“用户视角”的运营框架，它是弹性的、开放的，由我们运营人自身结合实际情况加以塑造完善。所谓学无止境，运营这门实践性极强的“学科”也是无止境的。

在第 3.3 节“健康的用户养成梯形”中我们也谈到过，即便将用户培养至“习惯”阶段后，依然有诸多种流失的可能，防不胜防。那么，我们是否还能够将用户从习惯等级进一步提升，以此最大限度地提高用户忠诚度?

对这个问题的思考触发我想到了多年前阅读的一本书《三双鞋》，书的末尾曾提到过“幸福框架”，这个“幸福框架”使我得到了启示：相信我们都有过一种体验，当遇见非常喜欢的人或物时，光听到名字，内心就油然而生一种淡淡的幸福感。

例如，我小时候曾很喜欢一款 RPG 游戏，光是听到该游戏的插曲、类似风格的画面，就有一种幸福感；又如，有些人迷恋某些品牌的奢侈品，他们听到人们谈论该品牌，或者看到品牌 logo，也会释放出一丝幸福感……试想一下，我们运营人，如果能将手中的产品运作至让用户产生一种幸福感，那是何等的荣耀。

那么，基于“用户视角”的“用户养成”运营能否拔高至此呢? 有门槛，有难度，但也有我们可以努力的方向。

有幸从有关幸福的社科类书籍中提炼了以下几点催发幸福感的元素，它们完全可以融入到运营策略中。

3.5.1 幸福感“用户养成”一：让用户感到有控制力

“感到有控制力”能有效提升人们的幸福感，意即当人们在某个领域内对自身拥有绝对的掌控权时，会获得强烈的幸福感。为何“财富自由”人人追逐? 因为财富自由能为人们提供物质保障从而对自身拥有高度控制权。

这也是为何游戏能够让人沉迷的根源之一，在游戏的“虚拟世界中”，玩家沉浸于游戏角色中能感觉到对虚拟世界的高度控制感。

那么，在“用户与产品关联”的世界中，如何才能让用户感受到有控制力呢？用户能自由地操作产品，设置个人信息、查看内容、使用产品功能，这算不算控制力？算。但这些只是表面的控制，就好比现实中，尽管我们有控制自己动作的自由，但需要上班时，还不是得乖乖按时起床、上班打卡？极其有限的自由称不上控制力，那么，我们运营人应当如何在产品中赋予用户真正意义上的控制力呢？

我开个脑洞，抛砖引玉提几个自己的思路供读者朋友们参考：

1. 提供用户一个“主宰圈”

例如，微信公众号对原创作者提供了这类的“特权”，原创作者在自己的公众号中能够对自己的文章有绝对的控制权：例如，版权保护，其他公众号若需要转载需要向作者申请“白名单”权限，如图 3-8 所示。

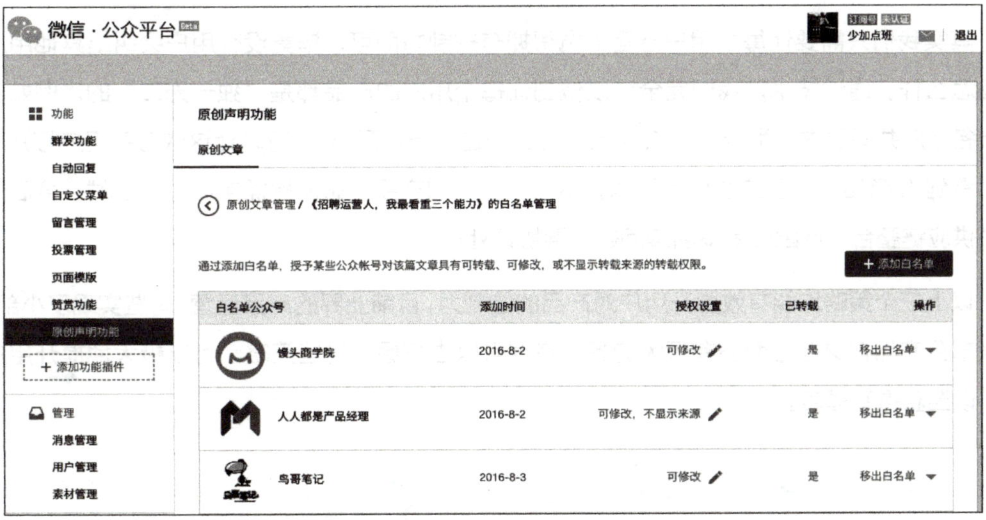

图 3-8 个人公众号后台授权界面截图

否则在推文过程中会被后台自动识别“抄袭”并自动替换成原文以及附上“来源公众号”；此外，作者能够自行设置用户留言的权限、公众号的菜单、菜单页面展示、是否提供“打赏”功能、打赏台词，甚至能够拉黑自己公众号中“不怀好意”的订阅用户。

类似的思路，我们完全可以移植到其他产品中，在产品中开辟一个既对外有吸引力，又能让用户拥有绝对主宰权的“空间”。

2. 让用户能够影响产品部分功能的走向

《参与感》一书中曾多次提到：让用户参与产品新版本的需求迭代。事实正是如此，产品每个版本的迭代都有诸多功能需求，那为何不通过一个透明的用户沟通渠道，在不影响产品核心功能定位范围内，让用户自行决定产品迭代的需求优先级？使用户感到自己的意见受到充分重视，让用户从感官层面深刻感到自己对产品具有强大的影响力（哪怕真实的影响力有限）。

3. 让用户决定“商品品种”甚至价格

对电商类、服务类的平台产品，平台内部往往具有丰富的商品（例如电商平台）、服务（例如招聘类、58 同城类平台）、内容（例如今日头条）等。我们运营人完全可以借鉴 C2B 的模式（Consumer to Business，即消费者逆向影响企业的产品制造），由用户来“决定”平台内部的商品、服务、内容。有些朋友可能会疑惑，这么多用户，众口难调啊，怎么解决？

其实我们只需要让每个用户感官上觉得拥有控制力即可，毕竟没有用户会纠结其他用户的产品怎么样。通过技术，我们完全可以做到让每个用户的产品都是“独一无二”的。例如，有数万名用户共同要求某类特殊的 A 商品，那么通过“技术隔离”，可以让这数万名用户打开产品时都看到 A 商品。至于这些技术问题，运营只需要向产品、研发提需求即可，当然，背后还有许多供应链整合、调配等诸多后续问题需要协调处理。

以上三个策略均能有效提升用户对产品的控制力，目前业界的产品运营，有些实现了小部分，但大部分产品在这些方面还有很大的提升空间可以去挖掘。这些策略都可以极大地提升用户黏性，以至获得幸福感。

3.5.2 幸福感“用户养成”二：感到可量化的进步

学生时代，我就发现了一个有趣的现象，相对其他科目，英语这门科目是最多人愿意花时间去学习的。其中一个很大的原因就是：英语属于你投入多少时间就能收获多少的科目。

对，容易感到进步是致使英语相比其他科目更受欢迎的原因。那么，产品中加入哪些元素能让用户感到进步呢？

我们早年最常见的“QQ 级数”就是一种典型案例，通过“在线时长”作为“升级”的经验值。我依然记得在 QQ 早期，还经常存在让朋友帮忙“挂 Q 升级”的行为；又比如早期的论坛，也是通过活跃度、发帖数等方式进行升级；博客类网站也通过显示你的文章数、字数来变相告知你在“进步”；淘宝、京东等购物类产品则以购物的金额、数量进行“升级”。

可以说，用户级数几乎是所有产品的“标配”了。只是，时至今日，这些所谓的“升级”能够让用户感到进步了吗？不能说完全没效，但时下成效却非常有限。早期 QQ 级数、论坛经验之所以能起到刺激用户活跃的效果，是因为它当年满足了前面提到的用户“攀比”心理，随着这些“招数”的滥用，这类“攀比”刺激已经成效甚微，离我所提到的“幸福感”更是差距甚远。

那么，究竟怎样的“进步”才能让用户感受到幸福呢？

答案是：用户为之“付诸努力后”取得的“进步”。每天登录算努力吗？每天购物算努力吗？这些显然难以称得上努力。发帖多算进步吗？写多几篇文章算进步吗？也不算。

基于这个认知，我们运营人能做的引导策略有两个：

策略一是通过某种激励让用户为产品中的某项功能付出真正意义上的努力。这在学习类、运动类的产品中有天然的优势。以运动类的产品来说，用户花上半个小时的时间慢跑、流汗，这就是一种努力。那么，如何激励用户持续努力呢？一种是心理激励，通过“勋章、排行榜、关注曝光”等方式制造稀缺性，以此来满足前面提到的用户“攀比、彰显与众不同”等心理。另一种则是直接采用物质刺激，例如，每天步行一万步可兑换一元等值奖励，等等。

如果说策略一的作用在于“短时间高刺激”，那么策略二的作用就是“长时间低刺激”了。这个低刺激就是让用户“明显感知”到进步。还是以上面的运动类产品为例，如何让用户明显感到进步呢？首先是将“用户的努力”进行量化，例如，跑步的持续时间、距离、速度，这些都是非常容易量化的。图 3-9 所示为咕咚运动产品的截图。

用户每次突破自身历史数据时，会给出一个“语音提醒”，但其实它可以做出更多的“进步”提醒。例如，用户每次比上一次进步时也可以给出一个提醒，或者比大众平均水平更高时也可以提醒，以此类推。

类似的思路非常灵活，无论我们运作何种产品，都可以将这些思路“无缝移植”。

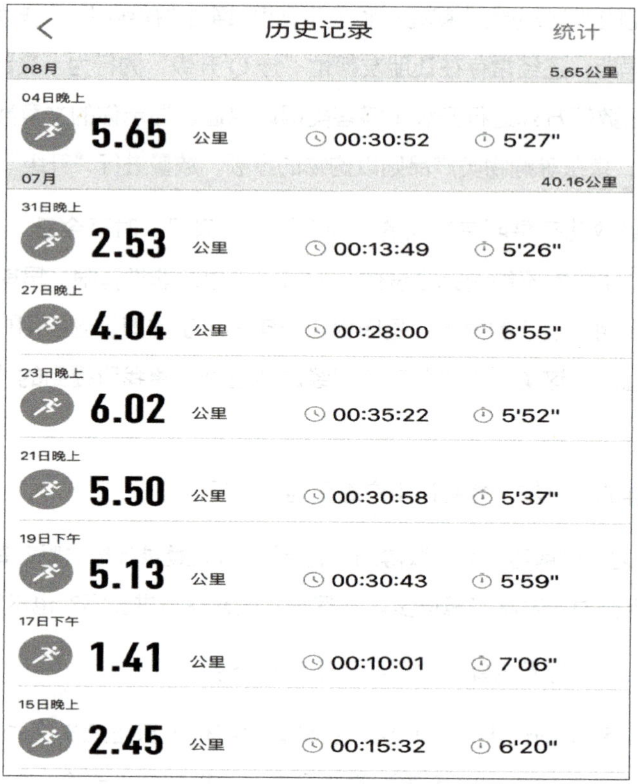

图 3-9 运动类产品历史记录的界面截图

3.5.3 幸福感“用户养成”三：赋予更高意义

在有关幸福的另一个研究中提到有三种类型的幸福，或者说是三种层级的幸福，分别称为：乐趣、激情、使命。

乐趣，看字面意思很容易理解，这种幸福刺激持续的时间最为短暂，如同我们听一首美妙的音乐，看一场精彩的电影，玩一把游戏，这类幸福的刺激源一旦停止，幸福感也随着戛然而止。

激情，这种感觉我们并不陌生，当我们全身心投入一项事务时，例如创作、运动、比赛、甚至是恋爱时，都能够体验到这种情绪。这类刺激的幸福持续时间相对“乐趣”长得多。

那么，究竟怎样的刺激才能让幸福感维持时间长久呢？更高的使命感——让用户成为某个更广阔的领域、事业的一部分，拔高生命的高度。也就是说，当我们即将要做的事情，是自己发自内心认可的、具有崇高生命意义的事情时，能够感受到这种润物细无声的幸福。

例如，对于运动类产品，我们是否想过，当用户不断地运动，不断地超越自己的纪录，更深入地感触到运动的乐趣以及运动对自身精神层面的正向塑造时，他本身也会开始由内而外地焕发一种正能量，而这种正能量是能够持续感染周边的人、产品的其他用户，这些其实无形中就超越了产品本身，给用户带来更高的使命体验感受。那么，我们运营人是否想过通过某种策略将这种使命感让用户感知到呢?

又例如，对于 UGC 类的产品（UGC 即用户生产内容平台的简称，例如知乎、贴吧都是典型的 UGC 平台），用户在输出高质量内容时，其实这些内容（知识）也是对很多用户产生了正向的影响，内容本身是非常有价值的。那我们是否想过将用户的内容所产生的正向社会影响力通过一些手段量化体现出来呢?

类似的这类运营思路，能够极大地帮助用户意识到其行为的更深远意义，价值之大，不可估量。

本章，我们详细阐述了基于“用户视角”进行“用户养成”运营的运营框架，这个框架或者说理念，它可以说是思考运营时的一种视角、一个起点、一个方向。在运营实战中，现实环境往往纷繁乱象，变幻无常，这个时候，我们运营人极易深陷“疲于应战”、“身处庐山不见山”的状态中，渐渐失去了全局观、理性的分析思考能力。这个时候，我们就能够通过本章介绍的：通用用户视角的用户养成模型重新跳出战局泥沼中，从一个更高的视角审视、梳理全局，回归运营初衷，纠正运营战略偏差，重新唤醒运营“弹簧属性”的威力。这是我研究运营底层框架的最大目的，这也是它的最大价值所在。

4

第 4 章 种子期的运营

前三章我们详细阐述了基于“用户视角”的“用户养成”运营模型，融入了我对更高效的运营策略的思考，但始终还处于“理论”层面的探讨。从本章开始，我们将真枪实弹基于真实的互联网市场环境中阐述如何开展运营工作。

下面我们将按照产品从无到有、从零到一的整个生命周期：种子期、萌芽期、成长期和成熟期四个典型阶段来阐述运营实战的点点滴滴。

产品种子期，顾名思义，意即一个全新的互联网项目正处于“无中生有”的立项阶段，严格来说，产品种子期的“起点”应当是个人（或团队）看好某个市场需求，认为它有较大的发展前景并开始行动，投入其中开始算起。

种子期产品的团队特征非常明显，团队优点通常是充满激情、扁平化、工作高效，一旦产品能顺利成长起来，在种子期阶段加入的员工往往能获得巨大的财富回报。

正所谓高回报高风险，与之对应的是，种子期的项目往往也处处暗礁，步履维艰：团队的资源、资金不稳定；市场需求极度不确定；创始团队能力不均衡、配合不默契；强大竞争对手出现……其中任何一个风险，都可能导致产品不幸“夭折”。虽然没有严格的统计，但没能渡过种子期，产品宣告失败的比率其实远高于“创业者十有九死”这句话。

本章，我将花大量的笔触阐述互联网产品在种子期的运营关键事项，希望能帮助正处于种子期的运营人避开各种“坑”，顺利渡过种子期“痛苦煎熬”的阶段。

在运营阐述的过程中，我们切记随时“抽出身”，回归“用户视角”，从用户视角出发，利用运营的“液态属性”适应环境，进而塑造极具“弹簧威力”的运营策略，这才是战胜变幻莫测的互联网市场的运营之道。

4.1 不是APP才叫产品：纠正你的产品观

我们都知道，运营的目标是用户，那运营的主体是什么？当然是产品。从事过运营的人应该会有所感触，当我们向朋友们说自己从事运营的时候，大部分人的第一反应可能都会问：“你们公司做的是什么 APP？”

APP 即互联网产品，这是对的，但互联网产品即 APP？后面这个观点真的对吗？

4.1.1 切忌束缚对产品的定义

在工业时代，提到产品人们可能会联想到“福特汽车”、“可口可乐”、“小天鹅洗衣机”等看得见摸得着的实实在在的产品。而移动互联网时代，在绝大部分人心中，当他们听到“产品”两个字时，内心却早已悄悄预设了一个 APP 的存在。

这种思维定势真的对吗？尤其是不少非互联网行业的企业在开展全新的互联网项目时往往是“不管三七二十一，先上个 APP 再说”。这往往为新生的项目埋下了失败的伏笔，或者至少会多走很多弯路，浪费不必要的开支。

问题的根源在哪里？就在于他们对“互联网产品”的理解过于狭隘。尤其是处于产品生命周期的“种子期”阶段的“产品”，它的边界往往是模糊的，具有高度可塑性。

在产品初创期，用户的需求是否拿捏到位，需求的解决方案（产品雏形）是否戳中用户痛点，这些问题的答案，没有人能真正确定。这种情况下，就需要一个最为灵活、低成本的解决方案来试探市场需求，这个最低成本的解决方案通常称为“产品”。

那么，APP 是一个最好的早期“产品”吗？很显然不是。研发一个 APP，需要招聘研发、产品、设计等各路人员，时间、费用成本非常高，尤其是针对用户的需求解读有误，产品功能没有解决用户真正在乎的问题时，APP 往往无人问津，直接影响团队士气，团队因而进入“迷茫期”，会产生更多的管理成本：团队内部意见分歧，核心人才离职……

我们前面强调过运营的“专业”度问题，一个专业运营跟运营新手的区别之一恰恰在于：专业运营对产品的定义非常灵活、宽泛。

正如金庸小说里的剑客独孤求败："不滞于物，草木竹石均可为剑。"对于专业的运营亦然，他们心中对"产品"的边界是非常宽泛的："但凡能为特定用户群体解决特定需求的一整套解决方案皆为产品。"

4.1.2 产品的形态多种多样

一家淘宝店可以是产品吗?

当然可以。无论你销售的是什么商品，都相当于为你的客户（用户）提供一个商品售前的介绍及展示、售中沟通答疑、售后使用说明、退换货等系列服务，所有"服务（包括商品展示）"自然可以视为产品的功能。

从"用户视角"来说，任何一个用户，依然会经历从接触（在某个地方看到这家淘宝店）、认知（这家淘宝店是干吗的）、关注（我以后可能会需要这些商品）、体验（商品评价高、有促销、下单试一下）、习惯（产品性价比真的很高，以后就在这家店买了）这一系列"用户养成"的过程。基于"用户视角"的"用户养成"模型完全能够适用。

一个最基本的微信订阅号（没有额外的接口功能开发）可以是产品吗?

可以。例如，一个提供干货内容的个人订阅号，这个产品的核心功能就是提供知识服务。它解决需求的目标人群就是一些渴望提升自我，或者获得某一领域专业知识的用户群。而随着这类用户的积累，个人订阅号这个"产品"本身也就具有了相应的商业价值，与独立 APP 产品的价值一样，从商业角度来看并未有本质区别。其中的典型代表，互联网知识社群"罗辑思维"就于 2015 年便获得 13 亿元的 B 轮融资，由此可见资本市场的态度。

类似的道理，甚至你在微博、秒拍、唱吧之类的 UGC 平台上开个普通账号都可以当成一个产品运作。只要你能在这些平台上持续发布吸引相关用户的内容，不限于娱乐段子、搞笑视频或动听的音乐……只要能持续有力地吸引一部分用户群体，对他们产生"影响力"，那么，这个"内容产品"本身也有运营的价值。

一个微信群、QQ 群也可以是产品。某互联网招聘产品，在其创建的第一年，都是以一个微信群的产品形态来为用户提供免费的互联网招聘服务的。它的运营人员每天在群上推送互联网初中级人才的简历概要，群上的用户（互联网企业的 HR、管理层等）看到合适的候选人，就能随时跟运营人员索要简历。由于该"社群产品"的运营服务好、招聘效率高，很快就一传十、十传百，将用户数（快速扩建微信群）极大地拉动起来。（顺带一提，若非高频、刚需的内容资讯或服务，切勿随意模仿这类社群运营，否则邯郸学步，极易变成单纯的“骚扰”用户。）

又比如，一个快递寄件服务类的产品，产品的核心功能只需为寄件人实现线上录入资料，通过手机定位选择一家周边的收件人过来收件，就已经能够满足相当多人寄件时要亲自跑到快递服务点，还需要手动填写快递单的麻烦。而这个产品需要“APP”吗？创始团队去线下跑下各大快递公司，做完资源整合之后，一个微信服务号即可搞定。

4.1.3 理性看待 APP 作为产品的优势

以上仅仅是信手举几个例子，类似的“产品”还非常多，它们都不是以 APP 的形态存在的。那么，这是否说明，一个互联网公司，可以不用上线 APP 了呢？

不一定。绝大部分时候，如果我们想将企业做大，按目前互联网发展现状来看，产品的 APP 形态还是必要的。我简单总结一下，APP 至少有如下优势。

1. 解决方案高效化、独立化

虽然产品处于“种子期”，用户需求不明朗，这个时候贸然投入研发的 APP，“功能开发”的实现效率远不如用“人工”方式取代“APP 功能”的方式来得高，但一旦产品渡过了“种子期”，这意味着核心功能已经明确下来了，这个时候通过 APP 的功能逐步取代之前的“人工服务”就能够极快地提高服务的效率，并且实现 7×24 小时无人服务。此外，由于 APP 是自主研发，故产品功能基本上可以不受其他第三方平台的约束，而诸如微信公众号、淘宝、天猫店等则必然需要受到微信公众号平台、淘宝平台、天猫平台的制约。

2. 服务标准化、流程化、专业化

除了效率问题，还有“标准化”的能力，这是唯有成熟的 APP 才能为用户提供的。对于“人工服务”，由于每个人自身经历、技能、性格的差异，自然会导致服务方案无法实现完全的标准化、流程化。（此处顺带提醒一下读者朋友，并非“标准化”服务就意味着“更好”，它适用于流程化的解决方案，对于带有情感诉求的产品，“感性化”、“人格化”等属性必然需要人工服务实现。）

3. 品牌效应

相比不具有 APP 形态的“产品”，独立的 APP 产品更为直观，更显得专业。对于“用户信任门槛”较高的业务，例如，金融服务类产品、奢侈品电商等，APP 相比其他产品形态更容易获得用户信任，在塑造品牌化形象时也更为自然。我们设想一下，若一个“微商”在国际机场投放高大上的品牌广告，是否看着都觉得别扭呢?

4. 大众化

正如本节开头提到的，大部分人听到“产品”两个字，第一反应都会联想到 APP。故此，从推广的角度讲，运营一个 APP 产品相对一个“淘宝店”、“微信群”等各色形态“非主流”产品更容易为大众认知、记忆和传播。

5. 易于吸引风险投资

相对于产品连 APP 形态都不具备的项目，具有 APP 形态的产品更容易获得风险投资。一方面是因为 APP 的关键用户数据：新增用户数、日活跃用户数（DAU）、页面打开数（PV）等更容易考量；另一方面，也是因为 APP 的产品形态更容易为互联网业界所普遍认可及接受。

总的来说，一家企业进行互联网项目运作时，没必要辩论“上线 APP”就是好，或者“不上线 APP”更好的问题。初创团队最关键的还是要抱着一颗开放的心态，因时制宜，根据自身项目的阶段，自身所拥有的资源，以及对用户需求、对行业特征、对解决方案的情况进行综合分析权衡，然后制订“当下最佳的产品形态”，这才是一种成熟的互联网创业思维。

对于我们立志于运营作为职业生涯的朋友们，也需要具备这样成熟的产品观。

4.2 种子期的运营核心，验证解决方案是否成立

本章节的内容较“烧脑”，不过“难啃的骨头”通常营养都比较好，相信细心读完本文的朋友们都能对新项目、对创始人的视角、对种子期的运营会有截然不同的领悟。

4.2.1 运营在产品的哪个阶段介入更合适

对于一个全新的互联网项目，一个处于种子期的产品，很多人都会疑惑，究竟在这个阶段

是先有产品还是先有运营呢？运营到底在产品的哪个阶段开始介入最理想呢？

按照一般的逻辑，很多人可能会想当然地以为：当然是先有产品才有运营，不然运营什么？

其实在上一节已经隐约做了一点“剧透”：对于种子期产品，直接研发 APP 很多时候都不是一个最优选择。故此，这个阶段的“产品”可能只是一个公众号内容、微信群或 QQ 群、淘宝店，甚至一个理念、一个产品原型的“外壳”。那么这个阶段，就更需要运营的介入，将“产品”在市场上运作，不断获取需求反馈，从而进行产品第一版本的“概念”打磨。

在“产品”形态还未完全明朗前，运营究竟在种子期有多少工作可以做？有，非常多。

还记得本书第 1 章和第 3 章均提到的基于“用户视角”的“用户养成”运营模型吗？这些运营工作内容，基本上在种子期都需要开展，我们先简单回顾复习一遍：

从用户接触到认知：

- 用户认知水平调查；
- 用户分布渠道研究；
- 用户接触内容制作。

从用户认知到关注：

- 用户认知内容（活动）准备；
- 关注渠道的选取及推荐。

从关注到体验：

- 用户体验前后台服务准备；
- 用户互动及答疑；
- 通过多种手段缩短关注期；
- 打造信任链。

从体验到使用：

- 产品颜值验证；
- 产品使用体验测试及验证；
- 产品解决问题的成效验证。

从体验到付费：

- 体验流程测试；
- 筹划优秀的用户体验（活动）。

忘记具体内容的读者可翻回 1.3 节进行回顾。

4.2.2 运营需要理解种子期与萌芽期的区别

上述是针对一个较为成熟的产品给出的通用运营工作内容，但是对于产品形态尚未形成的种子期产品（产品雏形），这些运营工作仍然适用吗?

我认为，既适用，也不适用。适用的地方在于工作内容基本上还是一致的，不适用的地方在于运营目标——非种子期产品，我们第 3 章已经介绍过，宽泛地说，运营目标是以培养健康的用户养成梯形，缩短用户养成时间。而种子期的产品（此时产品形态尚未成形）较为特殊，此阶段运营的核心目标应当是：验证解决方案是否成立。

此处必须郑重说明一下，目前，互联网业界（书籍、文章等）对“种子期”的定义范围往往是一个较大的时间跨度：从产品形态尚未形成开始至产品进入成长期之前（成长期的一般定义是用户数达到一定量级，例如十万、百万，视不同领域的用户规模而定）。这是由于早期经常需要使用这些“概念”的人（例如风险投资商）出于职业特性，方便沟通而定的。

但我认为，若我们运营人也按照这个定义来安排运营工作，其精细化程度远远不够。在业界定义的种子期周期内，其实应当细分为前后两阶段：第一阶段是产品形态还未形成之前（尚未上线 APP 或其他具有“具象形态”的智能硬件等），第二阶段是具体的产品形态形成之后。

在本书中，我是如此定义的：产品形态尚未形成之前称为“种子期（概念期）”，产品形态形成之后（例如独立 APP、看得见摸得着的智能硬件等）称为“萌芽期”。

种子落地生根之后才进入萌芽阶段，我认为这样的定义更符合逻辑、形象生动，易于提醒广大运营人、创业团队这两个阶段的区别。为什么我要刻意区分出这两个细化的阶段? 原因之一是不少创始团队疏忽了第一阶段的沉淀，直接“上线 APP（或硬件产品）”，走了很多弯路，我认为完全可以避免及优化。另外一个原因是，这两个阶段的运营核心目标差异较大，若将之混为一谈，会让运营工作在后半阶段充斥着混乱，低效甚至“无用功”。

4.2.3 种子期运营的核心目标

下面我们继续讨论，在产品形态尚未形成之前的“种子期”，创始团队的核心运营目标是什么？

验证产品解决方案（产品概念）是否真正为用户创造价值。

任何初创项目，无论创始人多么有远见，对目标用户的需求洞察有多深刻，但对于用户是否会对“产品买单”——用户是否接受你的解决方案这件事，始终处于一种“猜测”状态。

例如，一个用户很渴望学习成长，他难道就是需要一本好书吗？未必，他可能需要的是几个人陪同一起学习。又如，直播平台很火，从以往的体育赛事直播、电子竞技直播到时下的网红美女直播，这些内容直播会火起来比较容易理解。

但是，如果说有个专门做程序员直播写代码的产品，整个直播画面满满一屏程序代码，整个直播过程程序员可能一句话不说，不与你互动，只是静静地写着代码，如图 4-1 所示。你认为它能够火起来吗？一般人都会立马觉得这吸引谁看呢？事实恰恰相反，在欧美，就有一个这样的产品火了。为什么呢？一个深层的原因就在于，对于做过研发的朋友，尤其是经常深夜加班写代码的朋友就应该有所感触，工作的过程会感觉特别孤独，这时候，如果做个直播，会感觉到有很多同伴看着自己，跟自己一起协作，这就是一个很大的价值了。

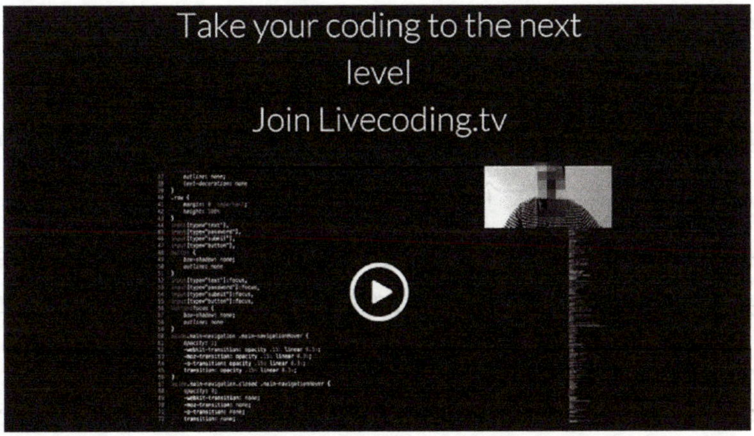

图 4-1 Livecoding.tv 程序员写代码直播截图

没错，这就是假设与真实的差距。很多事情没有真正去做与去做之后的感触会截然不同。

当然，如果你的产品做的是已经被其他同行验证过的解决方案，那么这种情况已经不属于本章讨论的“种子期”阶段了。不过，哪怕是模仿已经验证的解决方案，在后续的产品迭代中，种子期的运营思路依然需要。

或许有些朋友尚未意识到“验证产品解决方案是否成立”的重要性。下面，我分享一个自己以前的运营经历：

当时我负责运营一个顶端奢侈品的个人租售服务平台，公司早期通过传统生意已经取得了一定的成绩，积累了一批优质的客户资源，于是准备开创一个奢侈品寄售服务的 APP 为用户提供更好的线上寄售服务体验。这个项目非常有诱惑力，对于一个以富裕人群作为核心用户的产品，一旦推广起来，产品的商业价值非常诱人。

于是，公司即刻组建了研发、设计、产品团队，考虑到用户均是高端人士，我们也对产品提出了非常“高大上”的要求：从界面美观、商品展示、购物浏览、支付体验、寄售流程……敲锣打鼓花了半年时间，所有的努力都似乎合情合理，在团队内部持续评审否定掉几个版本后，我们最终推出了华丽的 1.0 版本：精致的界面、高质量的内容，甚至攻克了一些“业界难题”，开发了一些满足富人购物高标准服务体验的独有特殊功能。

结果，我们的产品在博得了老客户的一片“很漂亮”、“很棒”的赞誉后，他们依然继续我行我素，按照原先的方式与公司的销售沟通，而并未使用 APP 提供的服务——这相当于宣告：产品彻头彻尾的失败了。

半年时间，至少 100 万元的人力成本打了水漂。我们得到了什么？一句话，产品的解决方案——更好的购物体验并不是客户真正需要的。对于这类顶端奢侈品，其实客户只需要知道一件事：是正品，就够了。买卖也就一个电话的事，何必大费周章用 APP 呢?

我们回过头来从这 100 万元“学费”中彻底反思一下：首先，验证这个答案是否为必经之路?我认为，答案是肯定的。但是，仅仅是为了验证这个答案，真的需要 100 万元以上的成本以及半年时间吗?

我们其实完全有很多种运营策略可以将成本控制在百分之一，甚至千分之一以内。

4.2.4 验证最低限度解决方案三步走

现在是否意识到种子期验证产品解决方案的重要性了？如果方向错误，跑得再快、资金再多也无济于事。

那么，我们应当如何通过高效的运营策略来验证解决方案的成立与否呢?

我认为，我们完全能够抽取、借鉴制造业“精益生产”的理念进行“精益运营”。运营人可以参考下述三个步骤去执行，考虑到种子期的运营目标是验证方案成立与否，故此，在确保“解决方案”基本可用后（类似最小化可行产品 MVP 的概念），将验证速度升至最高、成本降到最低。

1. 步骤一：构造最低限度的可使用解决方案

我们务必牢牢紧扣“最低限度”及“可使用”的概念。业界一些人对 MVP 或精益创业的概念有点曲解，认为其精髓就是一味追求“快”，而不管产品是否粗制滥造便投出让用户进行体验，这完全是断章取义。

(1) 解决方案可容忍的粗糙程度的依据

我认为，“最低限度”究竟可以“低”到什么程度，应当视“解决方案”对潜在用户的吸引力程度而定，或者说，视需求的强烈程度而定。一般来说，需求的强度越高（用户非常渴求），那么对“解决方案”（产品雏形）的质量要求也越低，两者的关系如图 4-2 所示。

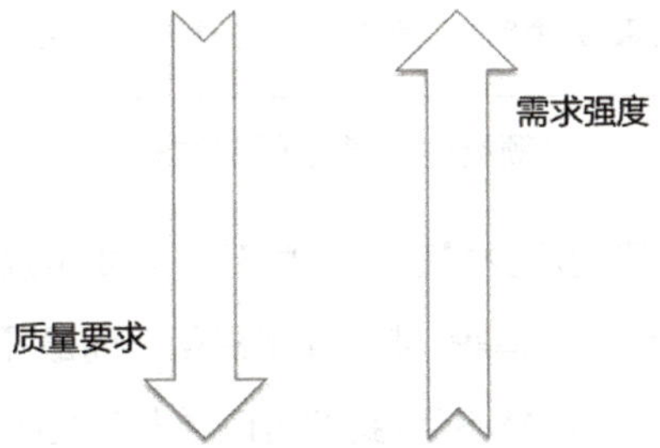

图 4-2　最低限度产品的质量要求及需求强度关系

例如，对于高新企业，最低成本招聘优秀的高级人才就是一个强需求，这种情况下，无论你的最低限度解决方案多么粗糙，都会有不少企业用户愿意体验。反之，如果你的产品是“泛娱乐类”或者是业界已有方案的“替代品”（例如你想做个更好的滴滴出行 APP），这种情况就不能够用一个粗糙的产品“敷衍”用户了。

而“可使用”意味着这个解决方案不是一个概念，而是能让用户看得见摸得着的东西。举个例子，假设目前美颜类 APP 还没有诞生，你不能拿着一个概念就去对用户说：“我们准备做一个能迅速将手机照片修图变美的 APP，你想用吗？”

用这种“概念”去做用户调查就跟用传统调查问卷做市场调查一样—你只能获取用户的“想象需求”，却永远无法得到用户的真实需求。

（2）两个示例

那么，最低程度的“可使用”解决方案究竟是怎样的?

我们以美颜类 APP 为例，假设在业界尚未有美颜类产品前，这个解决方案就属于“吸引力高”的产品，故此，用户对产品的粗糙程度能够尽量容忍。甚至只需要为用户制造一个“输入”、“处理”和“输出”的界面，如图 4-3 所示。

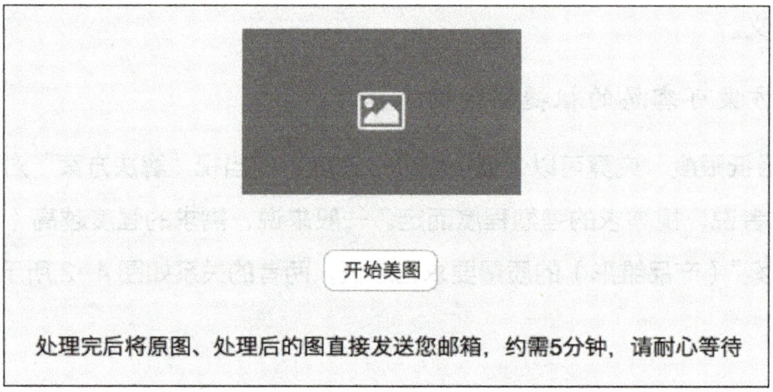

图 4-3 美颜类产品最低程度的解决方案示例

对于输入、输出的界面，我们用少量研发，甚至不需要研发参与即可，如今市面已经有非常多的界面原型设计工具、H5 设计工具等，非常简单易用。而最需要费时费力的“美图处理引擎”的技术黑盒子怎么办？自行研发？当然不用，我们可以“人工处理”！一旦前台有用户上传图片，后台完全能够以“人工处理”的方式迅速通过 Photoshop 处理将结果输出给用户（当然在验证时只能邀请少量用户）。如此，便可让用户获得完整、“真实”的产品“使用”体验。

又比如前面提到的移动互联网招聘例子，目标是为了验证“使用移动互联网的方式进行人员招聘是否能比传统方式效率更高、体验更好。”怎么构造最低限度的解决方案呢？搭建个简洁的简历录入及输出网站？完全不用这么麻烦。

简历的录入？找到目标用户，要到简历，运营人协助用户进行简历概要描述。简历向用人单位的展示？建个微信群、QQ 群，将所有用人单位加进来，轮番刷“简历流”；搜索简历？用人单位在群里一句话，运营即可将符合条件的简历摘要推送出来，一旦有用人单位看中的，将完整版简历发给用人单位。OK，至此就完成了极度简单的用人单位与候选人的对接流程。

一切就是这么简单。

（3）解决方案的实现不应受束缚，可以非常灵活

通过“验证解决方案是否成立”，我们完全可以将原来需要数个月的工作量缩短至几天，而获得同样的答案。“人工处理”在工业时代一度被视为是应当被“革命掉”的低效率行为，然而在产品种子期，却出人意料的高效。

如同第 3 章“缩短用户养成时间”的思路一样，我们运营人的最大敌人永远都是时间，相应的，我们需要常常反思的问题便是：面对同一个任务，我们是否能找到更简单、更高效的解决策略?

值得说明的是，不一定所有的产品都能够规避“研发”环节，对于有些对早期解决方案有一定“具象化、高颜值”要求的，或者实在没办法“人工服务”临时替代的产品，还是需要研发投入相应的工作量。

那么，哪些类型的产品可以跳过“研发”参与呢? 我们先归纳一下，可以总结出最典型的五类 APP 产品：

- 应用工具类：如支付宝、百度地图、滴滴出行、美团外卖等。
- 电商工具类：如淘宝、京东、苏宁易购。
- 社交类：如微信、微博、知乎、陌陌。
- 资讯内容类：如今日头条、好奇心日报。
- 泛娱乐类：包括所有的游戏、直播、短视频、唱吧等。

事实上，在业界尚未具有上述产品时，对于验证最低限度解决方案环节，上述提到的产品在雏形阶段，功能都非常简单。除了社交类产品，绝大部分产品都能通过其他方案变相“实现”，从而验证最低限度解决方案是否成立。我们大可灵活地通过各种成熟的平台，例如微信公众号、微商城、H5 小游戏、录个仿真短视频、人工杜撰取代“技术黑盒”等各种巧妙的手段，对解决方案进行组装、传播、验证。

我于本节更多的是谈一种思想，一种最大程度缩短“最低限度解决方案”的制作及验证时间的思想，哪怕是需要研发介入的产品，对于复杂的研发技术模块，也完全可以通过“人工搭配”

来巧妙处理。例如，如果是需要“智能语音识别引擎”技术支持时，就完全可以用“人工”在后台处理。

2. 步骤二：锁定用户，进行接触、认知、促进使用

最低程度的解决方案“制造”出来了，下面，当然是要寻找并接触早期的用户了。

怎么找？我建议让潜在的“强需求用户”主动申请。

按照前面“用户养成”运营模型来看，我相信在“解决方案已经制造”出来的时候，我们运营人对于“潜在用户认知调查”、“高密度用户渠道”、“用户认知内容”等系列工作都已经准备就绪了。现在，我们要做的最后一步就是在高密度用户渠道投放“接触内容”，并留下让潜在用户主动申请的渠道即可。

顺带一提，在大多数情况下，我并不建议通过直接的利益（例如现金补贴）吸引早期用户体验，赤裸裸的利益刺激除了会吸引到非目标用户群体之外，从社会心理的角度讲，还容易导致真正的用户在事前就对我们的产品留下负面印象，毕竟，人们往往难以相信——有价值的东西为何还要贴钱请人体验呢?

当然，我们也可以反其道而行之，通过刻意制造“稀缺感”来尽量吸引潜在用户。例如，对外宣称仅剩几个名额等。

万一主动申请的用户人数不够理想，那么则可充分发挥“地推”精神，到各大社交网站上人为寻找潜在的用户，并私信邀请。我的个人公众号有段时间就经常接收到一些在线教育平台的邀请，希望我能入驻他们平台成为专家组的一分子。通常来说，这类邀约其实并不会让人特别反感。

基本上只要产品不是特别不靠谱，我们按照类似的策略运营，还是能够顺利找到愿意参与体验的潜在用户。

有些细心的读者可能还是会担忧：解决方案那么“粗糙”，用户能接受吗？这点其实就考验我们运营人的沟通技巧及策略了。其实对于“难以确认需求强烈度”的全新产品而言，我们可以考虑给予新用户一些“特权”，使之产生产品早期用户的荣耀感，这样就会对新产品有较高的容忍度，不会特别在乎早期产品的“粗糙”问题。

3．步骤三：获取用户的真实“行为”反馈

有了解决方案，有了用户，接下来终于可以投入运营了。运营的初衷是验证解决方案的成立。这个初衷，运营人在种子期阶段必须牢牢记住。

如何验证？那自然是看用户的真实反馈了。此处又是一个运营难点。作为决策判断依据，我们应当如何解读用户反馈最为靠谱呢？是体验完之后，让用户做个选择题，由其勾选去留？还是直接与用户访谈，问他后续是否会继续使用？

我的建议是：不要让用户用“嘴”投票，而是让用户用“脚”或者“钱包”投票。

例如，如果你们的解决方案后续是个付费服务（付费产品），那么就要重视用户的付费意愿。除了首次体验免费之外，后续使用时完全可以大胆尝试让用户开始付费。当然，考虑到解决方案的粗糙性，种子期往往需要开出折扣价格，让用户选择是否继续使用服务。具体折扣的多少，视具体的需求强烈度以及解决方案的“粗糙”程度而定，但务必要让用户真实的“掏钱包”，这样才能真正地看出他是否需要这个产品（解决方案）——切记，人的承诺永远不如行为靠得住。

如果你们的解决方案后续是个免费服务，那么就要格外重视用户留存率（留存用户是指首次使用产品的用户到下次还使用产品的用户，留存用户数与首次使用的用户数之比即留存率）及用户推荐率（将产品推荐给新用户的人数占总用户数的比率）。图 4-4 所示为一种典型的用户留存率示意图，记录每天的首次启动用户数及这批用户在接下来若干天后的留存率。

详细数据

首次启动日	新增用户（不含重复安装）	留存率(%)						
		次日	2天后	3天后	4天后	5天后	6天后	7天后
2016-07-10	4,046	7.51%	4.33%	3.66%	2.67%	2.6%	2.32%	2.2%
2016-07-11	4,456	6.91%	3.95%	3.19%	3.16%	2.72%	2.51%	2.4%
2016-07-12	3,872	6.28%	4.11%	3.15%	2.66%	2.04%	2.09%	2.04%
2016-07-13	3,558	6.97%	4.69%	3.51%	2.47%	2.92%	2.47%	2.45%
2016-07-14	3,619	8.18%	4.59%	3.34%	3.21%	2.98%	2.93%	2.76%

图 4-4　腾讯云分析用户留存率示意图

为何我要同时强调留存率及推荐率两个指标？这里简单说明一下：对于免费产品，它能否取得成功，完全是靠海量用户的关注力及影响力来创造盈利价值（例如广告、或者第三方分成），

一切不考虑盈利的产品都很难走得长远。而能否持续获得用户注意力的问题，就是通过“留存率”来判断，是否具有吸引力以及病毒式增长的能力，则可以从用户“推荐率”看出来。

接下来的问题在于，这三个指标应该定多少才能视为“合格线”呢?

其实这个问题并没有标准答案。顺带一提，理论、学术教育倾向于把人培养出“寻找精确性、标准化答案”的思维模式，可是这种思维模式一旦套用于真实世界中，尤其是商业领域，我们发现总是会碰壁——真实的世界是充满变数的，我们真正需要的是一个弹性的，应对“不确定性”的思考模型。

尤其是对于我们跑在市场前线的运营人，特别需要深谙这种“不确定性”的应对之道。

4.2.5 如何量化合格指标

回到判断“解决方案是否成立”的指标量化问题上来。虽然说这个难题一般是创始人或者联合创始人、首席运营官、总监等“中高层”思考的问题，但我认为这些问题的深入思考，对我们运营新人也有开阔视野、加速成长的作用。

1. 一种简易的指标评估手段

为了将“评估指标”量化，一种思路是逆推思路，通过类似波特五力模型的分析，得出可以争取的市场空间，逆推出第一年的业绩要求，由业绩逆推出增长率需求，并按照增长率倒推初始指标。这种思路看似合理，但问题出在哪里? 就在于第一个环节——市场数据本身就高度不确定性：市场容量没法评估、竞品、替代品以及由于市场潮流、商业趋势的变化，每年的市场增量都是一个难以预估的数字。

那么，是否有更靠谱的评估手段?

我此处分享一个更为简易但接地气的模型：从用户群体入手。我们都知道，任何一个产品，都是服务于特定的一类人群，这个人群的量级我们是可以通过许多社会渠道相对精准地评估出来的。例如，大学生人数、某一线城市的中产家庭数、每年的新生婴儿……

从用户群体的数量（以及年增量趋势）我们可以初步逆推一个能将产品“做活做大”的参考指标——付费率、留存率和推荐率。

这三个参考指标的权重也要视盈利模式及市场替代品情况而定：对于直接向用户收取费用

的产品，可适当降低推荐率的要求；对不是向用户收取费用的产品，如果目标市场已经具备成熟的产品（你们的产品是成熟产品的优化替代版），那么至少要保证留存率、推荐率都比业界高100% 以上（不温不火的产品是很难取代已有强大先发优势、占领用户心智的成熟产品），反之，如果是新兴市场可以适当降低要求。

得出一个初步的参考指标后，我们就能依据“同一批次”的用户验证反馈结果进行比较了，当然，会出现三种情况。

2. 对三种反馈结果的处理

第一种，高于参考指标（预期），这标志着创始团队的产品种子期阶段的结束，创始团队可以正式引入研发、产品、设计等专业人才，开启萌芽期的工作。

第二种，低于参考指标，此时，我建议进行用户深度访谈，定位“解决方案”的缺陷所在。如果用户访谈的问题很聚焦，可以针对性进行解决方案的优化，并重新投入新一轮的最低限度解决方案验证循环内。这种情况，我建议尽量引入一批尚未接受过第一轮测试的全新种子用户进行验证（避免认知干扰），在数据分析时记得与已经参与过验证的用户隔离开；如果用户访谈的问题相当分散，这个时候就要特别注意了，很可能是解决方案压根就没有创始团队早先想象中那么有价值，这种情况的处理与下述第三种情况类似。

第三种，用户反馈的验证结果几乎为 0，意即付费率、留存率、推荐率均为 0 或接近 0。这个时候，在进行用户访谈之后，结合访谈结果，可能就要创始团队做一个“艰难的决定”了：继续优化，还是重新定义产品？我倾向于后者。

我们一起评论一下上述三种情况，诸位觉得哪种情况是创始团队最难接受的？应当会异口同声回答第三种。

那么，又是哪种情况对团队的风险最大？

我认为，是第二种——不温不火，杀人无形。对第三种情况，顶多是创始团队在心理层面受个打击，从头来过，很可能重新定义后的产品能够戳中用户痛点；但是不温不火的情况，很可能是解决方案的内在价值本身就没有戳中用户痛点，这种情况，再多的“优化”对指标的影响也只是杯水车薪，于事无补。

3. 种子期运营核心工作整体流程

我们已经通过“创始人视角”讨论了种子期阶段的完整工作内容，核心工作流程如图 4-5 所示。

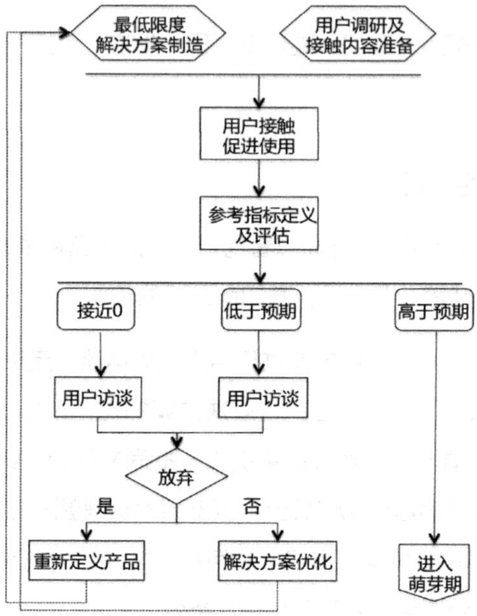

图 4-5 种子期的最低限度解决方案验证工作流

下面，我们该回归“运营视角”，结合前面探讨的“用户养成”模型梳理总结一下运营人在种子期阶段的工作内容：

- **最低限度解决方案制造；**
- 前期种子用户锁定；
- 用户认知水平调查；
- 用户密度研究；
- 用户认知内容（活动）准备；
- 确保沟通渠道畅通；
- 用户体验前后台服务准备、测试；
- 用户接触及解决方案启动；
- 用户互动及答疑；

- **设定用户使用周期、用户反馈数据收集；**
- **用户深度访谈；**
- 决策支持信息汇总及分析；
- **结论判断（或放弃、或优化）。**

黑体部分为“种子期阶段”的运营相比产品成形阶段之后“用户视角”的“用户养成”运营模型提到的额外工作内容。

对于我们运营人，其实若能在种子期阶段介入项目中，虽然说未来充满风险、充满不确定性，但相应的收获也很可观：这未必是物质层面的短时回报，毕竟种子期产品失败的概率远高于成功的概率，最重要的收获在于，我们运营人在持续优化解决方案的过程中，能有效锻炼自身的产品思维——这对于运营人绝对是个如虎添翼的技能。

本节内容较长，但若总结起来，其内涵无非是两个“道”：（1）商业竞争的实质是用最短的时间找到用户需求与解决方案的最高契合点；（2）运营思维与创业者思维高度一致，没有创业者意识的运营难以成为优秀的运营人。

我认为，这两个“道”将是从现在开始打造个人竞争力、商业竞争力的必经之道。后工业化时代，传统依赖资本优势、规模化优势、渠道、营销优势的竞争格局正在瓦解，取而代之的是对用户人性的领悟、对需求的解读、对解决方案与需求的匹配度的竞争，这种趋势将会对企业的运营、产品能力提出更高的要求。

而诸位朋友，我们运营人的用武之地将会更多。

4.3 种子期用户的获取、规避及运营

上一节我们谈完了整个种子期阶段的运营之道以及运营策略，但我们运营人在策略的落地执行时，应当如何寻找用户，如何与用户沟通，如何快速促使用户体验产品……对于这些运营实战中必然会碰到的问题，将于本节逐一进行解答。

4.3.1 种子用户的选取原则

获取用户的第一步是什么？我们回顾一下“用户养成”模型的用户接触及认知环节：锁定目标用户群体，识别用户认知水平，用户在线上、线下各渠道的分布密度。

我们想必都知道，哪怕是同一个产品的用户群体，也有非常多的类型，若按用户人数的金字塔分布进行分类，一般能够分为四类，如图 4-6 所示。

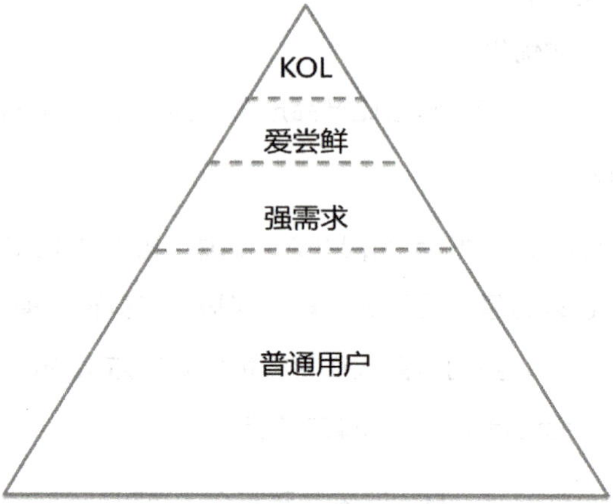

图 4-6　用户人数分布金字塔

第一类是对其他同类用户具有较大影响力的 KOL 用户（关键意见领袖，特定业余领域的专家或者具有大量粉丝的各色网红，通常俗称的大 V）；第二类是热爱体验新鲜事物、乐于分享传播的用户；第三类是对特定产品具有特别强需求的用户；第四类（剩下的大部分群体）则属于构成用户金字塔底部的普通用户，他们的影响力有限，也并不激进。

对这四类用户，目前互联网业界的主流看法是，早期产品（包括种子期及萌芽期）应重点培养第二类（尝鲜）、第三类用户（强需求），而更多地向互联网企业转型（或者尝试主营业务之外的互联网项目）的传统企业高层则往往偏好于第一类用户（KOL）。

事实上，这些观点都没有绝对的“对错”，他们都有各自的适用产品、适合的情境，另外对企业资源的门槛也有不同的要求。例如 KOL 用户，就需要企业有人脉或者一定的资金实力才能“请得动”。下面我详细分析一下不同类型的产品分别应优先寻找哪种类型的种子用户。

对于“体验门槛”较高的产品，前文也谈过，通常是指需要支付一定费用，或者用户学习成本较高，或者是需要较高“信任成本”的全新产品，例如金融理财类产品、O2O 类产品（如滴滴打车）。

对于这些高门槛类产品，站在用户角度看，他的内心对这类全新产品是充满高度“不确定性”的：“与我原来的习惯相比，使用新产品的效果真的能获得更高的效率（收益或其他好处）吗？”

心理学界早已验证，人们面对“损失”的心理敏感度是面对“获取”的两三倍（意即我们掉了100 块钱的心情郁闷程度与捡到 200 百块钱的心情喜悦程度等同），故此，若用户花心思体验产品，就好比先付出了一定的“成本”，而得到的“回报”却是不确定的，因而普通用户体验新产品的欲望低下。这个时候，第二、三类用户就是一个非常好的突破口，通过他们的率先使用、口碑传播、分享等逐步打消普通用户的疑虑。

对于“体验门槛”较低的产品，诚然，通过第二、三类用户作为“突破口”会较为容易，然而，这会给种子期解决方案的验证埋下“祸根”——毕竟这两类用户对产品的需求较普通用户强烈得多，故此在短时间内的“行为反馈”数据往往会较为乐观，并最终导致团队对产品方向的“误判”。毕竟第二、三类用户可能只是产品主流用户数目的一小部分，而产品最终盈利靠的用户群体是哪类？当然是普通大众用户，至少占了 80% 的比例。故此，种子期的目标——验证解决方案是否成立，更多的应该站在普通（大众）用户视角。

这个时候，对于“低门槛”产品，完全没必要挖空心思寻访第二、三类用户；另外一个重要的原因是，种子期阶段并无“推广”要求，对于一个还远远称不上产品的“解决方案”，无论是 KOL，还是第二、三类用户群体，若将“产品”过度传播出去了，非但会吸引不少非潜在用户（会产生许多干扰数据），甚至还可能提前让潜在竞争对手获知产品创意，弊大于利。

至于考虑 KOL 用户的时机，我建议当产品渡过了种子期，在萌芽期后期或者产品成长期之后会更合适。

4.3.2 种子用户的接触及沟通

我们识别目标用户的属性（俗称用户画像）并不难，基于对解决方案的理解，我们很快就能获知。基本的用户标签属性包括：性别、年龄、身份、特征、线上（网上）接触渠道（用户密度）和线下（现实中）接触渠道。

举个例子，一个在线教育的解决方案，典型的普通用户标签如下。

性别：男女不限；

年龄：18～30 岁；

身份：学生、职场白领新人；

特征：好学、上进；

线上接触渠道：知乎、互联网学习类社区（例如人人都是产品经理），甚至互联网招聘类网站等；

线下接触渠道：购书中心、高校讲座、图书馆、论坛。

通过这些标签，我们不难在相应的渠道上找到他们。但是，在与他们进行接触之前，我们运营人务必预先将沟通话术准备妥当。

沟通的目的有三个：产品认知说明、建立信任、促使用户体验解决方案。当然，最后别忘了留下沟通方式。其中，建立信任是关键，也是最需要话术技巧的。

还是以在线教育的解决方案作为例子，请诸位先看一例种子用户邀请话术：

你好！我是某平台的员工，我们公司全新推出一个 ×× 领域的培训方案，能够有效解决你在 ×× 领域工作经验不足的问题，如果你有兴趣，请留言知会。

诸位觉得这样的话术怎么样？我们站在用户视角解读一下用户的心理反应：某平台？啥平台呀，听都没听过，不会是骗子吧？什么？说我工作经验差，轮得到你批评我吗？留言知会？留言说什么？后续还要做什么操作，会不会很麻烦？

这些疑惑都不得而知。下面我们再看另外一种用户邀请话术（括号内为我的评论注解）：

×××（社交平台能够看到对方称谓，加上称谓能增加亲近感），您好！我是 ×× 公司的运营专员 ×××（加上自己的真实姓名能增加信任感），我们公司目前推出了一款 ×× 培训方案，针对性地弥补业界培训的 ×× 方面缺失（阐述痛点，引起共鸣），看了您在社交上对 ×× 方面相当活跃、领悟极深，故特别邀请您作为我们产品的首批种子用户（意即不是一般人可以参与的，给用户贴金），后续会在产品上为您的账号添加永久荣誉会员勋章（给予精神鼓励，初步建立用户归属感），如果您感兴趣，可联系我。我的微信：×××，我的办公电话：×××，我的 E-mail：×××（给用户多种选择方便不同用户的隐私需求）。如您还有其他疑问，也可随时问我，我在线答复您。（表现出优质的服务态度）

前后对比，是否发现两者的区别之大？一个好的运营，就是无时无刻不站在用户视角思考，言行间始终考虑用户感受，唯有此才能打动用户。

4.3.3 促进用户快速体验解决方案

强调一下，“种子期”并非成熟的产品形态，通常必须将“用户养成”环节中的“关注”时间降低至零，故此，必须给种子期用户进行大度“让利”（不同于常规阶段的运营），所谓的“让利”可以是“多对一”的 VIP 运营服务（保证用户意见的即时反馈）、精神或物质激励。

1. 为何采取“多对一”运营服务

“多对一”的运营服务，这在处于成长期、成熟期产品的角度来看，似乎匪夷所思，哪怕是针对 KOL 这类重中之重的用户，也只是让运营人进行“一对多”的跟进。那么，种子期多对一“全民运营”的目的何在?

我认为，理由有三：

第一，产品早期的创始人、技术负责人、运营人与用户密切接触，能够增强团队对产品、用户的深层理解，为后续产品的成功奠定基础，同时也让团队所有成员都感受到创始人的决心，对每个用户亲力亲为。

第二，多对一运营，能为种子期的用户提供极度“给面子”的服务，用户的任何疑难杂症都有相应负责的同事进行答复，弥补早期解决方案的粗糙，加速用户信任链的打造。

第三，通过多对一的运营氛围，能反过来慢慢感染用户，使其觉得自身也是产品团队的一员，自然对产品有了参与感、归属感，还记得第 3.5 节提到的“向幸福感运营”吗？对，就是初步让用户感知到他们对产品的“控制力”。

当然，推动多对一运营，组织沟通渠道（例如微信群），确保微信群沟通氛围热烈，激发用户主动交流欲望，这些重任，我们运营人自然是当仁不让。

2. 如何控制激励用户的力度

至于种子期用户的激励，自然是促进用户将“关注期缩短至零”的核心因素。当然，这个激励的“诱惑力度”也特别考验运营的功底：“度”的控制非常重要。“诱惑”太大，会吸引到非常多的贪小便宜用户，掩盖了市场的真实需求及容量，例如，外卖 O2O、打车类补贴，我撰写本书之时，据传一些知名 O2O 产品已经烧完多轮融资共计数十亿美元，依然未能盈利，在某种层面来说，便与最初不计后果、跟风过度补贴策略的滥用有关（尽管不能否认这类市场的远景，但其实完全能思考一些更为合理的运营策略）；反之，诱惑太小，又可能极易被用户忽视，没法实现将关注期缩短至零的目的。

那么，我们究竟该如何控制“促使用户快速体验”的诱惑力度呢？同样，我的建议是——视产品解决方案本身的需求强烈度来看。

如果是替用户解决“大麻烦”的服务方案，例如找靠谱的保姆、推荐靠谱的培训、职业生涯指引、创业服务、替客户预约服务……基本上不需要额外的“诱惑”。只要向用户证明我们服务提供方不是“骗子”即可。

至于“非刚需”类产品，如泛娱乐类，由于产品本身免费，体验成本接近于零，这类情况，“精神类诱惑”的价值会远高于物质类诱惑。理由很简单，一个潜在的忠实用户才会在乎精神诱惑。例如，为早期种子用户设置 VIP 勋章，比普通用户更早获得注册邀请码，种子用户产生的“内容”能获得更好的曝光资源等。

然而对于付费类的非刚需产品，通常是对业界现有服务的优化替代方案（例如外卖送餐），无论是产品自身需要付费，还是产品内置了付费服务或商品（如淘宝、滴滴、美团等），对这类产品，可以说“物质”激励已经成为最有效的促进用户使用的手段了。然而，物质“诱惑”的弊端也很突出：前面多次提到了，容易吸引目标用户之外的群体，污染了数据结果，甚至造成重大的决策误判。

3. 规避物质激励弊端的策略

当然，有弊端并不代表就要全盘否定，我们运营人完全可以思考一些措施规避这把双刃剑的另一侧风险，例如：

(1) 基于用户的体验成本设置激励大小

所谓的“体验成本”包括哪些要素呢？典型如“下载过程”、“产品学习成本”、“体验所需时间”、“财务风险”、“其他风险（如个人隐私信息、名誉）”等。例如，滴滴打车类叫车服务 APP，它之所以前期物质激励（补贴）额度很高，就因为除了“下载”、“学习成本”、“体验时间”之外，更大的原因还在于早期的移动互联网用户付费习惯尚未养成，故此还存在“财务风险”（用户担心自己资金账号被盗），诸多因素叠加导致“体验成本”较高，故而补贴力度相对较大。

而近几年，由于移动支付习惯已经相当普及，时下的“财务风险”、“支付学习成本”已经降至极低，相应的物质激励权重其实已经可以大为调低。

(2) 遏制二次传播，限制激励范围

“分享好友，分享方及接收方双方获利”是一种典型的病毒式传播激励手段，当产品需要进

行快速推广抢占市场时，往往特别有效。但若将这种运营策略用于“种子期”，则会让种子期用户的范围犹如脱缰野马，失去控制。“自然推荐率”本身就是种子期阶段验证产品解决方案的重要指标之一，若将之作为激励手段，便完全本末倒置了。

本节我们探讨了种子期用户的运营策略，包括如何选取种子期的用户群体，如何找到他们，如何与他们沟通从而快速建立信任关系，以及如何保证验证结果准确的前提下激励用户快速体验产品。

至目前为止，我们已经介绍了种子期阶段的运营核心要务：以最低的成本验证最低限度的解决方案是否成立。所探讨的运营工作涵盖了种子期运营事项的全部。

然而我们在实际的种子期运营过程中，不仅要能灵活运用上述策略，还要懂得“借力打力、四两拨千斤”的技巧，当下发达的商业环境已经为创业团队提供了很多便捷的“工具”、“服务平台”可以“借力”，作为以 COO 为目标的运营人，完全有必要了解这些资讯、服务工具，并在需要时能随时“现学现用”，提升种子期产品的运营效率。

4.4　四两拨千斤的种子期运营工具

种子期的运营，我们需要哪些工具、资讯、手段来提高运营效率及数据准确率呢？从前面两章的介绍，我们不难看出：

- 需要多种数据工具对用户密度、用户行为偏好进行统计分析；
- 需要随时了解业界同类竞品的动态，或取长补短，或合作共赢；
- 需要较为成熟的最低限度解决方案验证工具。

本节，我们分别对业界较为成熟的数据工具、资讯、验证方案进行阐述。

4.4.1　数据分析及研究工具

如果你有幸在一家人员配备齐全的大型互联网公司工作，那么涉及数据研究的工作，例如，宏观的某细分市场容量、行业消费趋势、不同移动终端的用户占比、男女年龄地域分布等；或者，微观的用户行为偏好、组合条件的消费占比、外部因素对用户留存的影响……运营、产品人员可以直接通过负责相关用户研究同事的工作成果中得到相关的研究结果，无须自己亲力亲为。

但对于绝大部分中小型企业团队，你的大脑得经常保持感性与理性“左右开弓，自由切换”——感性地与用户沟通（研究），理性地进行数据分析。

如果要做好用户沟通研究，通常需要将自己的认知层次甚至兴趣爱好、说话方式都与目标用户群体调至同一“频道”，对情商的要求也很高，此处不深入探讨。

而数据资讯、统计分析方面，我分享一个较为全面的数据工具导航网站：http://hao.199it.com（大数据导航）。这个数据导航收录了国内外各行各业、各类终端平台的统计数据、各类调查、营销工具、监测工具、测试工具等，无论我们需要哪种类型的数据，都能方便地找到。

关于数据，我再多说两点：

数据始终是服务于目标（通常是为了验证某种假设或寻求某个结论），我们运营人通常是有了清晰的数据研究目标之后去搜罗数据，然后从众多数据中进行检验、删减、组合、分析，最后得出有价值的结果，而不是为数据而数据；又或者为了支持自己的某些主观臆断，有意图地挑选或删减数据。

另外一点是数据的准确性问题。各大数据服务网站（包括免费和付费）由于其数据收集工具、统计分析的技术、统计样本、分析维度、特殊的商业利益……诸种要素都有关联，稍有偏差，都会造成最终数据统计结果的偏离。故此，所有的数据都是“仅供参考”、“只有相对精准，没有绝对准确”。当我们需要重要的数据决策支持时，需要从多个不同维度、不同的数据源进行数据的查询、计算、交叉验证，以此将数据误差的负面影响降至最低。

4.4.2 潜在竞品侦察、合作

在当下社会“全民创业”的浪潮下，坦白地说，无论是多么新颖的 idea，都不是只有我们团队才在想、才在做，很可能有不少团队已经在做了，只是尚未发出声音；更有甚者，很可能已经失败埋于大浪之下亦未必可知。图 4-7 所示为 36 氪的公开股权创投页面，不断会有新鲜的项目出现。

故此，作为种子期的运营人，我们更应时刻关注业界前沿的科技创业、创新产品的资讯报道。

下面我分享两类资讯渠道：

1. APP 推荐类资讯

例如：最美应用、NEXT、指尖儿、爱屁屁、少数派、Appamateur、Drippler……我相信许多朋友对这类资讯并不陌生。这类资讯大都每天会进行更新，报道一些新收录的移动互联网 APP 产品，并给出产品体验评测，各类资讯首页一般都有清晰的分类导航，各位可自行搜索、一看即明。

图 4-7 36 氪股权投资页面截图

2. 高新企业创业资讯

例如：36 氪创投资讯、i 黑马、雷锋网、虎嗅、创业邦等。这类创投类资讯不仅每天更新时下国际、国内较为前沿的科技类创新项目报道，同时网站本身也提供包括投融资、项目曝光、报道、创业培训等系列资源的整合、服务等，如果你是一家初创企业，可以深入挖掘更多资源。

此外，下面会提到的各类众筹平台也是发现新鲜产品（潜在竞品）的好渠道。

值得说明的是，不少有潜力、可能引领下一轮潮流的初创企业，往往市场前景极其模糊，这些团队往往也更为谨慎、低调，如果你正在开创的项目，这些创投类资讯网站没报道，不代表没人在做；反过来说，这类网站报道过的项目，往往已经有多家企业在做了，如果恰巧你也在做，务必要保持高度危机感，毕竟时下的竞争是如此残酷激烈。

4.4.3 最低限度解决方案的验证工具

前文也说了，种子期不仅是运营，整个团队工作的核心目标都是围绕用户验证“最低限度解决方案”，故此，如果我们能找到解决方案的“验证工具”，自然能事半功倍。

此处说的验证工具未必是指一种“为验证最低限度解决方案是否成立”而专门设计的验证工具。而是说，我们能够利用业界的各类工具或者各类工具的组合，巧妙地达到“快速验证最低限度解决方案是否成立”这一目的。

1. 众筹平台

众筹最初兴起于海外，它通过互联网方式发布筹款项目并向普通群众募集资金。众筹支持的项目非常多样，包括创业募资、艺术创作、书籍出版、自由软件、设计发明、科学研究等，目前国内较为流行的众筹主要集中在智能硬件等实体产品的项目研发方面。图 4-8 所示为一家众筹平台的页面。

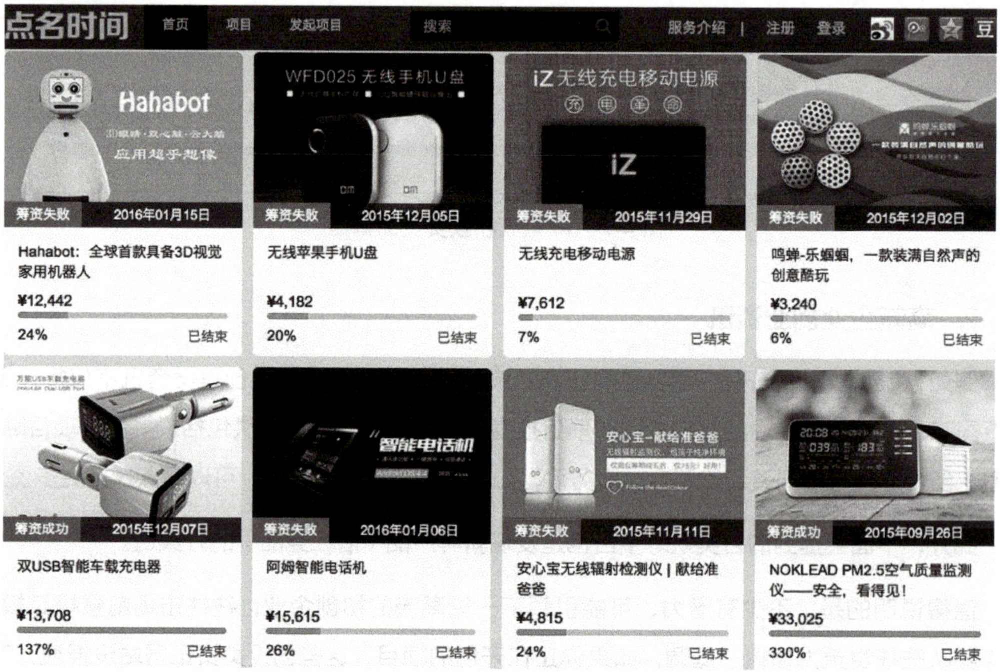

图 4-8 众筹网站 - 点名时间的页面截图

在本节提到的工具中，众筹平台无疑具有“验证方案是否成立”的天然属性：初创项目一方面能借助众筹平台的流量、信任背书，直接由潜在用户主动向项目发起“资金支持（产品预订）”，从而获得市场的真实需求反应，另一方面还能从中直接获得一定量的资金（一般都不足以覆盖研发成本），降低资金压力。更重要的是，在众筹过程中还能够直接获得重要的“种子用户”（众筹参与者），在产品研发过程中可以不断吸收他们的反馈意见（众筹用户的参与意愿通常较高），从而让产品更“接地气”。

值得一提的是，毕竟众筹在国内属于新兴事物，目前相关法律法规尚未成熟，对于一些法律要求较为严格的特殊产品（例如医疗方面）往往还有附加限制，在需要众筹平台时，务必先彻底研究是否存在法务风险。

2. 自媒体平台发布预订

许多初创企业的主要创始人都有自己的个人自媒体平台、社交账号，最典型的如个人公众号、知乎、微博等。在进行“验证方案是否成立时”，如果是付费产品，完全可以通过在自己的账号发布“不定向”预订邀请（在方案未成型前不用付费）的方式来获得反馈（付费意愿）。

预订可以说是一种“轻量级”的众筹思路，它的优势在于可以规避众筹平台需要“资金流动”的法务风险，另一方面，还可以“低调”地开展初创项目的工作，将被市场潜在竞品发现的风险限制在较低范围内（前文的潜在竞品侦察中我们也提到众筹平台，它极易成为目标）。

3. 公关

对于规模较大的企业，可以通过自己的公关传媒，事先对外界公布自身的“新产品研究计划”，还可以在社交媒体上收集公众对“新产品”的反馈意见（褒贬吐槽等），从而侧面验证解决方案是否成立。

此举适用于具有一定市场渠道优势、资金优势的大企业。对于中小企业，哪怕具有较大的行业影响力（例如创始人是拥有较多粉丝的大 V），但本身并不具备“压制山寨”的优势竞争力，万一市场反馈极佳，但也将产品意图过快地暴露于外界。顺带一提，大企业执行公关策略时亦可将这个思路反其道而行之，故意暴露“假想的研究计划”，从而将竞争对手往错误的方向引导……不过这个商业竞争类话题就不在本书的探讨之列了。

4. 微信公众号

对于提供“内容型产品”的解决方案，例如资讯、培训、咨询……其实非常适合直接运营公众号的方式来初步验证“解决方案”。微信公众号能直接吸收关注用户，并通过“内容”主动与用户沟通，通过公众号“菜单”的设计被动获得“用户偏好”反馈，是个非常好的低成本验证工具。

5. 其他工具：模拟应用场景并在相应社交媒体传播

最典型的案例就是国外的 Dropbox（类似云盘），其团队在不确定用户对他们假想的核心竞争优势——绝佳用户体验的真实需求度的情况下，拍了一段短视频：视频中模拟产品原型的运作及使用成效（实际尚未开发），并在社交媒体中进行发布。没想到市场反响异常激烈，通过此举，使其官网的“公测版等候队伍”人数足足上涨了十几倍。

类似的，我们完全可以将“用户体验的完整过程”制造成最低限度解决方案，用短视频、H5、甚至是 PPT 的方式，将用户使用场景模拟成可视化的内容，并在社交媒体中查看真实用户的反馈。

总结一下：只要我们能够充分调用现成的成熟工具，通过多种组合手法，迅速“拼装”出一个能初步交互甚至是让用户清晰认知的“新产品”，并能在潜在的公众面前得到传播，获得他们的积极反馈，让他们参与公测甚至是“预订产品”，便达到了我们验证最低限度解决方案是否成立的目标。

说到这里，我不得不谈一下自己对“运营创意”的理解。以前我看到“创意”两个字，脑海中往往会浮现“惊爆眼球”、“令人尖叫”、“颠覆平庸”等略带浪漫主义色彩的词汇。然而现在，我已经不这么想了。所谓的创意，应当是服务于特定目标：无论是更高效的管理、更简洁的工作流、更巧妙的资源调控、更好地传播策略……当然，也包括本章的核心工作，设计更快捷且低成本的验证解决方案的策略。

这些表面并不起眼的工作背后，其实都可以充满着“创意策略”——一种通过更简单的手段、更高的“投入产出比”完成目标的思维，甚至可以说，创意的睿智程度基本上等同于核心竞争力的多少。例如，丰田开创的“精益生产”理念，乍一看去，并不起眼，但它却是使日本汽车工业最终能超越美国的最大功臣。

4.4.4　别忘了运营日记

运营日记即对运营工作中每天的重要运营策略、优化事项、产品版本、运营里程碑、重要的用户数据、重大用户事件进行记录。它并无特定的格式要求，严格来说甚至不算企业“官方”的工作事项。但对于我们运营人而言，坚持写运营日记不仅是一个良好的工作习惯，而且它还是一个重要的运营工具。

例如，通过阶段性复盘运营日记，我们可以好好反思自己一段时间以来做的各类运营工作，哪些是有效的，哪些是无效，哪些可以优化，哪些应当规避等，从而不断提升自己的运营水平。

此外，运营日记还有一个重要的作用：当我们突然需要参考、对比某次运营策略的数据成效时，或者要排除某次运营策略的影响时，能够随时有记录可查。甚至有时老板突然询问产品数据时，也可以快速有条理地给予答复，从而体现良好的职业素养。顺带一提，我们运营人若无法与老板（直接领导）建立充分的信任关系，是很难开展运营工作的。

故此，建议我们在产品的种子期阶段就可以开始记录运营日记了。

本章，我们介绍了在产品形态尚未成型前的“种子期”的“产品观念”，介绍了种子期运营的工作重心——验证最低限度解决方案是否成立，以及种子期的用户运营工作、业界可借鉴的高效运营工具（数据、资讯、验证）等。

第 5 章我们紧接着探讨在解决方案成功验证后，团队着手进入产品第一版本的研发前、上线初，即在产品的萌芽期我们运营人的工作。

5 第 5 章 萌芽期的运营

成功渡过了产品的种子期，就意味着解决方案得到了用户的肯定，用一句通俗的话来说就是：这事儿有戏，值得一做。故而，团队在此阶段就该着手将之前七拼八凑的临时解决方案研发成可独立运行的产品。那么在这个阶段，我们运营人都有何工作呢?

5.1 萌芽期运营的核心指标

我们都知道，运营是主动驱动型工作，在任何时候可以做的事情都非常多。故而我们要把运营做好，一定要明白在什么阶段最应该做什么工作，唯有明确了阶段性的核心目标，才能在成百上千种“可选”的运营策略中抽取、组合出能够充分发挥运营“弹簧威力”的高节奏打法。

5.1.1 区分萌芽期的前后两个阶段

产品萌芽期的运营工作重心，其实也细分为两个阶段：前半阶段是前面提到的解决方案验证之后，但产品（APP 或智能硬件）尚未研发上线之前；后半阶段是产品 V1.0 版本正式上线之初的早期产品的运营工作，如图 5-1 所示。

图 5-1　产品种子期、萌芽期涵盖的范围

这里再次郑重强调一下，目前业界所谓的“种子期”其实是包含本书所指的“种子期”和“萌芽期”的，请读者朋友们切勿混淆了。另外，业界（其他书籍、资讯文章）所提到的产品“种子期”，相当一部分直接省略了第 4 章“验证解决方案是否成立”的“萌芽前阶段”。

我认为，业界将种子期与萌芽期合并在一起的定义只适合特定的工作需要（如风投）或者交流沟通的方便，然而若我们运营人也按照这样的观点去安排工作，那么必然会直接降低初创项目的存活率。

我们接着第 4 章的内容来讲，当“解决方案验证成立”后，我们就可以正式启动“萌芽期”的产品研发工作了，相应的产品、设计、研发人员也需要陆续招聘到位。

那么，在这个阶段，我们运营人的工作内容又将是什么？工作重心或者说阶段性运营核心指标又该是什么呢?

5.1.2　萌芽期前阶段的工作重心

我们回顾一下，在验证最低限度解决方案的过程中，我们其实已经初步沉淀了一小部分早期的“种子用户”，在产品研发上线前的这段空白期，我们该如何应对这批用户呢？如若没有任何运营措施，则很可能会坐观其流失，着实可惜。

我们想想，这批用户经历了种子期的“特殊待遇”，就某种程度而言，可以说是“忠诚用户”了，完全可以让这部分忠诚用户参与到产品设计、研发的全过程中，将之运营成我们的“外部”员工。

另外，在运营这些用户的同时，我们运营人也该筹备并正式运作后续用户的“关注渠道”了，最典型的如微信公众号、微博等。充分利用这段时间渐渐地向外引入更多的用户，并通过关注渠道进行产品的“认知教育”，为 V1.0 产品的上线做萌芽期用户储备。

同时，产品正式上线前，运营还需要为产品内部填充基础内容（产品使用指引、操作提示、栏目内容等），并向研发提需求，准备同步上线“运营后台管理系统”。唯有通过运营管理后台，我们才能清晰地观察产品上线后每天的新增用户、登录用户、注册用户、流失用户等各种运营数据，从而得以进行运营优化、产品优化的建议反馈等。缺乏运营管理后台的运营无异于“盲打”，无法正常运作。

我们可以看到，这些都是近似于流程化的一环接一环的工作。

这一切就绪之后，我们是否就敲锣打鼓地等待庆贺 V1.0 版本产品面世？别急，上线前还有一件非常重要的工作需要我们运营人组织团队的全体成员进行——产品全面内测（有些公司也将此组织工作交由产品人员负责）。从用户养成模型我们也可以看出，V1.0 产品后续的“尝鲜”用户毕竟大都来源于一直以来的产品“关注”用户，这些用户其实对产品是有一定期待的，如果产品都未经全面内测，便匆忙外推，一旦在真实场景中出现体验不畅，则会让新用户大失所望，后续要再次找回这些用户的成本是非常高的，尤其是面向小众群体的产品，更要保证 V1.0 产品的质量。

另外，如果企业对自身的实力、对新产品、对后续的竞争优势有绝对信心，那么在产品发布前除了进行预热之外，还能够组织产品发布会并发动媒体资源进行造势。

5.1.3 萌芽期后阶段的工作重心

当产品 V1.0 版本上线后，就好比我们正式向所有用户提交了一份答卷，一切就不一样了：对于前期参与公测体验的老用户，他们的耐心已经开始下降了；而对于未曾参与过公测的新用户，无论他们之前对产品的期待、想象如何，都要正式接受他们的“审判”了。

那么，如何判断用户对产品的真实看法，如何收集、分析、解读这些真实想法，从而持续让产品变得更接地气，继而更好地满足用户需求，同时挽留一些高价值的用户，这些即是产品 V1.0 上线后的运营核心工作。

至此，我们可以简单总结一下：在萌芽期前半阶段，产品上线前，运营重心是做好后勤准备，运营用户的“关注渠道”、储备萌芽期的用户、提交运营管理平台需求、组织产品内测、公测、外界预热；萌芽期后半阶段，产品上线后，运营重心则转移为“培养健康的用户养成梯形”（3.3 节，对此部分内容印象不深的读者可以翻回去回顾片刻），为产品下一阶段的运营做好准备。

5.2 萌芽期关注渠道的运营

渡过了“种子期”的特殊运营阶段，进入萌芽期的第一件事，我们就该着手筹建产品与用户的联系桥梁——用户关注渠道。

5.2.1 为何要于萌芽期运营关注渠道

我们先简单说明一下，为何在前面的种子期，将新用户快速转化为“体验用户”，这些特殊运营策略在种子期结束后的阶段不能继续使用？这样的策略不是能够极大地缩短“用户养成”时间吗？

理由很简单，在种子期为了尽快缩短“解决方案的验证时间”，采用了相当消耗团队资源的“非常规”运营手段——包括多对一运营，对用户提供丰厚的精神、物质激励，这些“重型运营”策略就好比马拉松长跑的冲刺阶段——只能用于一时。充其量只能承受百人级别的用户运营压力，若再过量，恐怕就超越团队的运营承载极限了，更关键的是，这样的运营其实离最高“投入产出比”的运营策略还有相当的差距。

而用户关注渠道，却是“进可攻退可守”的与用户保持密切关联的桥梁：我们既能在不过度骚扰用户的情况下与用户保持联系（与之相反的例子是“微信群”的运营，目前对大部分用户来说都演变成一种骚扰，而骚扰的趋势愈演愈烈，沟通成效极低），又能作为进一步扩散产品影响力的内容“基地”，同时还是获取用户对产品反馈的重要渠道之一，甚至能够在一定程度上挽留卸载掉产品后的流失用户（有些用户对产品不满意，但认可公众号的干货内容，也会保留关注）。

进一步讲，一个运营得好的关注渠道，更类似于传统行业品牌与产品的关系，其生命周期远远长于“产品”，一个优秀的关注渠道不仅仅是产品的“辅助运营”，而更可能持续孵化“养育”一系列产品。两者生命周期的关系如图 5-2 所示。

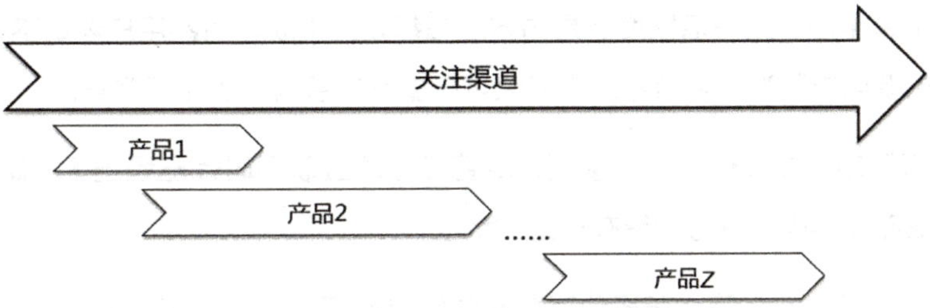

图 5-2　关注渠道及产品生命周期关系

那么，在运营关注渠道前，我们首先要选取一个主要的关注渠道进行运营（如微信公众号），当然在后续时间资源允许的情况下可以陆续开通更多的关注渠道（如微博），但我建议前期可以先运作一个首要的渠道。

5.2.2　关注渠道的选取

目前互联网主流的关注渠道是微信公众号（包括订阅号、服务号），至于是选取微信订阅号还是服务号，应该视企业的具体业务而定。订阅号能够每天群发内容，而服务号则每月仅能群发四次；前者更适合以内容为主体的用户连接渠道，而后者更适合作为商业化的与客户沟通、服务客户的渠道。两者运作的规则细节读者可自行搜索，本书不进一步阐述。

那么，我们是否一定以微信公众号作为首选的关注渠道呢？其实未必，具体的选取应该视产品的主流用户习惯而定，例如你的主要用户群体是外国人，或者是中小学生，又或者是一些更为小众的亚文化群体，那么他们未必经常使用公众号。

除了微信公众号，还有哪些平台适用于用户关注渠道呢？常见的还有微博、QQ 公众号、官网、第三方论坛（如贴吧）、知乎、豆瓣，甚至是喜马拉雅 FM 等 UGC 平台（UGC 即用户生产内容的英文简称，在第 8 章会作为专题单独论述）。

微博，就我个人观点而言，自从移动互联网兴起时达到巅峰状态后，整体就在走下坡路了，就目前来说已经演变成八卦娱乐资讯传播平台了，如果是非泛娱乐类的产品，并不赞成首选微博作为用户关注渠道。当然，微博对时事热点及一对多的快速传播能力还是大有用武之地的。

QQ 订阅号（或 QQ 看点），相应的用户群体更为年轻，据有些公开调研报告提到，在 95 后群体中，QQ 的占有率高于微信。如果你的产品是面向非常年轻的群体，可以考虑深入研究下 QQ 订阅号。

知乎，无论是用户、用户活跃度还是内容生态都较为优质，虽然用户体量不如微信、微博，但对于以“知识型用户”为主要目标的产品大可以重度运营官方的知乎账号。

豆瓣，众所周知，文青们的精神家园，尽管在移动互联网时代已经走下坡路，但其对于文青们的影响力依然在不少用户心中留有一定的地位。

至于官网、论坛、博客等，在移动互联网时代已经不那么流行了，它们的优势是能够灵活地根据自身实际业余情况进行自定义开发（研发资源许可的情况）。在官网论坛的运营中，较为出彩的就是小米官网论坛的运作了。如果限于研发资源，也可以考虑在第三方的大型论坛平台中开设企业的产品论坛，如百度贴吧等。论坛的优势是能够维持较为“平等”、“多对多”的社区关系，缺点是缺乏严肃性、内容良莠不齐、管理成本高。

对于主打“语音接收场景下”的产品（如车载类产品），甚至可以考虑以喜马拉雅 FM 等平台作为首选关注渠道。

5.2.3　关注渠道的内容定位

选定了关注渠道后，就该开始布局“关注渠道”与用户沟通的载体——内容的定位了。

萌芽期的内容定位取决于这个阶段对“关注用户”的四个运营目标:与用户保持“若即若离”的联系、传播产品价值、增加新用户关注、产品上线后将“关注用户”转化为产品“体验用户”。

基于这几个清晰的目标，我们可以制定出通用的内容架构：

对用户有价值的内容——确保用户不“取消关注”，尤其是在产品让用户失望的情况下，可以作为防止用户完全流失的利器。

促使用户传播的内容——种子期累积的用户，在产品 1.0 版本问世后，考虑到还会进一步流失一部分用户的情况，现存不足以支撑萌芽期“培养健康的用户养成梯形”这一运营目标的基数，故此，需要在产品 1.0 研发期间持续吸纳新的用户。而借助一些易于传播的内容，可以不温不火地持续增加用户。

产品的“认知教育”——萌芽期新增的“关注用户”对产品价值的认知与种子期用户完全不在一个层面上，故此，别忘了在用户“关注”的第一时间进行“产品认知教育内容”的推送,这需要站在普通用户立场设计极易理解的内容,以公众号为例,可以在用户关注的“自动回复”中“引导”用户点击。关于产品认知教育的运营工作，不仅是针对产品的萌芽期，而是贯穿整个产品的生命周期。

产品研发进度的公布——对外公布进度不仅能够让用户保持对初创企业的信任度，也能为产品正式上线时的体验用户的转化做好“预热”。时下为信息爆炸的时代，若没有时刻保持吸引用户“注意力”，是随时会被用户遗忘的。顺带一提，“骚扰用户”可称不上吸引用户注意力。

以上运营工作包含的大部分内容，通常业界称为“内容运营”。按照本书的基于“用户视角”进行“用户养成”的运营模型来解读，所谓的“内容运营”其实是融入了整个运营体系的一部分，它是为某一阶段的特定运营目标服务的，而非“为内容运营而运营”。

那么，是否做好了以上运营工作就足够了？当然不是，以上仅仅是萌芽期阶段的基础运营工作，我相信阅读本书的诸位应该都是以成为卓越的运营人为目标努力的：还记得 3.5 节提到的幸福感运营吗？在萌芽期阶段，我们完全可以基于产品的用户特征，着手计划培养“幸福的用户”了。培养一个这类用户，价值胜过成百上千个普通用户。

5.2.4 萌芽期的用户基数

本章伊始谈到，在萌芽期的前半阶段结束后，运营重心指标即应向“打造健康的用户养成梯形”转移，于是，问题来了，这个“养成梯形”底部的用户基数到底多少合适？

我们可以通过“逆推”大概估算出来。萌芽期，决定“用户养成梯形健康度”的核心在于“体验用户”转化成“使用用户”这个环节，那么这一环节至少需要多少用户比较合适呢？

对于大众化的产品，首批产品的测试用户其实控制在200~500人就足够了，若人数太高，万一公测版（产品正式对外公布1.0版本前邀请真实用户测试体验的版本）的产品有负众望，会造成大量用户流失，损失较大；若人数过低，又无法验证产品功能的“吸引力”。

当然，如果是社交类UGC产品，或者是需要众多用户才能体现产品价值的平台类产品（高度体现麦特卡夫定律，如O2O的外卖、叫车、招聘平台等）则另当别论，用户数越高越好，十万级、百万级都有可能。

对于普通的产品，我们按照最低200人数的体验用户标准计算，按照目前公众号平台约平均8%的阅读率计算，再考虑到从阅读用户到体验用户的转化率（保守估计20%），那么可以计算出我们在萌芽期前半阶段最低的用户关注数大概是200÷8%÷20%，约为1万关注量左右。在运营实战中，具体的用户数还需要结合行业跟实际经验进行判断。

对照用户关注量的数目要求，我们运营人依据关注用户的增长趋势，如果发觉在计划的公测版本上线前无法达成要求，就必须适当进行“外部引流”了。目前业界有非常多的“免费”外界引流的平台（大都是UGC），如知乎、微博、豆瓣、脉脉、贴吧、各类垂直产品平台（如运动类），甚至是陌陌、秒拍、唱吧等泛娱乐类平台，还有一些免费的“互推”平台等。

引流的内容及渠道视用户群体的特性而定。例如，如果你的核心用户群体均是好学上进的用户，那么在知乎上发布优质的答文是引入新用户的好方法。

如果按照普通的引流方案依然离目标的关注用户数有较大差距，就必须申请一些预算费用进行付费推广，或者进行活动运营来引流了。目前业界的付费推广渠道非常多，如百度SEO、微博粉丝通、腾讯广点通、网盟、新媒体、KOL推荐等，除了要考虑目标用户的群体选择推广渠道之外，还要尽量搜罗信息识别以上推广平台的当下“成效”，而非听对方销售的片面之言，付费推广的内容将在6.1节进行详述。

对于 UGC 类产品或者高度体现麦特卡夫定律的 O2O 类产品，通常早期就必须引入众多的种子用户，这也是为何对于没有强大社会资源，或者缺乏推广预算的初创团队来说较少选择这类项目创业的原因。

5.2.5　电商类产品必须先行试运营

对于涉及“用户购买行为”的产品，相比“不直接向用户收费”盈利模式的产品，还额外多出“支付”、“售前”、“售后”的工作内容。对于具有实体类商品的电商类产品，还会涉及仓储管理、商品资料数据化、商品上下架、物流配送等诸多流程环节，故此，对于这类产品，完全可以在“独立产品形态”（典型如 APP）出现之前就直接投入商品的销售运营当中。

所幸如今的微信、支付宝等线上支付工具早已培养了成熟的用户线上支付习惯，而且业界也有极多的“微商城”软件提供商，能够提供成熟的基于微信公众号的“电商平台”，只需支付少许费用（有些甚至免费），即可为广大电商创业者省下不少独立研发电商 APP 的功夫。甚至，这类“微商城”产品如果除了“商品销售”之外，并无其他特别复杂的业务功能（如买家秀、预付费、复杂多样化的促销活动、会员社区等），或者没有“平台化”的招商需求。那么，它在产品生命周期的相当长一段时间之内，其实是没有上线独立 APP 的必要的。

最典型的如罗辑思维的微商城，直到今天它仍然还是罗辑思维的电商中心，罗辑思维直到运作三年后才开始推出自己的独立 APP。

当然，无论你们团队是计划将“微商城”作为过渡方案，还是作为长期的运营主体，它同样要经历从种子期、萌芽期、成长期到成熟期的生命周期，在“用户养成”的运营思路上，是完全通用的。

对于“电商类”产品的萌芽期运营，与上文提到的“关注渠道选取”、“内容定位”考量思路是一致的，此外，还需要尽早进行商品售前、售中、售后环节的实际购买体验测试。

就我个人观点而言，纯粹以提供渠道服务的电商平台，若销售的主体商品也是通用且大众化的商品（如淘宝店），那么其实这类商业模式从一开始就已经深陷“流量成本”、“价格战”的红海角逐中，倒不是说就不能盈利，只是“赚钱”效率较低，从融资估值的角度来讲，如今很少能被资本看上，当然，专攻奇特或优质商品的电商平台（如垂直海淘电商）除外。对于类似“淘宝店”的电商运营，并不在本书探讨范围之内。

5.3 运营管理系统的搭建

如果初创团队已经配备了互联网运作经验丰富的产品、研发人员，那么恭喜你。对于运营管理系统的后台需求来说，可能并不需要运营人来操太多心。只需要在获取功能需求列表后，检查一下遗漏的后台运营功能并补上即可。如果团队内不具备这类“老手”，那么最好还是花点时间简单看下本章节的内容。

有关系统权限管理、基础数据管理、流程设计、审核等通用的后台管理系统就不在本书介绍了，在大多数公司里，它们主要由研发人员负责，而运营管理系统模块则需要负责运营的人，明白在运营过程中需要哪些运营功能、运营数据，并将此作为运营航船的指南针，持续调整运营航向。

简单总结一下，常见的运营后台管理功能主要如下。

5.3.1 用户数据统计模块

用户统计数据主要包括我们耳熟能详的用户数据：新增用户数、用户的产品使用时长、注册用户数、活跃用户数（当天登录过就计为活跃用户）、重复访客（连续两天登录的用户数）、流失用户数、新增用户来源渠道、用户使用的终端设备（例如，是苹果机还是安卓机）等，以上用户数据都涵盖日、周、月，以及按自由时间段统计的功能。例如，从某月某日至某月某日的新增用户、注册用户、活跃用户等。用户统计数据是运营后台的必备数据，没有这些数据，运营工作几乎无法开展。类似于图 5-3 所示的活跃用户截图，就是其中一部分最基础的运营数据。

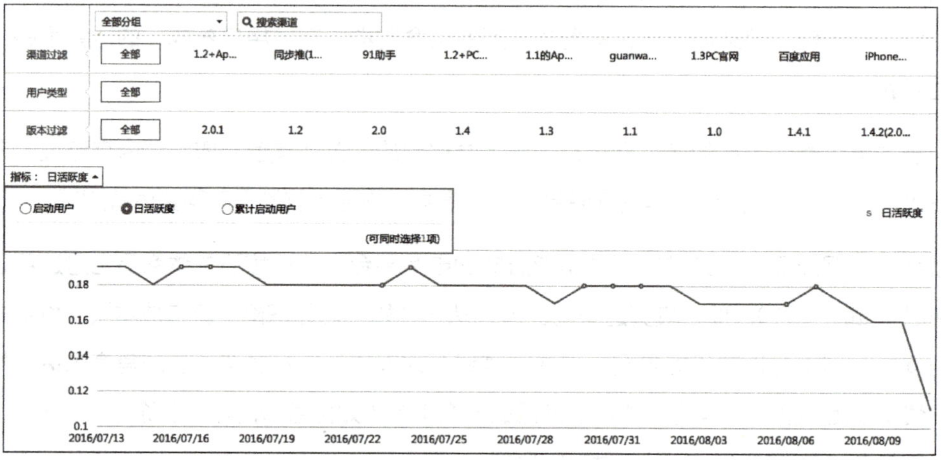

图 5-3 日活跃用户趋势示例图

5.3.2　运营内容发布及审核模块

绝大部分 APP 产品，都存在对产品内的所有用户进行“公告”、“宣传活动”、“推荐内容”等方面的栏目内容需求，例如，各大电商的“首页广告栏目”，大家想必都不陌生，这些内容就需要后台能够有相应的素材管理、编辑、预览、审核、发布等功能。

此外，还要能统计相应内容的阅读率、完整阅读率、活动转化率等相应的运营支撑数据，类似图 5-4 所示的受访页面分析图。

	页面URL		浏览量(PV)	访客数(UV)	退出页次数	退出率
1	http://editor.baidu.com		296	256	252	85.14%
2	http://editor.baidu.com/?qq-pf-to=pcqq.c2c		15	15	14	93.33%
3	http://editor.baidu.com/function		20	19	10	50%
4	http://editor.baidu.com/account		9	9	4	44.44%
5	http://editor.baidu.com/union		3	3	3	100%
6	http://editor.baidu.com/function?wvstest=javascript:domxssExecutionSink(1,%22'%5C%22%3E%3Cxsstag%3E()locxss%22)news.htmljavascript:domxssExecutionSink(1,%22'%5C%22%3E%3Cxsstag%3E()locxss%22)		5	5	3	60%
7	http://editor.baidu.com/search		6	5	2	33.33%
8	http://fanyi.baidu.com/referrer		5	2	2	40%
9	http://editor.baidu.com/?wvstest=javascript:domxssExecutionSink(1,%22'%5C%22%3E%3Cxsstag%3E()locxss%22)news.htmljavascript:domxssExecutionSink(1,%22'%5C%22%3E%3Cxsstag%3E()locxss%22)		2	2	2	100%
10	其他		0	0	0	--
	当页汇总		361	316	292	80.89%

图 5-4　受访页面分析示例图

5.3.3　用户反馈数据收集及处理模块

对于任何一款产品，都需要提供一个用户反馈的渠道。图 5-5 所示为微信的用户反馈页面图，既然前台有用户的反馈，自然后台就需要有相应的收集、汇总、处理反馈的功能模块。

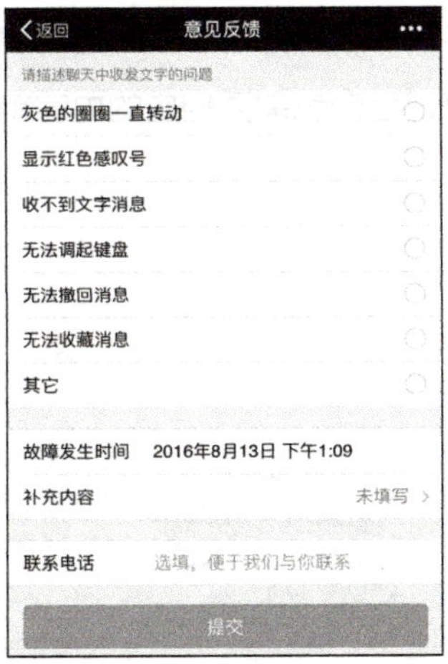

图 5-5　微信的用户反馈页面

这些用户反馈的数据，无论是产品 bug、产品功能吐槽、改进建议，还是一些需要运营协助处理的疑难杂症（如忘记账号）等，都需要有个用户数据的后台展示功能由运营同事每天监测，并能够记录处理结果。

5.3.4　运营监管、处理数据

类似于营销用的 CRM（客户关系管理）系统，对于需要进行精细化用户运营管理的产品，还需要后台能够对被管理用户进行识别、标记、处理，提供处理结果以及相应的统计功能，以方便运营人员对关键用户的管理，或者对内部运营人员的工作质量、效果进行监管等。此外，甚至还有会员、用户积分系统等。

例如，知乎平台的运营人员如果需要识别出粉丝 10000 以上但却低活跃的用户，并进行激励或挽回。那么，就需要后台能够识别出符合这些条件的用户，并能够标记哪些运营已经跟进处理，哪些还没有处理，并反馈处理结果。通常这个功能适用于用户达到一定量级，处于成长期、成熟期阶段的产品。

5.3.5　用户生成内容的发布及审核

对于具有用户“投稿”功能的“内容型产品”，或者对社区氛围、内容质量要求较高的 UGC（用户生产内容，如知乎）类产品，往往后台还需要支持对用户内容的审核、反馈，甚至敏感关键词的监测功能，以供运营人进行人为判断。

图 5-6 所示为我在某个公众号后台提交了文章后的两种状态，一种是已发布，另一种是待审核。可见，在该公众号平台的管理后台也需要相应的内容审核功能。

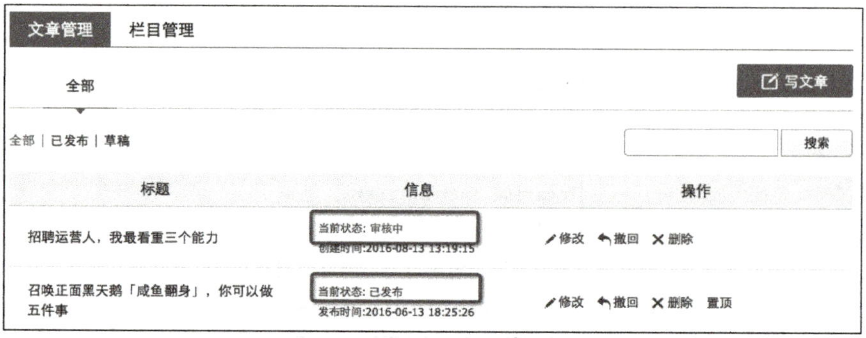

图 5-6　发布内容需要经过审核

5.3.6　用户操作行为数据

用户操作行为数据主要是指用户具体对某些功能模块、某些菜单、某些产品输入框的点击、操作，或者用户从某功能流向到某功能的“行为轨迹”的统计数据。一般来说这些数据主要是产品经理等岗位的员工最为关注的，但运营人也能够通过这些数据更好地了解用户需求。

图 5-7 所示为百度搜索的用户访问路径图。

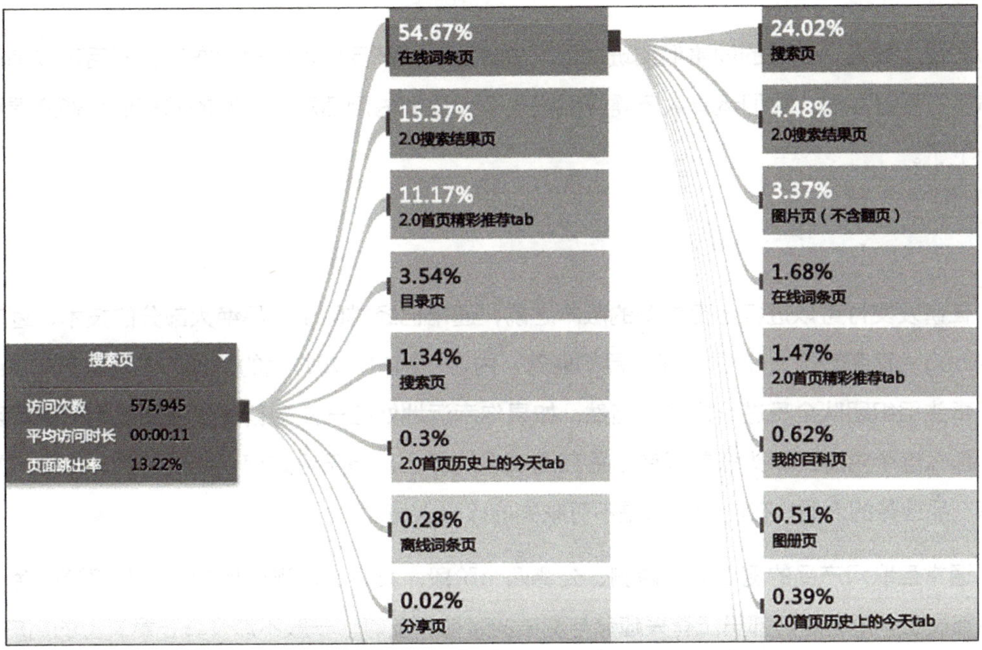

图 5-7　用户访问路径示例图

有些对数据保密性要求较高的产品，还需要运营管理权限的设置功能，例如某些运营操作不对普通员工开放，或者需要进行某些操作时需要相关人员审核方可继续执行等。

5.3.7　因时制宜的上线运营管理功能

值得一提的是，对于以上运营后台管理的功能，并不是说一定需要某些功能，或者一定要求一次性上线所有功能。运营后台管理具体需求的落实，应当是基于阶段性运营目标，基于自身产品、用户的变化，不断地去扩充和完善。

甚至一些功能，如果使用频率低，而研发成本又相对高，在我们运营中临时需要该功能的时候，则可协调研发的同事花些时间直接在数据库中“抓取”数据，这样效率可能高于研发这类低频使用的功能。

于优秀运营人眼中看到的“资源”不是运营团队自身，而是整个产品团队，在产品初创期尤其需要最优化配置团队资源。

5.4 上线前的最后三战：内测、公测、预热

产品上线前，研发的同事们加班加点，总算能确保产品版本按时发布了，然后可以稍微喘口气了？不好意思，我们运营人还需要组织一个大型的内测活动，研发的同事们可能还得再辛苦一下了。

5.4.1 组织全员内测

在研发交付可以进行全面内测的版本之前，通常已经排除了产品绝大部分的技术、逻辑层面的 bug（程序问题），但是对于产品的业务、内容、用户认知方面的问题，还是得由产品或运营人牵头组织团队全员进行内测。当然，如果你幸运地处在一支配备了华丽测试组的豪华团队中，那么这个内测的牵头任务或许会落在测试组的肩上。但无论如何，我们运营人作为最需要熟悉产品业务的人员，在内测中都是不可缺失的核心人员。

通常互联网产品的测试分为内测、公测两个阶段。其中，内测阶段的人员几乎清一色为公司内部员工，或者是内部员工有兴趣参与测试的亲朋好友等，一般不涉及真正意义上的用户。

当然，如果运营出于自身特殊的运营策略需要（例如打造铁杆粉丝用户），可以将“内部测试”作为一种提供给铁杆粉丝的“VIP 待遇”，也可以酌情邀请小部分用户参与内测。

在进行内测前，我们运营人应分别准备妥当（或协调其他人员处理）以下工作事项。

1. 垃圾数据清理

内测时，产品内的数据必须是能够清晰反映产品真实业务内容的数据，而前期研发、测试人员留下的各种临时数据、垃圾数据在内测前就应该清理掉，如果垃圾数据较多，也可以请研发同事协助通过技术手段批量删除。

图 5-8 所示为某数据分析产品的客户演示版本，出现了一些 test 等字眼，就显得美中不足。

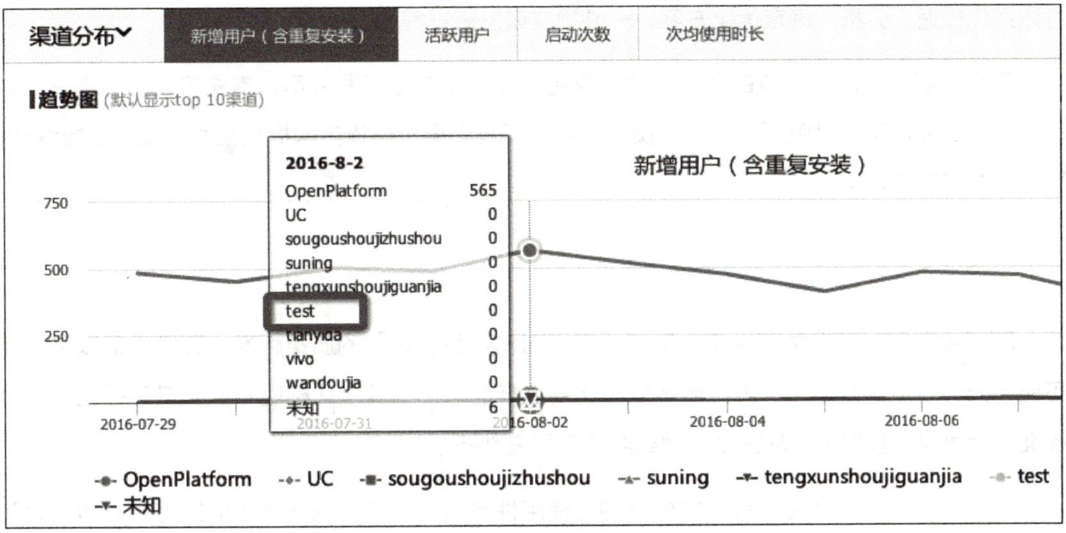

图 5-8 忘记清理的垃圾数据示例

2. 真实数据准备

任何一个产品，都有产品基本数据、产品内部内容需要“填充”，例如功能标题、注册协议、产品操作指南；又或者是产品的内部资讯、文案、活动栏目等。到了内测阶段，产品所有的数据、内容都需要“对接真实”。

3. 内测人员宣贯

内测前，建议推动创始人自上而下地向所有参与内测的成员发起一个正式的内测公告，以保证内测成员对工作的重视。内测公告通常包括内测参与人员、问题反馈渠道、内测起止时间、内测人员各自的测试任务等。

4. 公布反馈模板及渠道

为提升内测反馈消息的收集效率，方便后续的统计、分析，我们通常可以先准备一份内测反馈的模板，模板内容包括：问题描述、问题截图等，这样确保内测提交的资料能够便于整理、阅读；至于内测反馈渠道，其实并无特定要求，微信、QQ 群、邮箱，或者一些团队协作工具都可以。

在内测过程中，我们运营人、产品人应随时聆听所有的反馈声音，并对所有的测试问题进行体系化梳理、分析、确定优化方案，一并提交研发进行整改。

为提升研发对问题整改的效率，建议仅由产品人员对接研发人员，事先将“整改需求”进行整理，一并提交，以免所有内测人员直接对接研发同事，导致多次提交相同问题，重复沟通，影响研发修复的效率。

5.4.2 如何确定内测合格的标准

既然要内测，那自然应当有个确定“产品内测是否合格”的质量标准，否则产品改进工作可能会无休止地延续下去。内测版本应该达到怎样的条件才算是达标呢？业界其实并无统一的标准。我建议，我们可以从三个不同维度的指标去判断：

可使用性指标：产品所有功能模块的可使用性是基本要求，在各种可能的应用场景下，包括有网环境跟无网环境，所有可视的功能都应当能够操作、流程完整有闭环、输入 / 输出反馈正常等。

认知性指标：意即要求参与内测的用户都能够一眼即明白所有功能的含义、功能流程转向的认知连贯性，不会出现功能或者内容的曲解。

用户体验指标：前面两个指标在内测期的用户通过率应当达到 100%，但对于用户体验，包括操作习惯、界面美化、交互方式等，这些测试都较为主观。故此，我个人建议可以事先制定一个用户体验的评分表，让内测用户对用户体验进行打分，如果全员平均分超过 80 分则可以视为合格；若低于 80 分，则可以针对性根据打低分的用户意见进行调研、整改。

如果是针对具有线下环节的 O2O 类产品，内测期间还需要完整覆盖线上、线下的完整流程，需要所有的内测用户“实地跑一遍”，不能为图省时、省事而对线下运作、管理等流程“模拟”了事。例如电商类 APP，如果没有真实地进行商品拍照、上下架、下单支付、仓储发货、物流配送等环节，很可能在真实运作中会出现很多产品之外的“业务”跟产品“内流程”冲突，或不适用等问题，这些问题都不是脱离实际运作就能够测试出来的。

至于产品的数据安全性、稳定性、平台兼容性等指标，以我的观点，这些问题应当在技术测试环节就已经进行处理了，而不是由业务类岗位的同事负责。另外，对于高并发（意即大量用户同时使用产品）的压力测试，可以留待产品萌芽期之后逐步完善。

5.4.3　组织对外公测

既然对内有内测，那么对外自然少不了公测。所谓的公测，意即在产品正式上线前，事先定向邀请一些真实用户进行实际测试。公测前的准备工作与内测前的准备工作类同，此处不再赘述。

1. 将公测视为提供给忠实用户的福利

对于运营人，我们完全可以将“公测”视为一次将早期公测用户转化为“高度忠诚的参与用户”的绝佳机会，并为后续产品正式上线的种子用户“发酵”做好准备。其实要做到这一点，最佳的运营方式并非物质类激励，而是运营人对公测用户的态度：充分尊重、即时反馈、及时解答，以及运营人自身对产品的深度喜爱之类的感性因素感染用户，效果会更好。

例如，作为用户，当我开通个人公众号一段时间之后，突然收到微信公众平台发来的“赞赏功能”邀请时，如图 5-9 所示，心情还是比较愉悦的。

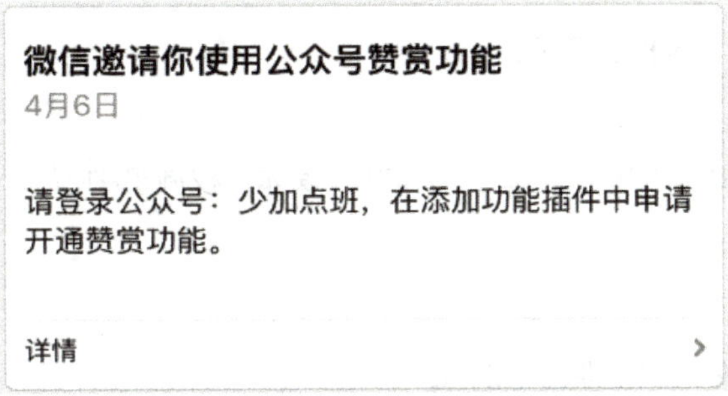

图 5-9　微信公众号开通赞赏功能的邀请

公测用户的人数应当视产品类型及对内测时产品的得分、信心而定，并无特别标准。如果对产品信心较大，在运营能够承载的用户量范围内，公测用户甚至可以超过前面提到的 500 人限制（UGC 类产品或其他需要大量用户才能体现价值的产品除外）。

公测用户的申请，除了定向邀请外，还可以在“用户关注渠道”发布“测试申请”，让潜在用户自行主动申请，通过这个渠道也能获取一些高质量用户。

2. 预热

前面也谈到了，在时下信息爆炸、用户注意力稀缺的情况下，仅仅靠“关注渠道”与用户保持“若即若离”的联系，很难保证 V1.0 产品发布时他们能迅速地从“关注用户”转化为“体验用户”。为了确保较高的转化率，需要在产品正式发布前进行预热。

预热的方式很多，例如，在“关注渠道”中开发一个菜单链接到倒计时页面，也可以在后续的“推文”内容底部添加“上线公告”，甚至策划一些简单的上线活动（活动的开始时间设定在产品上线之前），以此来吸引大部分“关注用户”的注意力，为最后产品发布的“人气”增加筹码。

3. 产品发布会筹备（如有）

对于有一定背景的大公司，一般会在新产品发布时召开一个新品发布会，以进一步扩大影响力、争取新用户及加速打造产品的“信任感”。通常产品发布会的工作事项包括：

- 确定目标。
- 确认预算。
- 申请场地。
- 制定发布会内容、流程、备案。
- 人事安排。
- 邀请与会成员名单（用户、嘉宾、合作商、媒体、权威机构等）。
- 通知联络。
- 会务接待。
- 发布会现场素材收集（视频、拍照）。
- 总结。

对此本书不再进一步展开叙述。对于企业背景不够雄厚、竞争优势不明显的中小型初创团队，我个人并不赞成花费大量的资金及人力、物力大张旗鼓地召开产品发布会，在产品尚未形成一定的竞争优势之前，还存在增加潜在竞争对手的风险，召开产品发布会很可能会得不偿失。

5.5 打造萌芽期的健康用户养成梯形

我们在 3.3 节也简单提到过：在产品成熟度不够高、运营尚未做好大规模的“用户负载”准备前，便贸然大力推广，是互联网公司常犯的“冒进”错误。无论这些企业是迫于投资方的压力也好，或者是自身急功近利的心态也罢，短时间的烧钱推广虽然能暂时让用户数有质的飞跃，但紧接着，却会使用户留存率“报复性”下跌。更大的问题还在于，推广毕竟带来了一批新用户，当存量用户数较多的情况，后续进行产品功能、流程的优化会面临巨大的压力，进退维艰。

故此，综合来说，先培育“健康的用户养成梯形”在较短的时间内看，似乎用户总量并无质的飞跃，但一旦产品、运营能力成熟之后，迅速切换到产品成长阶段的运营策略（第 6 章会谈），发力起来，必将创造“不鸣则已，一鸣惊人”的傲人战绩。

5.5.1　重点关注哪个用户养成环节

那么，在产品萌芽期，我们思考一下，这个阶段应该关注“用户养成”运营的哪些环节呢？我们简单回顾一下第 3 章提到的完整的“用户养成梯形”：

- 接触至认知。
- 认知至关注。
- 关注至体验。
- 体验至使用。
- 使用至付费（如有）。
- 使用至习惯。
- 习惯至铁杆（幸福感）。

那么，在产品萌芽期，我们应当重点关注哪几个环节的“梯形”呢？这几个环节的梯形应当确保多少转化率才算是“合格”呢？如若用户养成的转化率不高，有哪些运营措施能够改进呢？本节重点探讨这些运营实战中必然会面对的、体现我们运营人专业能力的问题。

首先是产品萌芽期阶段重点关注哪几个环节，我想这一点不难回答：体验至使用。对于一个团队倾力打造的产品，若潜在用户们体验后即放弃的比例较高，说明产品存在较大的问题，需要尽快整改。

那么对于付费类产品，习惯至付费环节是否要重点盯着呢？我们视情况而定，后面会谈这一点。

5.5.2　转化率多少才能视为合格指标

这个问题，依然没有标准答案。我们先看看从“体验至使用”的比率，也就是通常业界说

第 5 章

的用户留存率。一般谈到留存率，许多人的第一反应为：次日留存率。其实留存率包括很多：如次日留存率、第二天留存率（首次使用产品后的第 2 天内登录一次计为有效，下同）、第七天留存率、月留存率等，具体选取多长周期的留存率，应该视产品的正常使用周期来定。

对于正常情况，每周使用一次，甚至每月使用一次的产品服务，如果用日留存率来评估，那铁定会闹笑话。例如，微信、微博、碎片化游戏等社交娱乐类产品，以日留存率为核心指标是合理的，但若是滴滴打车、美团外卖、百度地图等工具类应用，若要求日留存率则未免有失偏颇，毕竟天天打车、天天导航的人群所占比例很低。

顺带一提，对于给我们团队内部的产品或运营查看的数据，务必要求精准，在统计“使用产品的用户数”时，在技术能实现的情况下，建议通过“有效停留时长”的组合指标来统计。如此即可剔除掉非正常使用产品的用户：例如，用户不小心打开 APP，或者小孩子用手机玩耍点开，设置为了去掉版本“更新提示”等非正常使用情况。

虽然剔除掉无效数据后，留存率会更加“难看”，难免打击团队士气，但我认为，对一个优秀的团队而言，“真实”比“士气”更重要。乔布斯说，一个好的产品不是由一个创意酝酿的，可能是由 5000 个创意不断竞争、淘汰、磨合而成。我们亦不能害怕或逃避“真实”。

在确定了哪个时间周期（日、周或月）的留存率作为萌芽期的核心留存率指标后，一种简单粗暴的定义“合格指标”的策略是：

如果业界有知名成熟的可替代产品（意即你们的产品是挑战者角色），则可以将对方的新用户留存率乘以 1.5~2 的一个系数作为你们的合格指标（这通常是一个极高的要求）。

例如，若你们团队雄心壮志，要开发一个以碎片化内容社交为核心的产品，意欲颠覆“微博”。假设时下微博的新用户留存率为 36%，那么你们产品的合格指标可以定位为 70%，意即 10 名体验用户中至少有 7 名用户认可产品并选择继续使用。

若你们运作的是一个业界全新的产品，则可以从更现实的角度来评估：市场盈利空间（或者吸引风投的要求，例如大名鼎鼎的红杉资本就只考虑 10 亿美元以上的市场项目），在初步评估了市场容量后，可以逆推出在这种容量的前提下能够盈利的最低限度“留存率”要求，并在最低限度留存率上乘以一个 1~1.5 的系数作为合格指标。

之所以要乘以一个系数，一方面是因为对于挑战成熟替代品的新品而言，若无“颠覆性”优势，通常很难取代对方的“先发”优势；另一方面，也是考虑到在萌芽期之后的成长期、成熟期，随着用户数的增加，留存率、活跃率通常还会进一步下降。故此，萌芽期对用户留存率应该提出更高的要求。

除了萌芽期的核心指标之外，其他非核心指标，如用户平均停留时长、卸载率若出现异常情况，亦应及时彻查原因并排除问题。

5.5.3 转化率不达标，如何改进

萌芽期的用户养成转化率不达标，意味着留存率低，也就是说，很多用户体验完产品后，要么就卸载了，要么就晾在一边不再使用了(准卸载状态)。我们应该都听过经济学的“二八原理”，要想高效解决问题，首先就要定位导致那“八”个卸载（或暂时打入冷宫）产品的原因。

我们先一起梳理一下移动互联网常见的卸载原因，如表 5-1 所示。

表 5-1 常见流失用户的原因统计表

操作环节	原因	出现阶段
功能层面	缺乏用户期待的核心功能	萌芽期
	与用户最初想象的功能有较大偏差	萌芽期
	与同类竞品比功能体验较差	成长、成熟期
	核心功能过于单一，缺乏持续性（常见于现象级产品，例如脸萌）	萌芽期
	内容型产品资源缺乏，例如阅读 APP 找不到想看的书，培训类 APP 没有需要的课程等	萌芽期、成长期
	内容型产品的内容达不到用户心中的标准	萌芽期、成长期
	内容更新频率低	萌芽期、成长期
	UGC 类产品调性不符合用户期待，例如直播平台内容过于低俗，不符合品位较高的用户	萌芽期、成长期
	UGC 类产品人气低，例如用户在平台上发布内容无人问津	萌芽期
	游戏类产品难度过高或过低	萌芽期
	工具型产品效率改进不明显，例如美图类 APP 美化效果离用户期待差距太远	萌芽期
	缺乏离线模式或低网络等特殊环境使用模式	萌芽期、成长期
	涉及地理位置服务的产品暂未开通所在地区的服务	萌芽期

续表

操作环节	原因	出现阶段
体验层面	闪退	任何阶段
	卡，交互不流畅	萌芽期
	内置（内容、插件）下载速度慢	萌芽期、成长期
	反馈意见、投诉无人处理	成长期、成熟期
体验层面	注册过程烦琐	萌芽期
	流程的某环节提交断裂（例如支付失败）	萌芽期
	造成用户返工（如输入信息过程中跳出后又得重新输入）	萌芽期
	操作不符合用户习惯	萌芽期
	界面、画质、音质等达不到用户的基本要求	萌芽期
	骚扰用户的广告信息太多	成长期、成熟期
	耗电量高（低端配置手机较为敏感）	萌芽期、成长期
	使用消耗流量高（低端配置手机较为敏感）	萌芽期、成长期
	占据 CPU、内存资源高，引起手机发热（低端配置手机较为敏感）	萌芽期、成长期
	被其他性能、安全类产品监测出现问题	萌芽期、成长期
信任层面	需提交敏感隐私信息（身份证、银行卡、其他支付账号等）	萌芽期
	满屏吓人的“投资类套餐”（常见于金融类产品）	萌芽期
	询问权限过多	萌芽期
	需要授权社交账号上过多的权限	萌芽期
	在用户不知情的情况下自动调用用户的私人信息（通讯录、照片等）	萌芽期
其他因素	付费类产品的价格高于用户心理价位	萌芽期、成长期
	媒体上出现负面报道	成长期、成熟期

产品萌芽期，用户量较少，且与用户的沟通较为频繁，我们对照表 5-1，应该不难定位出导致用户流失的关键问题。我们若细心留意表 5-1，会发现除了黑体字的缺陷外，几乎都是技术层面、产品定位层面的问题，而属于我们运营人重点整改的问题则是黑体字列出的内容，下面逐个介绍相应的整改建议：

问题：与用户最初想象的功能有较大偏差。

建议：与“用户认知”、“用户关注”环节的内容宣传有关，重新审视下宣传内容是否“过火”，让用户产生不切实际的过高期待；又或者用户期待的功能是后续产品的发展方向，可以通过一些“精神激励”暂时留住用户。

问题：内容型产品的内容资源缺乏。

建议：限于时间、资金或者版权的原因，萌芽期资源缺乏是难以短时间内改变的。但我们可以向产品研发人员提需求，对于搜索不到的情况，弹出一个“人工索要”按钮。目的是增加运营人员与用户的接触，要么由运营“手动搜索”为用户提供应变的内容，要么通过“耐心服务”提升用户满意度弥补不足。这种思路就是我一直倡导的因时制宜的创意化解决方案，出乎用户意料的服务往往也能产生意想不到的口碑传播效果，海底捞就是一个典型案例。

问题：内容更新频率低。

建议：在时间资源有限的情况下，应根据历史内容热度、社会流行趋势优先寻找较为热门的内容进行更新，除了持续增加内容外，还有可能是更新的内容没有显性地让“用户感知”到，故用户觉得内容“没有”更新。这一点，也可以跟产品同事反馈，研究应对策略。

问题：UGC 类产品人气低。

建议：UGC 相关的话题统一在第 8 章作为专题阐述，届时会谈到相应的运营策略。

问题：付费类产品的价格高于用户心理价位。

建议：在价位合理的情况下，我并不建议轻易“降价”——这势必会引发很多的负面连锁反应。诸如，让支付得起价格的高质量用户流失、降低用户对产品价值的看法（大众普遍容易轻视低价格商品的价值）、后续想升价难度更高……一个很好的策略是，为价格敏感的用户提供其他的“有偿”任务来取代部分费用，典型的如分享、推荐新用户等。

5.5.4 进阶运营启示

做完以上工作就可以了？我认为这只能算是一名合格的运营人。作为一名优秀的运营人，我们还可以做两件事：

第一，在技术、产品整改完之前，对用户进行安抚。珍惜每一次用户的吐槽、抱怨，如果用户在卸载后，或者即将卸载前，跟你吐槽（产品内或通过其他沟通渠道联系你），请务必询问原因，并根据原因马上反馈，表露产品整改的决心、整改进度等。通过类似的“尊重”用户行为，通常能较高概率地挽回流失用户。

第二，让沉默用户主动发出声音：只要用户愿意“发声”，就能有机会大概率地挽回用户。

但问题是，对于相当一部分沉默的流失用户，是否有办法让他们发出声音呢？我建议，对于萌芽期的产品，可以在一个高度显眼的地方提供一个供用户“吐槽”的发声渠道，并且将运营的反馈“显现化”。这样做的好处有两个，一来相当于告诉所有的用户，平台对用户声音的尊重程度；二来让他们看到，只要提出了意见，我们都会响应、反馈，甚至让他们影响产品功能的“走向”，以此来持续激励更多用户发声。

至此，我们已经探讨完用户养成的“体验至使用”环节转化率低下的问题定位、整改措施，一旦用户养成的“梯形”健康度达标，我们就可以进入下一个产品生命周期——产品成长期的运营。

在结束本节前，我们再简单探讨一下付费型产品的“使用至付费”的指标问题。通常来说，这个问题应该是团队创始人思考的，不过，相信会阅读本书的诸位都不是碌碌平庸之辈，故此，我们来一起探讨一下。

首先，应不应该将“用户养成”的“使用至付费”环节视为萌芽期的另一个关键指标？应当视企业自身的资金运转情况而定。这是一个很现实的问题。

我们分两种情况探讨：一种情况是，创始团队资金流充裕（例如大企业的内部创业团队），或者目前的用户活跃率已经足够吸引到风投，那么，可以不在萌芽期探讨付费率问题。毕竟一个高度活跃的产品，就已经证明了其自身巨大的价值，哪怕付费率低，后续通过调整商业盈利模式后，依然大有可为。但若在萌芽期纠结于不成熟的“付费”问题，兴许会错过大力推广、抢占市场的宝贵时机，得不偿失。

第二种情况是，若创始团队资金压力较大，融资情况不明朗，我建议，还是必须将“使用至付费”的转化率视为关键指标，稳扎稳打为佳。否则一旦进入产品推广期，会加速企业资金的“燃烧”，一旦付费率跟不上，很可能会出现资金断裂的情况，这是所有人都不愿意看到的局面。

至此，我们已经介绍完产品萌芽期的运营思路。在进入产品成长期之前，诸位内心是否有某种说不出的危机感，在现实中有一个非常棘手的问题在这个阶段可能会出现，这是新创团队永远无法规避的话题——竞争者。

5.6 应对竞争四字诀：预、防、攻、联

Stay hungry, Stay foolish。乔布斯这句震撼人心的名言不知道激励了多少渴望改变世界

的人。激情之余，在时下的商业环境中，我还想补充一句：保持警惕，保持危机感。哪怕暂时没有发现“显性”竞争者，心中也要随时存在“假想敌”。

无论如何，“有人的地方就有江湖，有市场的地方就有竞争”，尤其是在互联网商业环境中，马太效应、弱肉强食的丛林法则尤其突出。但凡在同一个业务领域的互联网企业，第一名一家独大，第二名饿不死，第三名以后基本上存活都是个问题了。

初创企业寻找风投时，美国的天使投资、风险投资最爱问的问题是：Google、Facebook 跟你做同样的业务怎么办？而国内互联网创业中最常见的问题则是：“BAT（即百度、阿里巴巴和腾讯国内互联网三巨头）抄袭你怎么办？”

本节就来专门探讨这个血腥残酷的竞争话题。关于竞争，我认为，我们可以用一个四字诀进行应对：预、防、攻、联。

5.6.1 “预”字诀

所谓“预”，有两个维度的含义：一是预先规避。针对 BAT 或其他知名的互联网公司抄袭的问题，在选择创业项目之初就应该避其锋芒，不选择与其主营业务覆盖领域正面竞争的项目，否则虎口夺食凶多吉少。例如，打造一个熟人社交平台，斗得过腾讯吗？开创一个 C2C 电商平台，如何胜过淘宝？庆幸的是，这两年 BAT 更偏好于直接运作资金对初创团队进行“收购”而非正面“抢夺”，然而我们依然不能放松警惕。

“预”的第二个维度的含义是：预先与潜在竞争者拉开距离，优势不明显之前，能低调尽量低调，这就是前文提到的不建议中小企业在产品萌芽期召开产品发布会的原因。保持低调，能在引起潜在竞争者追赶、围剿之前就把对方遥遥甩在身后。据说 Wi-Fi 万能钥匙产品，为避免激烈竞争，创业两年内均无任何公关宣传，一直低调地将用户数做上亿量级别。

5.6.2 “防”字诀

“预”的目的是尽量在竞争者进入之前延长“先发”时间，但不可能完全规避竞争。当竞争者开始进入时，我们就可以设立“防”线了：高筑堡垒，打造自己的核心竞争力。说句大白话，就是磨炼自己的“独门秘籍”，让对手没那么容易抄袭。

互联网时代，传统的竞争壁垒，例如规模经济、客户忠诚度、成本优势、网络效应壁垒、产品差异等这些壁垒能带来的竞争优势已经微乎其微了。以电商平台的客户忠诚度为例，时下的用户，在确保信任的前提下，哪个电商平台的价格便宜就去哪买；哪个 APP 卡顿了，体验变差了，就卸载，毫无忠诚度可言。由于软件版本更新迭代快，产品差异化优势能持续的时间也更短了：无论多么"创新"的功能，恶意竞争者隔夜就能"山寨"。

那么，时下我们还能从哪些方面打造竞争优势呢？我的观点对我们运营人而言也是个大好消息：打造运营优势。

为何这么说呢？其实很容易理解。相比企业"看得见、摸得着"的产品能力，运营人的操盘往往是幕后行为，属于"看不见、摸不着"的软性技能。故此，产品能力容易抄袭，但运营能力却润物细无声，成败毫厘间，极难抄袭。若竞争者仅仅从表象模仿，往往"空有其形但无其神"，带来反效果。从近两年互联网业界开始持续加大运营人才的投入力度来看，也侧面验证了我的观点。可以看出，各大互联网企业在这方面的认识也不断加深了。

那么运营的软技能优势有哪些？其实基本上就涵盖于本书中了：基于"用户视角"的"用户养成"模型、缩短用户养成时间、培育健康的用户养成梯形、精益化运营、保持运营节奏感，充分发挥运营框架的"液态属性"、"弹簧属性"的威力。

5.6.3 "攻"字诀

有效实施"预"、"防"策略的企业，也许能够保持一定的竞争领先优势了。但是，如果竞争对手资金强大，"肆意搅局"怎么办？这类情况其实在互联网时代之前就已经屡见不鲜了，最常见的就是恶意价格战——先利用资金优势把对手拖垮，胜利的一方再赚钱。例如，美国互联网兴起之初，微软便以操作系统捆绑免费的 IE 浏览器的这一惯用的商业策略，轻松地将当时占据绝对市场优势的网景浏览器（收费产品）彻底击垮。

互联网企业另一种最常见的搅局策略，换成大白话就是，我产品不如你，运营不如你，但我可以先利用公关、媒体造势——结果往往是，在尚未培育健康的"用户养成梯形"之前，就大力推广。这造成的问题是：让众多潜在的用户，在尚未接触你的产品之前，就已经对"这一类"产品很失望了。类似于传统生意时代，人们常说某某地区的人"商业道德差"、"目光短浅"也是类似的道理。

这个时候，我就不建议我们“坐观其丢失用户”了，而是应当趁势采取“攻”势，“攻其不备，出其不意”。

例如，可以反过来直接利用用户对他们的“负面评价”，通过公关强化自身的产品优势。2015 年，神州专车针对滴滴快车的“私人车主存在安全隐患”的负面新闻，便找明星代言，在各大媒体上宣传其“专业安全的优势”，用的就是这一招。此外，对于大企业，甚至还能反其道而行之，例如，利用公关传媒，对外公布虚假战略，实则明修栈道暗度陈仓，引导竞争对手往错误的方向进军，这也是一招高明的“攻”法。

通常我们会认为，当大公司准备入侵小公司的核心业务时，小公司唯有采取守势、挨打的份。但是，对于特别精明而有魄力的公司反而会反其道而行之，反过来搅乱大公司的核心业务。

例如，在 Google 创业之初，规模还很小时，当时美国科技界企业“令人闻风丧胆”的微软也宣布踏足互联网搜索领域，而 Google 在确定自己搜索技术的领先优势后，反倒推出了 Docs（文字处理办公软件），它运行于互联网云服务之上，更重要的一点是，它还是免费的。这对微软的核心业务之一的 Office 造成了巨大冲击，众所周知，微软的盈利模式依然是以收费软件为核心，而 Office 的价格亦不便宜，对于 Google 的这一“进攻”它不可能跟进（Office 免费的代价过大），而 Google 由于天生就擅长通过广告盈利，故此推出 Docs 后其盈利能力依然不受影响。这一奇招打得微软猝不及防，首尾难以相顾。

又例如，京东与当当进行价格竞争时，在“书籍”品类上大打折扣，那么对于以书为主营商品的当当是没法跟进的。这个策略也是类似的道理。

5.6.4 “联”字诀

我们在第 2.5 节“如何成为一名优秀的运营人”中谈到了“大格局、大视野”的观点。如果说“预”、“防”、“攻”都是将竞争者当作对手来看待的话，“联”则是以更高的“格局观”来看待竞争者——把它当作促使自身进步的朋友，或者当作盟友，携手一起做大、做强市场，推动整个产业链的发展。

联盟的方式大可不必束手束脚，完全可以很灵活。例如，可以利用各自的差异化优势，转化成上下游业务，彼此为对方引流，圈起更大的市场。又例如，两者直接合并，确保绝对的市场领先优势。滴滴出行便是之前滴滴打车与快的打车两大打车软件巨头的合并，以此确立了国内“出行市场”的龙头老大地位。近年来资本市场亦有意于推动这类合并，以避免“过度厮杀、渔翁得利”的双输局面。

结束本章前，我们一起回顾总结一下本章所谈到的内容：在整个产品萌芽期，在产品 V1.0 版本上线前后，运营人的工作主要是围绕用户关注渠道、内容定位、萌芽期用户数目标、运营后台管理系统的搭建、上线前的产品内测、公测、预热等工作事项开展，产品初上线后，则重点培养萌芽期“用户养成”环节中的“从体验到使用”转化率的健康度。

当我们顺利渡过了产品萌芽期后，就意味着两件事：一是产品得到了用户认可；二是运营能力已经能够初步承载“健康的用户养成梯形”了。在初创团队中，能顺利走到这一步的团队在总体数量中所占的比例其实已经很低了，我们团队内部也应该自我肯定一下。

第 6 章我们将马不停蹄地开启成长期的运营底层框架的探讨，让产品“厚积薄发，一鸣惊人”。

6

第 6 章 成长期的运营

当我们步步为营好不容易渡过了萌芽期，意味着产品已经初步为市场所接受，标志着我们的运营战略目标将向快速成长期调整。这也是团队可以阶段性庆祝的时刻——互联网新创项目能顺利进入成长期的产品比例已经很低了。

成长期，顾名思义，类似发育中的少年——短时间内用户量级急剧攀升，运作起来让团队格外畅快淋漓。当然，这种增长也是团队投入各类资源共同努力的结果，而非自发的爆发增长（业界那些一夜火遍大江南北的现象大都是精心策划的结果）。

6.1 成长期的运营七步走

我们回顾一下，在产品生命周期的每个阶段，其实都有相应不同的阶段性核心运营指标。例如，产品种子期——验证最低限度解决方案是否成形；产品萌芽期——培养用户养成环节“体验至使用”的健康度。那么，产品成长期，这个核心指标又是什么呢?

6.1.1 如何确定成长期运营的核心指标

产品成长期，顾名思义，这个阶段的核心指标当然是快速拉升用户数量。实际并非那么简单。

恰如青春期少年——人格、体格均未成形，成长期的产品核心指标也处于一种不稳定的状态，它可能随时会回归产品萌芽期的特征，又可能会快速呈现出产品成熟期的特征，这无疑对我们的运营操盘者提出了更高的要求——既要确保核心事务的执行到位，又要具备敏锐的运营感，随时结合产品实况灵活调整战术。当然，运营最好玩的地方也在于此：兵无常势，水无常形。

故此，相比其他阶段，成长期的核心目标是最不“单纯”的：（或付费数）增速为主，并随时兼顾“用户养成梯形”的健康度，一旦哪个环节出现“异常”，便随时调整核心指标进行“梯形”修复。

还记得 3.1 节谈到的“群体用户养成总图”吗？我们重新看一下，如图 6-1 所示。

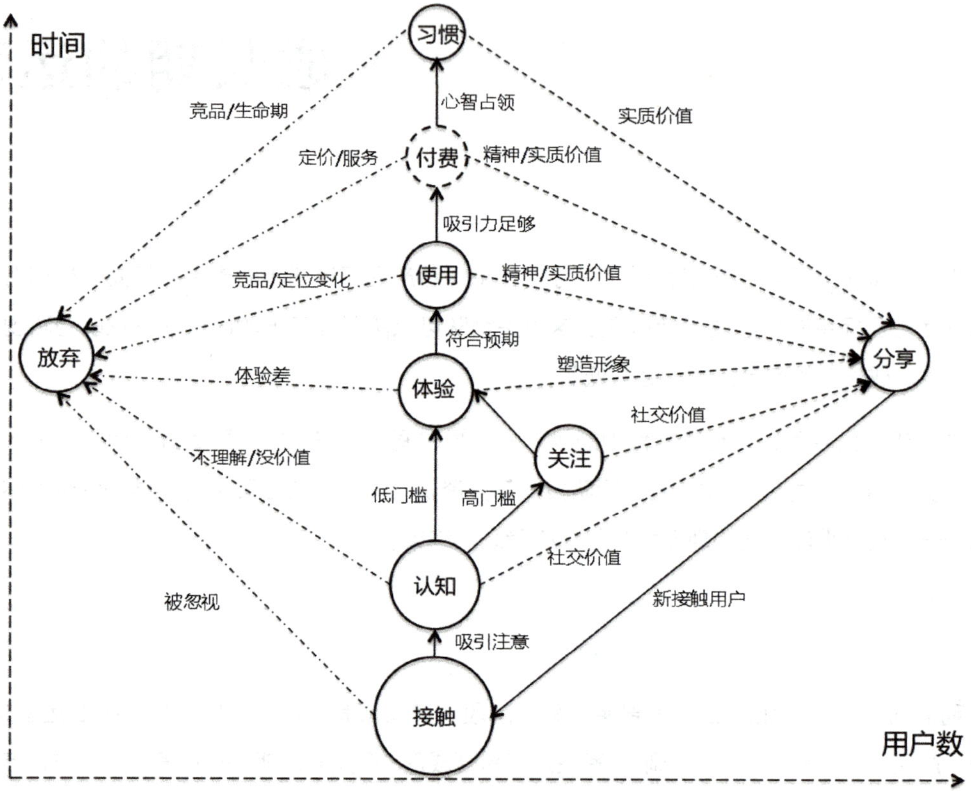

图 6-1　群体“用户养成”模型图

考虑到刚才我们讨论的是产品成长期的核心运营目标，结合图 6-1，我们能够更加感性地理解，产品成长期的目标其实就是在确保用户养成梯形健康度的前提下优先扩大下方“接触”用户的面积。

产品成长期的运营目标定得如此复杂是有其原因的。

一方面，产品萌芽期的用户（大都精挑细选）无法真正代表广大用户的“平均需求”，在运营实践中，随着用户数的增多，产品“改头换面”，甚至调整商业模式，都是常有的事情。

另一方面，新增用户容易，挽回流失用户极难，目前业界主流观点笼统地将产品成长期（爆发期）的核心运营目标归纳为“新增用户数”，其实是一种不负责任的观点。通俗来讲，这就好像要求流失的用户：“哎，麻烦你先别卸载产品，等我将功能优化完之后，你看看不满意再卸载。”这完全不现实。

这里提的“增速”，请勿想当然地理解成“用户数”的增速，虽然对相当一部分互联网团队而言，成长期的产品确实非常重视用户增长率，但是正如第 5 章提到的，对于既无大资金背景，又暂时没有外来资金（风投）援助的互联网创业团队，在成长期也依然应以“付费”增速作为核心指标。

6.1.2　海量的推广渠道如何选择

在明确了成长期核心指标后，无论是“用户数增速”还是“付费增速”，一旦放眼时下的互联网线上线下的商业环境中，我们便会发觉，增长渠道、运营方式让人眼花缭乱，而且还呈现不断增多的趋势。简单罗列如下。

线上付费的推广方式有：搜索引擎相关的 SEM（竞价排名）、SEO（搜索引擎优化），包括百度、360、搜狗等；各大移动端 APP 应用市场及相应的 ASO；精准推荐类产品（包括腾讯广点通、新浪微博粉丝通、今日头条、新浪扶翼等）；网盟推广；自媒体大 V（网红）推广；四大门户网站广告；网址导航（如好 123、360 网址、搜狗、毒霸）；产品自身的烧钱补贴，等等。

线上免费的推广渠道有：UGC 社交平台（如微信公众号、微博、知乎、豆瓣、陌陌、脉脉、喜马拉雅 FM、秒拍、优酷等）、APP 评测类网站（如最美应用、Next、指尖儿、爱屁屁等）、创业资讯类媒体（如人人都是产品经理社区、虎嗅、36 氪、创业邦、i 黑马、雷锋网等）、社会化营销传播（策划）、微信群、QQ 群、论坛博客等。

线下品牌曝光类：地铁、报纸、公交车站牌、楼宇广告、机场、动车、电视节目、体育赛事赞助、小区物业、高校、书籍杂志等。

合作推广：互推类 APP 产品；其他同类用户的成熟型 APP 合作换量；自媒体互推，等等。

光是简单罗列，就已经有上百种推广策略了，而其中不少推广策略还需要运营人员投入相当多的精力去实施，如商务谈判、公关策划、内容制作、规则制定及研发实现等。

换句话说，以运营团队极其有限的资源，我们只能选取其中的几个运营推广策略作为主要的推广“驱动力”，而不同的推广渠道、推广策略所覆盖的用户群体、对用户的影响程度及最终的执行效果差异甚大。这就需要运营操盘者必须做到“知己知彼”：既能了解现阶段团队能够提供哪些资源，最需要什么；又能知道各种运营渠道、策略能够带来什么，同时还要能够组织好相关的资源，有“节奏”地打出运营组合拳，用最低的成本、最短的时间获得最好的数据。

看到此处，是否觉得上述的运营推广方式如繁星浩瀚，难以抉择，更加不知该如何进行“组合运营”？

别担心，我们只需回归本书的核心运营底层框架：基于“用户视角”的“用户养成”模型，就能够将上述诸多的运营增长策略统统归为三大类基础“增长引擎”，如此，便可以结合产品时下的局势选择相应的核心增长策略。

6.1.3 三大运营增长引擎

我们再次回顾一下用户视角下用户养成的状态，分别是接触、认知、关注、体验、使用、付费、习惯、铁杆用户。故此，以用户养成状态的变化为基础，我独创地总结了三大基础运营增长引擎，为方便记忆，将之分别命名为如下。

圈地式增长：广撒网，迅速在用户密集处高频曝光，以最短的时间周期获取最大的用户接触机会。

涟漪式增长：以“内容”作为与目标用户接触的媒介，时间周期较长，但对外部用户的曝光及影响时间亦较为长远。

感染式增长：以内部“老用户”为核心运作对象，以其“人脉”作为链接桥梁，不断地将老用户人脉转化成新用户，并持续扩大“感染”圈。

三大基础增长引擎特征对比表如表 6-1 所示。

表 6-1 三大基础增长引擎特征对比表

对比项	圈地式增长	涟漪式增长	感染式增长
费用	高	低	中
时间周期	短	长	中
运营人力	低	高	中

续表

对比项	圈地式增长	涟漪式增长	感染式增长
主要策略	品牌曝光（活动）	内容（社群）运营	诱发分享（规则）
用户养成成效：接触度	高	中	低
用户养成成效：认知度	低	高	中
用户养成成效：关注率	低	高	中
用户养成成效：体验率	低	中	高
用户养成成效：使用率	—	—	—
用户养成成效：付费率	低	中	高
适用产品	低认知、中信任门槛	高认知、低信任门槛	低认知、高信任门槛

产品的认知门槛是指用户认知、学习一个新产品的时间、精力成本。例如，一个全新的、业界闻所未闻的产品，通常便是高认知门槛的产品。例如，初代的 iPhone 手机发布会上，乔布斯便开创性地先介绍 iPod、iPhone、浏览器，进而再隆重推出集三者于一体的 iPhone，便是考虑到“智能手机”的高认知门槛（当时的手机依然被人们视为语音通信工具）。

产品的信任门槛则是指用户使用该产品时需要暴露出较多的敏感信息（如个人资金账号、身份证、资金投入等），或者更高的权限等（通常安全管理类产品会涉及），或者产品的使用干系人众多（如企业级产品）。

从表 6-1 中可以看出，三种基础“增长引擎”各具特色，没有绝对的好与差。我们在运营实践时具体以哪个核心增长引擎为主，应当视产品、用户养成的情况而定。

当然，这三大增长引擎之间并非彼此孤立，甚至应该说，必须进行灵活搭配，能够发挥更强的“协同效应”，弥补各自的短板，只是在不同的情况下，以某个增长引擎为主，以其他为辅。

6.1.4　成长期运营七步走

至此，我们可以总结产品成长期的七步运营闭环思路内容如下。

第一步：明确阶段核心指标。

第二步：梳理内部可调配资源（知己）。

第三步：确认目标用户状态、产品特性、市场竞争优势（知彼）。

第四步：制定用户增长引擎组合。

第五步：实施、微调、优化。

第六步：阶段目标验收。

第七步：固化有效策略，舍弃低效策略（从第一步开始循环）。

下面分别进行说明。

1. 第一步：明确阶段核心指标

大部分情况下，成长期产品的核心指标是以“用户增长数”作为此阶段的核心指标。对于资金开始“告警”的少数情况，则以“付费增长数”作为核心指标。当然，不是说核心指标确定后，就不理会其他指标。我们看看如下几种情况。

后续以“付费用户”作为主要盈利的产品，除了关注用户增长数，还需要设置一个“最低付费率”作为辅助“告警”指标，一旦付费率低于这个数目，就要将辅助指标升为核心指标（以提升付费率作为核心指标，注意付费率与付费数不是同一个概念，前者说明付费产品的吸引力，后者说明付费金额的绝对值），并辅以相应的重心资源，以确保用户养成梯形保持必要的健康度。

又比如，还是以“付费增长数”作为核心指标的情况，一旦“用户增长数”的增速持续下降，甚至低于萌芽期的增量时，就该迅速盘查原因：是市场容量小？出现了竞争者？还是其他原因？并将“用户增长数”升级为核心运营指标。

2. 第二步：梳理内部可调配资源（知己）

确认企业内部当下可调配的所有资源，主要如下。

运营人力资源：包括目前运营的“固化工作”占据多少比例，每天还有多少“弹性工时”能够支撑其他的运营工作；需要时，产品、研发是否能够迅速抽调出若干人天的工时辅助运营的技术支持工作；组织大型活动时，其他部门能否抽调一些人手协助参与。

资金资源：当前能申请到多少推广预算，需要达到怎样的“成果”才能把预算价值体现出来？

渠道资源：企业内外部有哪些公关、推广、宣传渠道或业界可合作的有影响力的组织、个人？这些渠道各自面向的用户群体是哪类，对他们的影响力有多大？动用这些渠道的物质成本、人力成本大概是多少，整个协调周期大概要多久？

3. 第三步：确认目标用户状态、产品特性、市场竞争优势（知彼）

目标用户是指产品成长期的主要推广的主流用户群体，而用户状态则是指：用户密度、对产品需求的强烈度、对产品的认知程度等。

其中，用户密度是指目标用户在某个“地方”的集中程度，不限于线上、线下。例如，对于招聘类产品，在写字楼云集的园区地铁口就属于高密度地域；又例如，对于游戏类产品，游戏社区、其他游戏产品都是高用户密度地域。选择“高用户密度”所在地作为“首选推广”渠道，对拉动用户增长有更大把握。

深刻了解产品特性，用户对产品的需求强度、认知门槛、信任门槛，前面已经介绍过了，此处不再赘述。

4. 第四步：制定用户增长引擎组合

前三步是定方向，知己知彼。接下来第四步即可制定战术。将表 6-1 所示的“三大基础增长引擎”进行拆分、组合，能总结出非常多的运营战术，下面分享几个组合仅供参考。

（1）强势占领市场打法（圈地式+感染式）

这属于重资金型的高调打法，优点是能以最短时间获取最多的用户数，有效打击潜在竞争对手或迅速赶上领跑者。缺点是风险极大，一旦产品体验、运营服务能力没跟上，会造成大量的用户流失，同时却有力地促进了整个行业市场的普及度，让后来者捡个大便宜，替他人做嫁衣。前两年 O2O 类产品就经常使用此策略，我们在大街小巷应该都能看到他们的各类传单、平面广告、视频广告等。

（2）兼具速度及稳定性打法（涟漪式+感染式）

这属于重人力型打法，优点是能让用户稳定增长的同时还能持续优化产品、运营策略，缺点是需要消耗较长时间拉动用户数增长。互联网早期，Hotmail 邮箱便是采取类似的策略通过在邮件底部添加“免费声明”（当时的邮箱几乎都是收费服务）下缀的方式快速拉动用户增长。

（3）培育市场型打法（圈地式+涟漪式）

这种打法不以获取用户为第一目标，而是以获取大量市场关注，为产品预热，给用户留下“消化概念”的时间，为下一波的转化进行准备。这种策略尤其适用于高认知门槛的产品。

上述三种运营战术仅仅是抛砖引玉，在运营实战中会出现更多复杂的情况。而每一个基础增长引擎本身，就包含很多种不同的策略。例如，感染式增长可以采取“烧钱补贴（分享双方均得利益）”，也可以采取“精神激励（分享产品能提升用户自身的社会形象）”或者“实质好处（分享方能够解锁某种新功能等）”。具体采取的策略稍有不同，组合之后的战术就会起到完全不同的效果。

这些就需要运营操盘者具备丰富的经验、独到的创造力，以及基于对三大基础增长引擎的彻悟，打出一些更独特、有节奏感的运营战术。

5. 第五步：实施、微调、优化

制订完阶段运营组合战术后，便可按照本书始终围绕的“用户视角”的“用户养成”模型的思路开展实施，具体可参看前几章的内容，主要包括第 1.3 节“基于用户视角的‘用户养成’运营”；第 3.3 节“培育健康的‘用户养成梯形’”；第 3.4 节“最大化每一环节的分享”等。

每日监测数据，设置警告标准，对异常情况进行排查，对外界的变化（如突然发生相关重大新闻事件）进行响应等。

6. 第六步：阶段目标验收

通常运营人可以在月度、双月或季度，对阶段性运营战术进行全面“复盘”，核算诸如用户增长数绝对值、付费数、付费率及 CPA（获取单个用户注册的成本）、ARPU（单个用户获得的平均收入）等指标是否在理想范围内，并结合运营实际执行是否到位来综合评判增长引擎组合是否有效。

7. 第七步：固化有效策略，舍弃低效策略

依据第六步的验收结果，判断是否需要重新改变“增长引擎组合”。无论是否需要调整，对于数据反馈显示“较为有效”的运营策略，并且是能够固化为常规运营事项的可以进行固化（如在某 UGC 平台的固定推文），并在后续“梳理内部资源”时减掉这部分的运营工时，相应的，对低效的运营策略进行舍弃或调整。这一切完成后重新回到第一步：明确新阶段的核心运营指标，如此循环。

至此，我们已经介绍了整个产品成长期的运营迭代式的“增长引擎组合”打法思路。下面

将分别详细介绍三大基础增长引擎。唯有深谙其道，才有可能组合出更多为产品量身定制的运营战术。

6.2　圈地式增长

圈地式增长主要通过付费购买流量、引发大量的产品曝光的方式来实现。许多人，甚至包括不少公司的决策层都认为：不就是花钱嘛，有何技术含量?

实际上，这“花钱”里面的学问可大着呢，花同样的预算，由不同的操盘者运作，达成的效果可能会有千百倍的差距。“如何花对的钱买对的流量”，若真要研究起来，恐怕整本书也讲不完，业界称负责这方面工作的专业人才为整合营销专家。

顺带一提，本章节的定位，我认为是一个窗口，通过这个窗口，使读者能够“大而全”地认识到大规模推广的主流方式、适应场景、操作思路、注意事项等。当然，在实际操盘中，我们还需要结合当下情况深入研究具体的细节。

简单总结一下，大规模推广、宣传主要分为两大类：一类是传统媒体，包括电视 / 电影、冠名赞助、纸媒广告、地铁公交站台、机场高速路等的展示广告、写字楼框架广告等；另一类是互联网广告，以 PC 端、移动手机端的线上广告为主，常见的线上广告前文已谈过，不再赘述。

线上广告与传统广告的区别除了与用户的接触场景（前者是户外，受地区、时间限制，后者是随时随地、只要能上网的环境即可）不同、收费模式不同（前者多是“竞标”的方式，后者是按展示次数、点击数、效果等，非常灵活）。当然，最大的区别则是互联网广告大都能够追踪数据、评测成效，并根据数据持续优化调整广告投入（或修改广告创意）。

那么，是不是就说明传统广告“性价比”低、落伍、不如互联网广告了? 几年前业界就有人“唱衰”传统广告，其中不乏互联网知名人士。但我认为，其实它们依然有各自的优劣势及用武之地。互联网，尤其是国内互联网兴起于“免费”，带有浓厚的草根味道，短时间内依然难以摆脱这种“主流气质”。故此，对于需要塑造“高大上”品牌形象的产品（或企业），传统广告依然是不能绕开的投入。

6.2.1　圈地式增长的主流推广模式

先简单介绍一下互联网线上大规模推广的主流模式。

线上的互联网人数，截至 2015 年年底，仅国内就有 6.88 亿名用户，可以说覆盖了绝大部分具有直接或者间接经济决策权的人群。线上推广的硬件载体主要是 PC 端、移动端（手机、平板），以及近年开始兴起的各种新型智能设备（如手表、眼镜、智能机器人等），不同的上网载体，由于用户场景的千差万别，推广成效也会有很大不同。这是为何在选择推广渠道前需要充分了解产品、使用人群特性的原因。

按线上推广渠道的承载类型分，可以分为：搜索引擎、社交媒体、电商平台、门户网站、视频娱乐平台、其他垂直媒体等。

按用户的感知角度分类，线上推广可以分为：硬广、软广（又称为原生广告）。硬广容易理解，相当于直接告诉用户"喂，我是一条广告"。而软广则变幻莫测、难以辨识，通常最成功的软广本身就是高价值的内容，你甚至感动于其中，顺着其引导买下了对方的产品，却仍然不知道自己是受了"广告"的影响。又或者，近来流行的基于 LBS 真实地理位置的手游，则更是遍地原生广告而不引起用户反感，如图 6-2 方框内所示。

图 6-2　某基于 LBS 的手游原生广告截图

线上（精准）推广的模式与传统广告的差异是最大的，刚接触线上广告的你是否听到诸如 CPA、CPM 之类的专业术语总是感觉摸不着头脑？此处先介绍线上广告的基本类型、术语和概念。

- CPM（Cost Per Mile），每千次展示费用，每次曝光量累计 1 000 名用户则算一次。
- CPC（Cost Per Click），每次点击费用，按用户的每次有效点击次数作为付费依据。
- CPA（Cost Per Action），每次行为费用，如以用户注册、关注等行为作为是否达成付费条件的判断依据。

- CPS（Cost Per Sales），每次销售费用，简单来说就是用户每成功达成一笔交易，网站主可获得的佣金。
- CPD（Cost Per Day），即直接买断当天流量费用，尤其适用于“高吸引力的产品”，类似的还有直接买断当周、当月的流量费用。
- RTB（Real-Time Bidding），实时竞价，是通过技术手段在众多网站（包括 PC 与移动端）上针对每一个用户行为进行评估并依据广告主的实时竞价进行精准推送的广告手段，全程由技术完成，无须人工参与。例如，我们在搜索引擎搜“跑步鞋”，那么在“跑步鞋”这个关键词上投注最多钱的企业链接会获得优先展示（整个过程全自动完成，通常只有几百毫秒，用户丝毫感觉不到）。RTB 由广告主、DSP（需求方平台）、广告交易平台、互联网媒体构成，广告主将自己的广告需求放到 DSP 平台上，互联网媒体将自己的广告流量资源放到广告交易平台，DSP 通过与广告交易平台的技术对接完成竞价购买。

至此，基本上简单介绍了“圈地式增长”的基本渠道、概念，相信读者已经有了初步感性的认识。下面正式开启实战模式，谈谈实践中的“圈地”策略、注意事项等。

6.2.2 圈地策略：范围、深度、广度、时机

如果你已经按照前面提到的“成长期运营七步走”，完成了预算确认、知己、知彼，三个步骤后，相信你已经了解到了几点重要信息：增长目标是什么？预算多少？用户密度高的候选推广渠道有哪些？产品的门槛如何？市场成熟度如何？

基于上述几点重要信息即可确定如下内容。

1. 圈地的范围：由用户密度筛选出

例如，一款针对大学生使用的产品，用户密度高的地方在哪里？线上的有大学生社交类网站（如早年的人人网），线下的可以找各大高校的学生协会，大规模赞助各大高校协会的活动等，这些都是精准用户。

又如，一款针对资深国际驴友的产品，用户密度高的地方在哪里？垂直的高质量旅游攻略类 UGC 网站、垂直旅游网站（如携程）、大型国际机场、大型户外用品商城等。

2. 圈地的深度 / 广度：视产品特性而定

对于强需求、低使用成本、低认知门槛的产品（如互联网招聘类产品），推广策略则以广度覆盖为主——通常有潜在需求的用户只要一接触产品信息，就能直接转化成“体验”用户，故此我们经常会看到招聘旺季在地铁站的招聘类广告还是能起到明显效果的。

对于高认知门槛、高使用成本、高信任门槛的产品（如滴滴打车刚面世时），推广策略则必须以深度为主——限定一个区域、某类群体，可以通过举办活动打造样板用户（这是来源于企业级 2B 市场“打造样板客户”的思路），让用户自己出声做宣传更有利于打消其他新用户的顾虑，也可以通过在目标用户群体的“生活轨迹”中同步集中轰炸、灌输产品价值。例如，在地铁、公交车站牌、写字楼、社交网站等，通常也会配合“烧钱补贴用户”（感染式增长）一起使用。总的思路是做精做深，步步为营。

社会心理学早已研究发现：人们偏好于熟悉的事物。故此，看似重复甚至近乎骚扰的广告，其实还是会潜移默化地影响人们的决策行为。我们可以试着观察一下自己在超市随意选购非促销的标准化商品时，在琳琅满目的商品中不知如何选择时，最终选择的品牌通常都是生活中接触最多的。

除单纯地通过渠道付费推广之外，近年的企业也越来越意识到“合作”，尤其是跨界“异业合作”的价值：彼此没有利益关系，现有用户交集不大，但彼此的用户却都是对方的潜在用户。故此，这类合作往往能够引起短期内用户量的剧增。最早期，如 WOW 与可口可乐的异业合作，前者是网游大户，后者是软饮龙头，一拍即合。此外，像招商银行、淘宝、万科等都是异业合作的常客。

3. 圈地的时机

限定了范围，确定了广度深度，对于不同的产品而言，在渠道允许的情况下，还需要考虑推广的时机，尤其是“短平快”的推广项目。例如，针对驴友用户的产品，在旅游旺季前一两个月推广则是好时机（通常旅游需要预先一两个月筹备）。每个类别的产品都有自己的特性，如娱乐类产品在周末加大投放力度效果会更好。

6.2.3 甄别推广渠道的靠谱程度

限定了推广渠道后，在与渠道乙方商务的沟通、议价过程中，切忌完全相信乙方提供的过往“成功案例”，这些数据或多或少都掺杂了“水分”。我认为，比较好的甄选手段有如下三种。

第一种是从与企业已往合作过的渠道中寻找优质的候选渠道，缺点是，毕竟曾经合作过的渠道数目有限，覆盖的用户群体更是有限。

第二种是让可靠的同行朋友推荐靠谱的渠道，通常每个人都有自己的渠道资源、人脉。这种方式也较为稳妥。

第三种就是“实地”考察。例如，对于精准推荐类渠道，最好的办法是直接使用目标 APP 一段时间（如今日头条、微博等），从用户的角度看，是否会偶尔看到一些自己感兴趣的“广告”，从而判断对方渠道的靠谱程度，图 6-3 所示为今日头条信息流中的精准营销广告。

图 6-3　今日头条信息流中的精准营销广告

对于线下的，如地铁展示牌，可以直接挑高峰期过去“踩点”，亲自判断人流量。

至于乙方提供的产品活跃用户数，你大可简单向自己的亲友、同事询问，简单统计有多少人听过或使用过对方的平台，若几乎没人使用过，而对方又号称日活跃用户数上亿人，那么这里面的水分就比较大，如果要继续合作，则在议价方面可以尽量压价。

6.2.4 寸言寸金，依据场景设置广告内容

如果说圈地策略决定了“流量”的质量，那么，决定“转化率”的关键则是推广的内容。内容制作的好坏，不在于它的排版设计、视频制作是否精美、大气，而在于它对用户的“触动”程度、对场景的匹配程度。

移动互联网时代使用户的“注意力”下降到历史最低点。信息爆炸的时代，如果内容只是蜻蜓点水、不痛不痒则将很难吸引用户注意，更别提“认知、转化”了。

那么，我们应该如何制作能够“触动”潜在用户的内容呢？其中的关键点是：深悟用户痛点，唯有一针见血地戳中痛点，才能高度吸引潜在用户关注，进而有机会转化。

例如，一款针对中小企业的销售管理产品，如果推广内容是“能有效提升企业管理水平”，则这样的内容是很容易被用户忽略的，管理水平？能带来哪些结果？都是不确定的因素。而如果改成“0 成本让销售业绩提升 2 倍”，这个时候，戳中的都是小老板非常在乎的因素：投入多少资金，获得多高成效。尽量降低“不确定性”语言。例如，说“优惠大促销”（哪怕其实真的是打五折），还不如“全场七折”更加有吸引力。

另外，从传播心理学角度讲，在内容创意策划方面，尽量使用“高唤醒”情绪，例如，兴奋、幽默、消遣、敬畏，这些情绪有利于内容的传播；尽量避免“低唤醒”情绪，例如，悲伤、压抑，这些不利于内容的传播。

例如，可口可乐的广告则经常利用“美女”这一高唤醒元素使客户将之与可口可乐联系在一起，如图 6-4 所示。

图 6-4 可口可乐的经典品牌广告

除内容吸引力之外，还要注意内容与用户的接触场景。例如，有时我坐地铁时，由于职业习惯，

会试着扫描地铁的一些广告二维码，经常会出现距离远（导致二维码太“小”）识别不到的情况，这就是没有考虑现实场景的内容，白白浪费了巨大的流量。又如，对于高速路上的大屏广告牌，更适合做品牌曝光，不适合留下二维码之类的内容影响“品牌感”，毕竟极少人会在高速公路上扫描二维码。此外，有些潜在用户群体主要通过手机移动端访问的内容，就要注意内容页面是否能够适配主流机型，用户主要在哪些地方访问，是否对网速要求较高等（注意图片大小、是否包含视频等）。

6.2.5 数据埋点，监测每一个关键环节

在内容进行投放渠道前，我们运营人还有最后一项工作要做：向研发提需求，协助预先“埋下”监测每个环节的“传感器”，或者通过第三方工具服务获得（如百度统计、谷歌分析等）。无论监测工具是什么，我们运营人均需向研发确认核心环节的数据必须能够采集到。

1. 不错漏每个关键环节的埋点

对于“圈地式增长”，按“用户养成”运营模型来看，涉及的核心环节如下。

- 接触到认知环节。
- 认知到体验（下载）环节。
- 体验到新增用户环节。

相当多类型的产品都做不到与用户“一接触”即促成用户下载体验，故此，我们往往需要先在接触环节引起“用户兴趣”，并将之引流到“用户认知”的内容页面上。这些就需要埋下数据监测点，观察接触环节的转化率，若转化率低，则原因可能是：转化的关键链接不符合场景（如二维码无法扫描，或者音频接触用户无法一口气记下等）；内容没有戳中用户痛点；渠道的潜在用户密度没有预想的高，等等。

有兴趣的用户会顺着接触内容抵达认知环节（产品价值灌输），通过这个渠道的下载用户数与抵达认知环节的用户数进行对比，可以计算出转化率，若转化率低下，原因可能是：内容在某些机型上无法正常显示；接触环节吸引了非潜在用户；认知教育的文案内容没有戳中用户痛点；或者场景不方便下载（用户不想用自己的流量）。

最后，通过点击下载按钮的数据与当天该渠道新增用户的数据进行对比，如果转化率低，则说明可能是下载环节出了问题，需要对下载失败等特殊情况进行备案处理。

当然，对于直接线下曝光就能直接获取用户的强需求产品，通常较难直接精准监测到转化数目（二维码可以设置数据埋点，但有些场景并不适合二维码）。这种情况下，则可以通过“减去平日自然增长量”的方式逆推出大概的转化率。例如，平日的自然用户增量是 1 000 人，启用线下曝光后，当天用户增量为 9 000 人，那么该线下渠道的增量约等于 8 000 人。

2. 先验证，再大规模投入

通过数据监测结果的分析、优化之后，我们才能够验证特定渠道、特定内容的转化成效，故此，圈地式增长的前期，我们通常是通过“局部区域”或者“较短的时间”进行小规模测试，测试结果符合预期之后，再大规模投入推广。

3. 警惕外包，尽量亲力亲为

最后，再谈下推广“外包”。有些公司嫌麻烦，或者觉得运营人手紧缺，觉得“推广”就是烧钱而已，又能检验数据结果，便直接将推广任务完全交由外包团队，签约即可。

这里犯了两个大忌：第一，将核心业务外包，对于成长期产品而言，“推广”本身就是运营工作的重中之重，交由外包团队，他们不可能按照本书提到的“成长期运营七步走”的精益化运营思路执行推广任务；第二，外包团队鱼龙混杂，其中不乏商业诚信缺失者，而众所周知，时下的“造假”产业链已经非常成熟，无论是何种数据，基本上都能通过极低的成本“刷”出来，这就导致外包的风险很大。损失了金钱还是小事，耽误了产品推广的“战机”，或者造成了战略层面的“误判”（如认为产品方向错误），对团队的伤害可是致命的。

6.3 涟漪式增长

圈地式增长固然是以“砸钱”为主，那么对于资金紧缺、融资尚未到位的团队，是否就增长无术了呢？当然不是，钱多有钱多的玩法，钱少也有钱少的玩法，尤其是互联网时代，一切皆有可能，两者并无绝对优劣。

对于以少预算投入的“涟漪式增长”而言，核心工作就是“玩转内容”，这意味着，不仅要能够制造好内容，还要能够有组织、有节奏、有沉淀、有爆点的专业内容运营。

当我们进行“内容运营”时，完全能将内容作为一个“产品”看待，而这个“内容产品”的目标有如下两个：一是为用户提供价值；二是能够为产品带来“有效”流量。故此，与基于“用户视角”的“用户养成”的逻辑类似，我们进行内容运营时，也要经过如下“用户视角”的转换。

- 接触用户。
- 提起用户兴趣。
- 用户阅读并认知。
- 对用户产生决策影响力。
- 有效引流。
- 促进用户分享传播内容。

下面按照上述内容的用户养成过程，与诸位一起探讨，如何最大限度地发挥内容的价值，做好涟漪式增长。

6.3.1　接触用户的曝光渠道

内容要对外界施加影响，第一步当然是首先需要“曝光”。请注意我用的措辞“曝光”，而不是“引流”，不少运营同行都视“曝光”为“引流”，这很容易让人产生一种“对用户吸引力、对流量”的轻视。

曝光事实上只是让内容有机会出现在用户的视野中，仅此而已；而流量则意味着，受到内容影响进而尝试体验产品的那部分用户；在时下信息爆炸的时代，有效流量与曝光量的比例正呈现逐年下降的趋势，这也对“内容的质量”提出了更高的要求。

前面的“圈地式增长”，更多的是直接购买线上“流量”，而在线下以购买“曝光”机会为主。其实，线上也有非常多的免费“曝光渠道”可以供我们施展拳脚。

下面分享一下目前一些常见的优质曝光渠道。

UGC 知识型社区：知乎、百度问答、人人都是产品经理社区、脉脉、豆瓣等；当然，如果团队中有专家型人才，也可以在其他职场、行业分享直播平台上进行知识分享顺带曝光推介产品，这也是近两年非常流行的方式。

UGC 泛娱乐型社区：Facebook、微博、陌陌、时下火热的各大直播平台、各大短视频平台、各类 K 歌类平台、音频类平台、图片社交类平台（Nice、Instagram、Flickr 等）。

各大公众号平台：可供投稿的众多微信公众号、QQ 订阅号、今日头条、网易、搜狐公众平台等。

各行业垂直社区：旅游类、汽车类、数码产品测评类、房产类。

共享知识经济类平台：在行、领路。

其他：例如，与其他内容平台进行换量合作；微信群、QQ 群推广等，但群推广极易成为骚扰信息，除非有特别的运营策略，不然四处张贴“牛皮癣”广告纯粹是低效的“体力劳动”。

至于一些早年火热但时下已经进入衰退期的平台就不特别推荐了：如 QQ 空间、人人网、天涯社区等。

必须说明的一点是，上述平台正因为有机会“免费”曝光，而优质曝光位置毕竟有限，平台上有相当多的用户都在争抢，竞争异常激烈，对大部分用户而言，内容投出去之后阅读量寥寥无几是常有的事。玩过微博之类产品的朋友应该深有感触：对于普通用户，发出去的微博，除了关注自己的几个用户阅读，内容很快就石沉大海。

6.3.2 广撒网不如做精做透

故此，做内容运营，通过外部渠道进行曝光时，切勿“广撒网”，而应该选准一个潜在用户密度高的渠道，做精做透。要想在一个平台上成为“明星”用户，让内容得以大量曝光，至少要保证如下两点：一是提供优质的满足用户胃口的内容；二是熟悉平台的运作规则。

每个平台都有获得“大量曝光”的独特运作“潜规则”，如果不懂这些“规则”，再好的内容很可能也会石沉大海。

以我较为熟悉的“知乎”产品为例，对于一个普通用户，要想自己的回答获得较好的曝光必须满足如下条件。

- 选择一个近期才发起的提问，通常一两天内的问题最好，这意味着在某领域的优秀回答者有先发优势，因为其更容易被用户“邀请回答”。
- 这个问题的关注人数要初具规模，至少百人以上，规模太小没人愿意回答，会形成恶性循环。
- 问题本身要有潜力，要么大众化、要么够争议性，很可能以后能够持续吸引更多人关注。
- 已回答问题的人数尚少，尚未出现高度专业化的答案。
- 最后，你要具备足够的“专业能力”回答这个问题。

按照这些基本“规则”来说，能获得“大曝光”的比例其实非常低，而且还有一些“可遇而不可求”的因素。当然，知乎平台的好处是内容生命周期相对较长，也就是说，只要内容质量高，哪怕是在一些“关注人数”低的问题上“广撒网”，也还是能够细水长流、持续地获得曝光的。

同理，每个平台都有自己独特的获得曝光规则，一些生态健康的优质平台只需有高质量的内容即可获得精准推荐（第 8 章会详细谈）；但有些需要借助“联盟群”、“互推群”；有些甚至要跟平台运营人员保持良好关系，等等。这就需要我们运营人挖空心思去体会、研究这些推广策略是否真的有价值。

选定了曝光平台，深谙平台运作规则，最后就需要优质内容来将“曝光量”转化成“有效流量”。

当我们要制作“好内容”的时候，首先需要做什么呢？是用户的内容需求？同类内容的分析？还是内容的美化设计？

我认为，都不是。我们首先要做的是：定义什么叫“好内容”。在进行内容运营时，我定义的“好内容”如下。

- 吸引潜在用户的注意力。
- 为用户提供价值。
- 与目标关联，并影响用户的决策。
- 更进一步：能进入用户心智。
- 更进一步：能让用户愿意主动分享。

6.3.3　吸引用户注意的“门面功夫”

我们先谈谈吸引注意力的问题。其实这个问题特别专业。首先，曝光并不代表吸引用户注意力。我们将自身代入“用户随意浏览一个 UGC 平台”的场景思考一下，例如，公众号列表、知乎首页、直播、唱吧首页等，除用户主动搜寻某类内容时的情况之外，什么“内容”更有机会吸引潜在用户的注意力？

答案是：视平台特性、用户特性而定。大体上，可以将 UGC 平台分为两部分：一部分是“实用类”，如知乎、订阅号、职场交流平台等；另一部分是目前种类更为繁多的“休闲娱乐类”，如直播、短视频、图片社交、音乐社交等。

对于“实用类”平台，吸引潜在用户注意力取决于“内容的标题是否戳中目标用户的痛点”，这在 6.2 节“圈地式增长”关于广告内容的设计中已经谈到，此处不再赘述。

而对于“休闲娱乐类”平台，吸引潜在用户注意力的则几乎取决于“图片的视觉效果”。当然，如果你的团队有专业的设计师能提供运营支持，那么大可把配图的重任交由设计的同事处理，但对于我们绝大部分运营人都没有这种待遇，那么，唯有亲力亲为。

就我个人总结，包含四类特征的“视觉效果”更容易被用户点开：“喜好”、“记忆共鸣”、“与众不同”、“社会热点”（仅供参考）。

配图的前提是基于你对核心用户群体的共同特征的了解程度。下面分别谈一下这四类视觉。

“喜好”，用户无疑更容易被自身的本能喜好所吸引。例如，核心用户群体是热爱动漫的年轻人为主，那么以时下最受欢迎的漫画人物作为配图就容易被用户点击。

“记忆共鸣”，人们偏好熟悉的事物，尤其是能唤醒幸福记忆的视觉图像。例如，对于 80 后这类带有独特年代标签的用户群体，他们一代人成长时的“共同记忆”就能成为很好的注意力“引导线”，比如小时候的教材封面等。

“与众不同”，用户对带有“冲突属性”的图像更敏感。例如，在深色调为主的图片流中，一张浅色调的图片会更容易吸引注意力。又如，知乎的信息流中大都是纯文字，然而突然出现一张图片则会特别显眼，如图 6-5 所示。

“社会热点”，由于人们天生的社交、谈资需要，对社会热点话题会更为敏感。

目前我们经常看到不少内容是通过“猎奇、猎艳、标题党”等低俗手段来吸引用户注意力的，对于这个现象，我谈几点自己的看法：第一，这种方式是以牺牲产品形象、品牌形象为代价的；第二，随着用户品位的提升，这类内容容易被人所唾弃，有不少朋友曾表示，转发含有“标题党”的内容会让他们觉得自己形象受损；第三，存在被举报、被查封的风险。对于操盘者，这也是一种缺乏社会责任感的行为。综上所述，我完全不倡导这类运营手段。

最后，强调一点，慎用满大街流行的“热门内容”，时下许多新媒体运营，总是乐于抄袭、模仿曾经“火过”的标题、内容。通常来说，互联网上，一种新颖的事物，用户第一次接触是“兴奋”，第二次接触是觉得“还行”，第三次接触就会开始觉得“烦躁”，再到第四次接触可能就会觉得很“low”了。互联网运营，尤其需要讲究唯新不破，盲目抄袭模仿热门内容，不利于塑造自身的品牌形象。

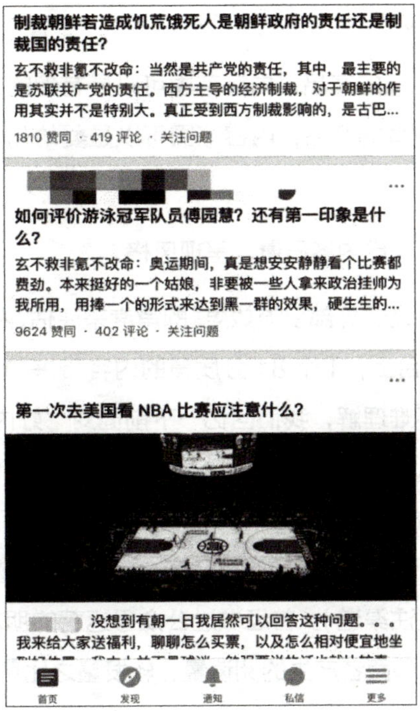

图 6-5　知乎手机端页面截图

6.3.4　制作诱惑力内容

如果说“吸引注意力”靠的是视觉层面的“感性魅力”，那么正文内容对用户的吸引力则拼的是真枪实弹的“理性价值”。

“营销不是吆喝，而是引诱”。这句话同样适用于“涟漪式增长”的内容运营。我们的运营目标是将外部用户引流至产品或官方的关注渠道（如公众号）。故此，从内容的表现形式、内容深度的层面来说，用于外部引流的内容不需要像官方公众号内容那般：风格统一、措辞严谨、能够持续输出同等级质量内容，等等，有诸多限制。对于外部内容，我们大可摆脱想象力的束缚，只要对潜在用户具有足够“诱惑力”，符合外部平台要求的情况下，都可尝试使用。

当然，我们谈内容可以不受束缚是指它的展现形式、内容质量，但不包括“内容范围”。我们能为潜在用户群体提供价值的内容类型，其实非常多，但不代表任何内容都可以使用。例如，你运营的是音乐产品，但却为你的潜在用户提供精美的星座娱乐内容，那么哪怕内容再精致，用户再喜欢，他们也不会因此而关注你们的音乐产品。故此，“内容范围”一定要限制在与自身产品的特性“关联”的范围内。

例如，一个做茶叶垂直电商的产品，内容范围可以是有趣的茶文化故事、辨别茶质量、茶生态等；又如，一个做亲子教育的产品，内容范围可以是婴幼儿心理学、婴幼儿健康、精致的亲子美图等。

限定了范围后，我们还要考虑内容质量、呈现风格。

据我常年的实践数据来看，从“外部引流效果”的角度来评估，内容质量的界定非常符合“二八原则”：简单来说，在某个平台上，1 个 81 分质量的内容带来的流量远高于 8 个 79 分质量的内容带来的流量。这其实并不难理解，我们回忆一下前面对“好内容”定义的后三项：“影响用户的决策”、“进入用户心智”、“用户愿意主动分享”。对于那些 79 分，让用户觉得“还行”的内容，是很难达成这三项目标的，反过来，81 分以上的内容，会让用户觉得“很专业”（知识型、工具型）、“很有才、很搞笑”（泛娱乐型），自然就会产生“好奇感、期待感”，用户进而会顺着内容被引导至产品（或官方关注渠道）。曾经做过公众号运营的朋友应该也会有很深的感触，高质量的文章与普通质量的文章，两者产生的阅读量、转发量之比可能是 5 倍、10 倍。

最后，必须强调一点，内容质量还包括呈现方式，而这个呈现方式的好与坏，应视引流的平台、用户特性、对内容的阅读场景而定。例如，在微博上，同样的内容，若是一堆堆的文字呈现，效果就远不及制作成“信息图”好。

6.3.5 引流目的地：是产品还是关注渠道

我们在外部投放内容，最终目标就是将外部用户转化成产品的用户。那么，这是否说明，所有的“内容”底部都提供一个产品的链接、渠道，一步到位将用户直接引流至产品?

这其实应该视产品的“用户养成梯形的健康度”而定，通过前面产品种子期阶段的运营，我们应该能够评估出从“用户体验到用户使用环节”的转化健康度，若能够符合运营预期（意味着解决了产品体验门槛的问题），则可以将用户直接引导至产品，若始终处于不稳定状态，则建议可以先引流至“内容基地”——用户关注渠道上（微信公众号等），这种策略的好处在 5.2 节已经探讨过了：进可攻退可守。

数据反馈、调优、引流渠道质量评估：我们在进行外部引流时，在条件允许的情况下，务必在引流的最终链接中，通过各种手段进行数据埋点。例如，链接、二维码都是可以设置参数的，以供我们运营人评估“内容吸引力”，并结合数据结果进行内容优化。若某个外部引流渠道转化成果始终低下，则应当果断放弃。

6.3.6　运营进阶：借势发力

前面谈完了常规的内容运营方式，这些都是值得慢慢耕耘的长期战略，能够为产品持续带来较为稳定的流量。除此之外，还有一些特殊情况，可供我们“借势”，为产品在短期间内带来大量流量。常见的三类“借势”情况如下。

1. 产品“红利期”

所谓红利期，是指我们投入内容进行引流的外部平台，其自身正处于“用户投入少，收获高”的阶段。这通常发生在一个平台处于其产品生命周期的“成长期”。

例如，微博、微信公众号、知乎等，早期使用的用户（内容生产者），只需少许精力的投入，就能够引来大量的关注、阅读、分享等。这其实很容易理解，例如，微信刚上线公众号的时候，我们可以订阅的公众号很少，也很好奇，自然看到新的公众号时就会有很强的“关注”欲望。另外，在产品“红利期”，平台自身也会对“内容生产者”进行扶持，激励他们持续生产更为优质的内容。反之，到了产品成熟期之后，如微信公众号，时下用户关注的号很多，内容也看腻了，就会导致“取消关注”频繁。此外，用户在平台待得越久，对内容质量的要求就会越高。

故此，我们运营人平时应当多关注互联网新产品的动向，尤其是 UGC 类产品，一旦发现一些有潜力的新产品的用户与自身用户匹配度高，即可尝试着第一时间内投入内容，抢占产品红利期的宝贵流量。

2. 社会热点事件

随着近年社交网络的大众化，时下的热点事件一旦发生后，往往迅速传播，引起全民热议，万众探讨。故此，一旦能够巧妙地将自身的产品与热点事件进行结合，往往能够借势热点事件在社交媒体上带来巨大的流量与关注，甚至持续引爆二次传播、三次传播。

大名鼎鼎的“杜蕾斯雨夜鞋套”就是借势北京持续一段事件的暴雨引发大众频频讨论的时机，推出利用杜蕾斯当作鞋套防进水的照片，这个吸引眼球的创举，在微博引起疯传。甚至其还作为经典案例被到处引用，再一次扩大了影响力。

当然，相信尝试策划过“借势社会热点事件”的朋友都知道，要成功造成大众化传播，除要拥有天时地利人和之外，还需要一点运气，绝非易事。

又如，第 31 届里约热内卢奥运会的第二日，游泳队员傅园慧在晋级决赛接受记者采访时的“惊人”答复迅速走红，亦被做成了一系列的“漫画表情包”，在网上广为流传。

尽管如此，利用社会热点事件进行内容策划，往往也能获得比平时更高的浏览、阅读、关注和传播。

3. 产品内的周期活动

许多 UGC 产品为了增加用户活跃率，会周期性地策划一些产品内的热门活动，如知乎圆桌、热门问答、常见的竞赛榜单等，只要你的内容专业度够硬，这些周期活动都是获得大量曝光的好时机。

除上述纯粹“线上内容”层面的借势之外，如果能够跟一些关联产业进行联合活动，也是一些很好的借势机会。例如，Uber（优步）尤其擅长利用社交媒体策划一些吸引眼球的各种合作玩法，如“明星做司机”、“一键呼叫直升机”、“老板做司机招聘人员”等，由于双方都有曝光需求（如明星也需要持续曝光以保持粉丝对其的关注度），故此，这样的合作谈下来其实成本并没有想象的那么高。

6.4 感染式增长

6.4.1 感染模型的四大要素

在 3.4 节“最大化每一环节的分享”中，详述了不同种类的产品在不同生命周期，用户的分享契机、心理驱动力等，在这些策略中，我们运营人对用户的分享行为没有明显的“干预”，更多的是通过契机与内容，被动性地等待用户分享，算是一种温文尔雅的“弱刺激”。

本节的“感染式增长”，则是以“快”为目标，通过“强刺激”的方式达到“病毒感染”的效果。那么，感染式增长包含哪些因素呢?

我认为，一个“感染模型”应由四部分组成：感染源、感染对象、感染系数和持续时间。

所谓的感染源，是刺激用户将携带“产品信息的内容”自发传播出去的载体，感染源的设计原则是，保证用户在传播过程中不会发生变化（通俗的说法是别发生变异），意即被感染用户接收的信息与传播者接收的信息始终一样；感染对象当然是指潜在用户；感染系数是指感染源的二次传播与一次传播的比值，如一个用户感染一个人，则系数是 1，感染两个人，则系数是 2；持续时间是指通过规则限定单次感染源的有效时间。

感染式增长的专业性体现在对“感染模型”的设计上。

前面提到的 Hotmail 邮箱的邮件下缀的硬广——“可以免费发邮件的邮箱”，这算是感染式增长的始祖。时下最典型的感染就是现金补贴。例如，用户推荐一个新用户，双方各得 10 元现金，如此将产品迅速感染出去。有些企业老板因此就认为，这不就是烧钱补贴嘛，有何专业性可言呢？此言差矣，同样一千万元的预算，对于一个好的“感染模型”与差的“感染模型”，最终带来的有效用户的差异可能会是几百，甚至上千倍。下面会继续说明。

6.4.2 如何设计感染源及感染规则

1. 三类感染源

我认为，对于一款产品，目前有三类事物可以当作感染源：现金补贴、利润让利和虚拟让利。

现金补贴：最为常见的一种，尤其多见于 O2O 领域或者高门槛产品，如滴滴打车、美团外卖等，通常的策略就是前面提到的分享双方均得现金红包。

利润让利：适用于电商类产品，意即让被感染者消费的部分利润中返还一定的比例给感染源传播者。例如，许多淘宝店家让用户买单后给五分评价返现金就是一种类似利润让利的策略。值得说明的是，利润让利与现金补贴的最大区别在于，利润让利的企业方依然能够有所盈利，而现金补贴，企业是完全亏损。这两者的区别体现在下面感染规则的设计上。

虚拟让利：逻辑上与现金补贴完全一致，唯一不同的是刺激源不是现金，而是产品内的虚拟货币，或者产品内的其他较为稀缺的资源等。虚拟让利是游戏类产品的惯用策略，事实上这种策略几乎适用于所有产品。

2. 设计合理的感染规则

“感染模型”的核心就是“感染规则”的设计，一个好的感染规则必须充分考虑三个问题，分别是：定向感染对象、反作弊、最小化成本设计。

（1）定向感染对象

定向感染对象是指仅感染潜在目标用户，而不是无的放矢引入许多无效用户。定向感染是“现金补贴”特别需要考量的问题（现金补贴意味着用户的每次“获利”都是公司的纯支出，这与利润补贴不同），那么，有哪些策略能够确保定向感染呢？我抛出一个思路——调整“获利”条件：意即一般的感染策略是被感染用户注册时，传播者即可获利，将“获利”条件改成，当“被感染用户首次使用核心功能”为止，传播者方能获利。这种策略虽然某种程度上会削弱用户的“感染动机”，但却极大地提升了感染对象的精准度。例如，滴滴出行的乘车优惠券的获取条件是：当用户首次乘快车时，如图 6-6 所示。

图 6-6　滴滴出行的分享得优惠券截图

（2）反作弊

反作弊是指防止某些别有用心的人利用“规则漏洞”，获取大量“补贴”的行为。例如，早期 O2O（如美团外卖、饿了么等）的补贴就容易让一些商家跟“假客户”合作骗取补贴：假客户同时利用多台手机下单，而商家没有真正“做餐、送出”，然后“假客户”签收，以此合伙骗取补贴；甚至有些专业刷单团队开发出一套“系统”欺骗平台。故此，从技术角度讲，要完全防范作弊是很难的。

针对作弊问题，我的建议有两个：一方面可以延长“补贴”的发送时间，期间通过技术手段监测作弊行为，剔除掉“异常”补贴；另一方面，可以通过更为精密的“感染机制”提升“作弊”的成本，从而在“动机”层面解决作弊问题（意即作弊不仅赚不了多少反倒还亏本）。以防止“刷单”为例，可以在最初的合同上规定“刷单”的处罚机制（这并不影响正经做生意的商家签约）从而降低作弊率。

(3) 最小化成本设计

最小化成本设计即通过最少的资金，将感染范围延伸至最大。例如，“分享双方得红包”的策略，就可以将老用户的红包额度降低，而尚未使用的新用户红包额增长，从而极大地降低整体成本。

3. 感染式增长的持续时间

最后，我们谈谈感染式增长的持续时间的问题。

对于“现金补贴”类感染，以补贴资金池用完作为时间截止点。但对于“利润让利”、“虚拟让利”类型的感染源，应持续多长时间合适呢？理想情况下，如果数据增长始终处于旺盛状态，则可以一直让其持续下去，直到用户数趋于饱和。

对于“利润让利”，我认为还是应保持一个合理的时间段：对用户而言，没有时间截止的让利，就好比没有让利，因为用户会认为这些让利后的价格才是真正的价格，对于不愿意参与“分享”的用户而言，他们必然会反感（觉得吃亏）。此外，由于缺少“时间限制”，会让用户缺少紧迫感，自然会影响感染效果。

故此，我认为一个较好的思路是，可以定下两个时间，一个是整体让利活动的截止时间，另外一个是感染传播后的“相对有效时间”，并能让用户清晰感知到（如以倒计时的方式呈现），所谓的相对时间是指，从被感染用户收到传播方的信息为止的某个时间周期内（如 24 小时）有效。从而方便运营人不断根据数据结果，灵活地调整时间或其他感染规则。

6.5　预先扫掉潜伏的雷区

随着三大基础运营增长策略的组合实施，外加由此产生的“协同强化效应”，如社交网络的讨论、二次传播、高频曝光、用户口碑传播等因素，不出意外的话，用户数马上就能快速增长，这个阶段的运营人可能会感觉最兴奋、最有成就感；不出意外的话，维持这个增速，很快就能进入产品成熟期；不出意外的话，公司马上就能上市、变现，大家的努力即将得到高额回报。

对于绝大部分团队，这个“意外”势必会发生，或者说，它早就潜伏于数据之中，但由于短期用户数绝对值的增长飞快，哪怕用户养成梯形已经出现明显“畸形”，也许我们也尚未发觉。

回顾一下“用户养成”运营阶梯图，如图 6-7 所示。

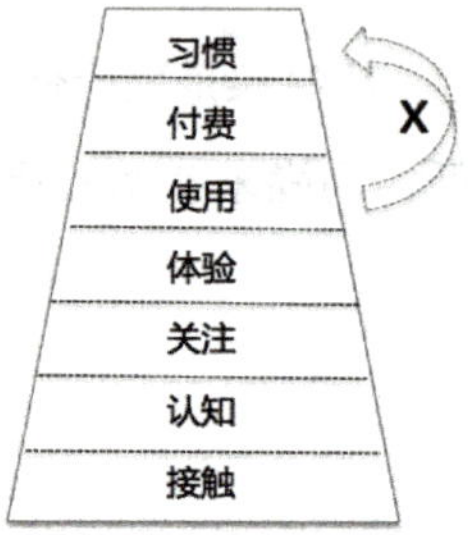

图 6-7　“用户养成”运营阶梯图

如果说种子期产品最关注的是“体验用户向使用用户”的转化率，那么成长期产品最令人担忧的情况就是：“使用用户”向“习惯用户”的转化率极低，意即用户难以沉淀下来，但团队短时间内可能陷入用户绝对数值增长的愉悦之中，愈发难以察觉。

例如，图 6-8 所示为某个潜伏着巨大风险的用户增长曲线图，实线是用户的绝对数量增长情况，虚线是日活跃用户数增长情况，从该图中可以看出，随着用户总数的急剧攀升，日活跃用户数增长极慢，甚至出现零增长，这充分说明产品出现了较大问题，“留不住人”，需要尽快叫停推广，进行整改。

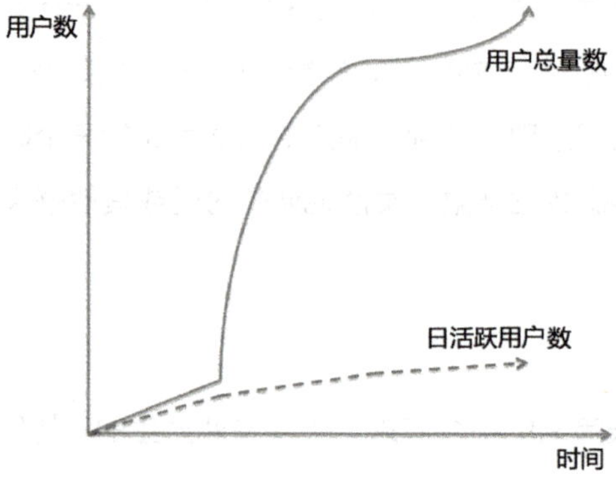

图 6-8　成长期用户总数及日活跃用户数增长图

那么，产品成长期又有哪些“坑”需要我们运营人重点关注呢？我总结了一下，共有如下5类。

6.5.1　产品性能的服务承载能力

随着用户数的剧增，产品后台系统部署的硬件配置、软件系统架构开始出现瓶颈，这容易导致产品使用体验变差：卡、慢、闪退、崩死等，从而导致用户大量流失。当然，这个问题属于技术研发团队需要考虑的问题，但我们运营人却有义务在大力推广策略实施前，就告知技术团队预先做好准备，而不是等到用户数开始剧增时才匆忙筹备硬件升级。

6.5.2　运营的服务承载能力

有一点我们千万要注意，产品种子期之所以能有漂亮的“用户养成梯形”，很大原因是种子期的运营人对每个用户亲力亲为的“服务”能力：用户有问题随时人工解疑，用户吐槽随时给出反馈等。但是产品成长期，大量用户的涌入，客观上造成了大量用户反馈的“延后答复”甚至“被忽略”，这不仅会造成个别用户的流失，更有甚者，还可能造成社交媒体的负面传播、产品在应用商店的诸多差评等一系列后遗问题，影响新用户的体验决策。当然，这是任何一个从产品在成长期以至成熟期都会遇上的问题，不是单靠增加运营人手就能够处理好的。

对于这个问题，我建议的运营思路有：让产品自己去说话、将老用户转化成兼职运营人（社群）。

所谓让产品自己说话，运营可以做的有如下几点：根据用户的常见疑惑向产品提交“使用指引”的功能开发需求，包括新功能的使用指引；对于常见的业务问题给出标准的问题解决流程，并能够在产品内清晰地找到指引链接；对于实在需要运营人工服务解决的问题，至少要添加一些“排队等待”的功能，让用户获得最好的等待体验。这些措施都可以有效降低用户的流失。

另外一方面，对于 UGC 类产品或者适宜组织社群（如学习类）的产品，可以动用用户自身的力量来协助运营。对于活跃的社群，事实上几乎不需要运营干涉，由于人本身就具有乐于帮助他人的行为，不少热心的老用户都会自发地为新用户提供帮助。而对于不具有活跃社群的产品，则可以通过产品内的虚拟积分方式来激励老用户对新用户进行解疑。

6.5.3 版本迭代未经灰度测试

随着成长期用户数的急速增长、产品功能的增多，产品新版本发布时，无论是用户对产品新功能的认知、操作层面的问题，还是产品性能或其他 Bug，这些问题都是难以百分百地消除的。故此，每次产品新版本发布前，务必需要先选中小部分用户进行分发测试，观察用户使用的数据反馈，尤其关注会对产品新功能不理解、不知道如何使用的情况等，并及时进行调整完善。若未经灰度测试，直接将充满不确定性版本的产品面向所有用户发布，则很可能出现大批量用户流失的情况。

6.5.4 产品内的用户相互干扰

产品内的用户相互干扰是 UGC 类产品最容易出现的问题。例如，陌生人社交平台中一些用户对其他用户的频繁“骚扰”、内容型平台整体内容水平的下降；又或者，一些非潜在用户对产品玩出新的“花样”。尤其是从事营销工作的人群，我们经常会遇见营销人员从各类产品中挖掘潜在客户，如招聘类产品、职场社交类产品等。对于这类问题的解决建议，在第 8 章 UGC 专题中会进行详述，此处不再展开探讨。

6.5.5 产品自身的变化影响用户

成长期涌入的大量新用户，由于他们各自背景阅历的差异、各自对产品的认知不同，也会对产品有不同的诉求、不同的“玩法”。这些行为自然会忠实地记录在后台数据中，对产品的后续迭代产生较大影响。

对用户会产生巨大影响的迭代主要有两类：一类是产品属性的重新定位，如工具型产品向社交型产品转变；另一类是用户群体的重新定位，如一个面向高端用户群体的产品渐渐转移至中低端用户群体。对于产品属性改变，一个减少对老用户的伤害的策略——提前多次预告产品即将进行的改变，或者为新旧版本产品留下切换的入口，让用户自行选择使用新版还是旧版，利用“过渡期”降低用户的心理排斥感。

以微信公众平台为例，2016 年 7 月，微信公众平台出于账号安全考虑，要改变登录方式——运营者登录时，不仅要输入密码，还需要用管理员的手机微信扫描 PC 端登录页的二维码。为了将负面影响降至最低，公众号运营团队是怎么做的呢？——事先几个月便通知这个即将发布功能的改进，而且中间不断有过几次提醒。直至功能正式使用时，我作为微信公众平台的资深用户之一，也感觉并不是特别排斥这个改变。

对于产品定位调整、主要用户群体改变的问题，我的观点是——当断不断，反受其乱。既然产品选定了某个人群作为核心用户，那么，哪怕流失的是前期忠诚度较高的老用户，也只能狠心让其离去，当然在公关处理方面可以发“致歉信”之类，以最大程度降低负面社交传播。

经过产品成长期增长策略的持续迭代优化，当用户数增长到一定量级，产品核心功能趋于成熟，产品已经为业内普遍认可，用户的自然增长率（通常来自产品的品牌、口碑效应）已经能够成为增长主力，且增长速度趋于平稳时，即宣告着产品正式进入成熟期。

7 第 7 章 成熟期的运营

大到一家公司，小至一个产品，它们能否运营成功，最关键的因素就是——能否在恰当的阶段做恰当的事情。BAT 里的 B（百度）之所以近年不被看好，除负面消息较多之外，更大的原因在于百度在移动互联网时代慢了半个节拍，没有跟上。而腾讯有微信、阿里有支付宝，依然稳稳地矗立于时代浪潮之上。

故此，我始终强调，在产品的不同生命周期，应该设定不同的运营核心。我们先一起回顾一下，产品从种子期到成长期各阶段的运营核心：

- 种子期：验证最低限度解决方案是否成立。
- 萌芽期：提升体验用户至使用用户的转化率。
- 成长期：保证用户养成梯形健康的前提下提升用户（或付费）增长速率。

那么，产品成熟期的运营核心是什么呢?

7.1 成熟期的运营核心

目前业界主流的书籍、观点，对于成熟期产品的运营核心，很习惯地使用用户活跃率。我们一起仔细分析一下这种观点是否真的合理。

7.1.1 不能简单视“促活”为核心

诚然，既然产品进入了成熟期，相当于到了收割的时候，那么提升产品的盈利能力自然是整个公司在产品成熟期工作的重中之重，这一点毋庸置疑。而产品的盈利能力，归根结底取决于产品用户的活跃数。这也是运营业界大部分人将用户活跃率定为成熟期运营核心的依据。

我们回到现实看一下，当一个产品处于成熟期时，意味着业界已经有成百上千个同类产品。例如，团购网站兴起时的“百团大战”，今年直播火热了，仅 2016 年，国内市场上就有 200 多家直播创业公司，这就是互联网环境的血腥竞争现状。

我们再回归用户视角审视一下，对于成熟期产品的用户，可以简单地划分为两类：一类是新用户，另一类是老用户。这是一句废话吗？不是的。

对于新用户，更准确的理解为“摇摆用户”。是的，当一个用户体验了我们的产品，可别光顾着沉浸于每日新增用户数据的喜悦中，他们很可能同时还下载了其他同类产品，在做对比呢。要想真正拥有这些新用户，就必须以最快的速度抢占他们的心智认知，具体到运营工作上，就是第 3.2 节提到的，最大限度地缩短用户养成时间。

而对于老用户而言，他们忠诚度高，而且基本上能“完全理解产品价值”——在这个重大前提下，如果我们依然以“用户活跃率”作为产品成熟期的核心指标，随着这些忠诚老用户活跃度的降低，到最后甚至完全流失的这批用户，这些人，是通过一些运营手段就能“促活”的吗？

例如，典型的“促活”运营行为有：举办活动活跃沉默用户、通过邮件、短信、客户端 Push 等手段尝试挽回流失用户。这些措施有效吗？不能说完全没有效果，但“促活”成效与运营投入的成本相比，得不偿失。

故此，以“活跃用户”为目标的活动，往往治标不治本，不用多久，用户便会出现“抗药性”。而挽回流失用户的方式，就目前情况来说，绝大部分的挽回行为其实更多地变成了对用户的“骚扰”，成效极低。例如，我的手机就经常收到各种各样的“促活短信”，如图 7-1 所示，但是常年被我忽视。

因此，对于这批老用户，真正有价值的“促活”必须从产品价值本身入手，通过一直以来与用户的密切接触，对用户需求更深入地洞察解读，结合业界的发展趋势，协助产品经理重新规划新的产品功能，为产品注入活力。

故而，若将“提升活跃用户数”作为运营核心，它最大的问题在于不接地气，在于极易误导我们运营人将运营工作限制在狭隘的视野内。

图 7-1　手机上常收到的各类促活短信截图

7.1.2　成熟期接地气的运营核心

除此以外，有一点要特别注意，移动互联网时代，产品更新换代极快，新的产品、替代品层出不穷，这意味着用户使用某个产品的用户生命周期正在不断下降，尤其是娱乐类产品。

其次，哪怕是在特定用户群体上占有绝对优势的产品也需要警惕用户的自然衰老，如微信，在 95 后群体中的覆盖率就不如 QQ，类似的道理，一旦一个产品在新生用户（注意新生用户与新用户不是同一个概念）“争夺战”中失利，很可能就会出现“青黄不接”并导致快速消亡。例如豆瓣，虽然曾经是“文艺青年”的主战场，然而对于时下完全成长于移动互联网背景的新一代“文艺青年”，他们的可选产品非常多，并不一定会选择豆瓣。

基于上述分析，我认为，对于成熟期的产品而言，更符合现实的运营目标如下。

- 缩短新用户至习惯用户的养成时间。
- 运营新功能，重焕产品生机。
- 新生用户的预热。

有些读者会问，那么负责产品盈利的工作呢？这里顺带说明一下，大部分公司在具体实施产品盈利的工作时，都交由销售（商务）部门负责，他们面向的是真正意义上的客户，工作内容会涉及产品（很多时候是广告或流量）定价、销售渠道分成、商务谈判、市场营销等，与运营工作所需要的技能、背景较为不同，而运营人的核心工作依然围绕用户开展。

7.2 切忌牺牲用户价值实现产品盈利

我认为，始终坚持“用户价值第一”是一个产品从普通到卓越的根本因素。尤其是处于成熟期阶段的产品，毕竟企业存在的宿命就是为了盈利，好不容易将产品养大，自然要考虑如何收割赚钱。故此，这个阶段依然能坚持用户价值第一实属不易。

7.2.1 牺牲用户价值的盈利

我们先看一下，目前以牺牲用户价值盈利的典型行为都有哪些。

一类是干扰用户体验的广告，最早常见于各类网站满屏的广告、弹窗广告、悬浮广告等；音视频类产品启动前 1 分钟的广告、中途弹出广告；游戏类产品的强迫阅读广告等。

如果说上述广告只是企业为了权衡盈利及用户价值的平衡而进行的妥协，那么还有一类，却是赤裸裸地伤害用户利益的广告，例如，与利润极高的商家合作，诱导用户购买一些性价比低、甚至假冒伪劣的商品等。这类盈利方式更是有违商业道德，甚至游走于违法边缘。

那么，是否产品盈利就一定要对用户价值有所损害呢?

7.2.2 无伤大雅的盈利

我们不妨先看一些中规中矩但对用户无伤大雅的产品盈利变现方式。

微信朋友圈的品牌广告：由于广告低频稀少，且微信对广告内容的“颜值”有较高要求，此外，由于朋友圈广告也引入社交属性，用户能够看到自己的朋友对广告的评论、吐槽、挑逗等，通过这些策略、束缚，使朋友圈广告对用户体验的伤害降至最低。以坚持“用户价值”闻名的“微信之父”张小龙，据说依然对朋友圈广告极为不满，称上线朋友圈广告是为不得不（对股东）做出的妥协让步。

原生广告：一种“广告即内容”的广告，如前面提到的“杜蕾斯鞋套”、商业类文章提到的一些商业分析案例、电影中由于剧情需要而出现的品牌等。最成功的原生广告是润物细无声的，用户尽管对广告的主体（某产品或品牌）有了清晰的价值认知，但却完全不知道自己正在“被广告”，从而起到更好的营销效果。

精准营销：在社交类平台中已经非常多见。例如，经常在亚马逊平台购物的读者朋友可能会发觉亚马逊平台会推送一些你比较有兴趣的打折促销商品给你，这就是一种典型的精准营销。又比如我们在刷微博、浏览新闻资讯时，也会经常看到一些自己有点“兴趣”的广告，这些也是精准营销。

上述提到的三类广告只能说是“无伤大雅”，其实，对于任何一类产品，我们都能够探索出一些与用户实现“双赢”的盈利模式。

7.2.3 与用户实现双赢的盈利

很多时候我们定义一种事物究竟是“骚扰”还是“服务”，就在于这些东西是否是你需要的。例如，我们乘坐动车时，美丽的乘务员小姐每隔一段时间就会经过走道并询问“咖啡、奶茶，有需要吗？”诸位觉得这是推销还是服务？

目前业界也有一些产品在尝试与用户取得“双赢”方面积极探索，取得了初步的成效，下面举两个例子。

付费知识直播类（订阅类）。例如，知乎 Live，用户可自行选择参与有兴趣的深度知识主题直播，这对于分享知识的用户及参与直播的用户（听众）都是双赢，分享用户能够通过 Live 活动将自己的宝贵知识经验变现获取收入，这也能正向激励他们努力提供更优质的内容；而参与的用户则用少量的费用获得稀缺宝贵的知识，双方均受益。

付费知识订阅类。例如，罗辑思维的“得到”（APP）的付费专栏订阅，与上述知乎 Live 的盈利类似，不同之处在于专栏订阅的知识承载的载体是以文字为主。

此外，一些垂直平台，如旅游、运动类的产品，通过精挑细选一些优质的配套商品提供商售卖商品，这也是一种双赢的盈利模式。

7.2.4 盈利进阶：实现三方共赢

除“双赢”之外，还有一种与用户取得“双赢”但却是向第三方盈利的“三赢”模式，更是值得借鉴。

例如，在线教育软件“多邻国”(Duolingo) 为用户提供翻译练习的句子，并非普通的句子，而是来自其他公司（主要是媒体公司，如 CNN）需要翻译的文档的离散句子。一方面用户在练习翻译时有了更接地气的内容，另一方面，优质的翻译结果将直接在后台汇总还原成完整的译文，然后将翻译结果卖给客户从而盈利。多么精妙的“三赢”策略。

又如，reCAPTCHA（注册或登录产品时常见的扭曲的文字验证码）的发明者将之卖给 Google 公司，以此防范恶意注册的程序，但背后还有一个更大的目的，通过用户（真实的人）提交的文字验证，从而协助 Google 的图文智能识别算法更好地成长，为“Google 图书扫描计划”中识别复杂的各国文字打下基础。

由此可见，一旦我们能够释放大脑的自我束缚，就会发现赚钱的方式有成千上万种。

长远来看，以伤害用户价值为代价的盈利模式，终究不能长久，这很容易让竞争对手或替代产品有可乘之机。而企业内进行产品商业化的决策群体，更有义务探索出一种与用户双赢、甚至三赢的盈利之路，这也是对一直艰苦努力将产品养育成熟的产品、技术、运营团队的责任。

7.3 缩短新用户到习惯用户的养成时间

我们在第 3.2 节谈到过，在缩短“用户养成时间”时，需要考虑两类产品：一类是高决策成本（高门槛）的产品（用户需要付出较高的使用成本，因而在体验前会慎重考虑），另一类是低决策成本的产品。所幸的是，对处于成熟期的产品而言，由于已具备了良好的社会口碑，通常来说，高决策产品的“体验门槛”已经降至最低点。故此，我们只需重点考虑新用户“从体验至习惯”环节的养成即可。

7.3.1 九类产品用户的关注要素

我们先仔细思考一下，对一个成熟期产品的新用户而言，当其内心在众多的同类产品中做出一个选择：“我以后就用它了。”其真正在乎的是什么？我们将目前的主流产品，依据各自的典型特性分成如下九大类分别阐述，如表 7-1 所示。

表 7-1 不同类型产品用户在乎的要素概括

序	类型	典型产品	用户在乎的关键要素
1	O2O 工具类	美团外卖、滴滴出行	服务体验、价格
2	应用工具类	美图、招聘、效率提升	解决成效、外部关联
3	电商类	淘宝、京东	稀缺、商品真伪、服务、价格
4	人际社交类	微信、微博、QQ、陌陌	在乎的人、人际关系
5	内容社交类	知乎、豆瓣	人气、内容价值、激励机制
6	资讯内容类	罗辑思维、今日头条	稀缺、内容价值、新颖、频率
7	泛娱乐类	秒拍、各大直播平台	人气、激励机制
8	社交游戏类	因人多而好玩的网游	人气、激励机制
9	体验游戏类	沉浸类、体验类游戏	体验、价格

简单说明如下。

O2O 工具类：用户最在乎的是服务体验，其次是价格，这很好理解，此处不展开细节讨论。运营需要重点考虑的就是，如何激励或管制产品之外的第三方服务质量、如何让用户感觉价格公道、制定持续激励用户使用的价格奖励机制等。

应用工具类：用户在乎工具解决的问题是否质量最优、最便捷、最安全、目标最容易达成等，能否让朋友觉得自己眼光、品位独到，在需要的时候能否随时使用、分享、沉淀等。

电商类：是否拥有独家资源，其他平台买不到，对于能够确认"真货"的同等商品，价格是否最优、服务是否最好，等等。运营能够利用的策略是，哪些资源、特权、"利润让利"可以作为用户持续使用的奖励，如何让用户感知到平台的价格优服务好。

人际社交类：用户选择某个社交类产品的第一因素往往是产品内有许多"在乎的人"，故此对于新体验用户，产品应第一时间向用户推荐一些感兴趣的人，尽量体现用户圈子的熟人或者垂直领域的名人等。

内容社交类：通常又称为 UGC 产品，通过产品上的"内容"将用户关联起来。故此产品内的人气、内容质量，以及促使用户生产内容的机制是用户最在乎的。UGC 的详细内容会作为专题在第 8 章单独讲述。

资讯内容类：是否拥有独家高质量内容，主流的内容质量是否符合用户"胃口"，更新频率如何，内容是否潮流，是否能给读者带来启发。

泛娱乐类及社交游戏类：相比娱乐本身，用户更在乎的是"与人一起"竞争、认可、鼓励的感受，故此产品应当始终把“竞争”属性尽量量化出来。

体验游戏类：这类产品主要靠产品内在体验的驱动，然而运营策略反而能“逆其道”而行之，不让用户沉迷过久，延长游戏生命周期。

7.3.2　九类产品的运营建议

基于对上述九类产品的理解，我提出一些自己对这些产品运营策略的观点与建议，以起到抛砖引玉的作用。有些策略已经在前面的 1.3 节、3.2 节提到过了，一并归纳在表 7-2 内。

表 7-2　不同类型产品用户在乎的要素概括

序	产品类型	缩短体验用户至习惯用户的运营策略启示
1	O2O 工具类	提供绿色投诉通道、高质量服务优先、价格监管、高频使用奖励、引入 UGC 属性
2	应用工具类	高频使用的特权（更多功能或资源）、持续使用的物质化奖励、攀比刺激、引入 UGC 属性
3	电商类	高频使用的特权（稀缺商品购买权）、持续使用的加成奖励、引入 UGC 属性
4	人际社交类	推荐“用户可能在乎”的人、熟人社交链、攀比刺激、引入 UGC 属性
5	内容社交类	在第 8 章作为专题阐述
6	资讯内容类	优先体现“稀缺资源”、高频使用的特权（稀缺内容阅读）、引入 UGC 属性
7	泛娱乐类	攀比刺激、持续使用的虚拟化或物质化奖励
8	社交游戏类	攀比刺激、持续使用的虚拟化奖励
9	体验游戏类	限制用户的日使用时间、持续使用的虚拟化奖励

根据表 7-2 可以发现如下几个明显的特点。

首先是关于 UGC 属性，从它出现的频率可以看出这个方式的广泛有效性，甚至可以说是提升用户黏度的一张王牌。故此，我特意安排第 8 章对其单独讨论。

其次是对“持续使用产品”的“加成奖励”。这是培养用户习惯的另一张运营核心“王牌”，这个思路的关键在于，结合产品特性，分析用户真正最在乎的是什么，而不是清一色地进行“物质现金激励”。例如，对于淘宝等价格敏感型用户，现金或代金币的激励就非常有效，但对于具有稀缺型资源（商品、优质内容、游戏的特殊角色、商品等）的产品，将其中的“稀缺资源”进行奖励会更具吸引力。当然，对于让人“深度上瘾”的产品，“限制使用时间”，其实也是一种对“稀缺性”的应用。

最后，必须说明的一点是，对于培养用户习惯、最大限度地缩短养成时间而言，产品体验、产品价值本身始终是最重要的，在这件事情上，运营激励只能是辅助手段，如果我们运营人在与用户打交道的过程中敏感地察觉到产品价值、产品体验层面的问题，那么应当视之为比“探索激励措施”优先级更高的事项，督促产品尽快进行整改。

7.4 运营新功能，重焕产品生机

人们用“七年之痒”这个词来形容成熟稳定的人际关系会由于失去了新鲜感而陷入麻木。对于成熟期产品与忠诚用户的关系，其实亦然。

故此，对于成熟期产品的新功能或者关联子产品的运营，也是运营的一项重要目标。业界不少人对于运营“新功能”的认知，就以为是版本更新后的一个红色的“new”，由用户自行体验，无须额外运营。真的如此吗？

我们回归用户视角观察一下，以 QQ 的订阅号、知乎的 Live 直播、滴滴出行的“试驾”等成熟期产品的新功能模块为例，这些功能与其产品的核心功能，其实本质上已经完全不同。这意味着，用户与这些“新功能”的关系，依然要经历“接触、认知、关注、体验、使用、付费（如有）、习惯”的完整环节。

或者我们把“新功能”本身当成一个独立的“子产品”，把“母产品”当成一个外部的用户引流渠道会更容易理解，“子产品”本质上依然要经历种子期、萌芽期、成长期、成熟期的生命周期的四个阶段，而“母产品”无非是一个自带用户、自带服务功能的紧密的外部“协作”。

事实上，对于一个拥有海量用户的成熟产品，任何一个独立的子功能模块，都会有单独的产品经理、运营人负责支持。在“子功能”的运营思路上，第 4、5、6 三章介绍的思路几乎能够完全复用，只是相比全新产品从无到有的运营全过程，我们运营人关注的焦点会更集中，而用户养成时间会更短。

下面主要对其中的异同点进行说明。

7.4.1 新功能的“种子期”运营

前面介绍过，对于新产品，“种子期”的核心目标是验证最低限度解决方案的可行性，其实对于在“母产品”上衍生的新功能，除依靠产品经理面对“用户行为”进行的解读之外，完全能够通过“运营用户深度参与产品建设”来获取。例如，开设一个“新功能实验室”，可以衍生许多新的运营新玩法，不仅能够为“母产品”注入新的活力，还有机会将部分普通用户转化成高忠诚度的“铁杆粉”。

只可惜目前市面上的成熟产品，在酝酿产品新功能时显得极为保守，依然改变不了跟着潮流、你抄我、我抄你的风气，丧失了作为“一方领袖”引领产业走向的魄力与独创精神。当然，这个问题拓展开来就涉及文化、政治、法律、经济层面的讨论，本书不再深入探讨。

7.4.2　新功能的“萌芽期”运营

既然是产品的新功能，毕竟不是一个全新的产品，在正式运营的过程中，我们需要考虑如下几点。

1. 尽量不增加母产品的复杂度

互联网行业中浸泡久了的朋友应当会注意到一点，真正的好产品，它在用户心智中的定位始终是清晰如一，并非“大而全”。从这个意义讲，上线一个新功能，其慎重程度要远高于推出一个新产品，新产品上线失利，顶多就推倒重来；而一个新功能上线，一旦不具备吸引力，轻则被用户吐槽几句、激怒少数用户，重则影响母产品的“定位”，无论哪种结果都是“赔了夫人又折兵”。这引申出如下工作：新功能试运营。

2. 新功能试运营

新功能上线前，必须经历“试运营阶段”。此阶段的核心工作其实就是一个闭合循环：定向邀请用户参与，制定新功能引导内容，用户体验的主观反馈及客观数据行为收集，功能优化迭代。在具体的邀请用户环节，可以作为老用户或 VIP 用户的“特权”，也可以邀请活跃用户，或者按照某种维度的用户分类尽量覆盖多种类型的用户，具体应视产品特性与当下的运营需要而定。

那么，试运营结束之后是否就直接上线呢？未必，前面提到，对待新功能必须慎而又慎。故此，必须有一个上线的标准，同时灰度测试也必不可缺。这也是定向邀请用户参与的优点，一旦新功能不如意，可以不发布，而若直接发布，则容易“覆水难收”，毕竟已经有部分用户对新功能有所体验。

3. 制定新功能“去留”的标准

新功能的诞生，无论是为了“盈利变现”，还是为了给“用户新的刺激”、提升用户活跃度，归根结底，判断的标准都是这个新功能到底有多大的“吸引力”。吸引力的判断依据，一方面来自体验用户的主观询问，另一方面是计算“完整体验完新功能”的用户与受邀请用户的百分比，以及反复使用新功能用户的比率，结合这三方面的指标来判断。

4. 新功能正式发布前的预热

许多公司发布新功能（尤其是有一定认知门槛的功能），以为有了“新版本更新说明”、甚至做了几个指引页，就认为了事，未免过于站在己方角度考虑问题。我也算是常年浸泡在移动互联网中的资深用户了，但也曾经历过多次对一些产品“新功能”摸不着边的状况，更何况普遍用户呢?

例如，之前我使用某职场社交产品时，有一个陌生用户突然发了一个“带打赏的咨询问题”给我（新功能），他咨询的问题我并不擅长，故此打算婉拒掉，但问题来了，产品里只能让我直接回复，我不确定是否一回复就会默认接受对方的赏金，无奈之下只能“无视”。这就是一个典型的没有对新功能做任何说明的情况。

这些因素都体现了一个产品运营团队的功底。新功能的预热，既可以通过产品内的“专题栏”、“公告栏”低频持续公布，也可以通过产品外的用户关注渠道发布。

一次成功的新功能预热，必须是不会给用户造成干扰，或者是能够转化为一次提升用户活跃度的运营活动契机，引发社交媒体传播、口碑探讨等。

7.4.3 新功能的“成长期”运营

能够度过“萌芽期”的新功能，其实本质上说明，它已经完成了“活跃老用户”的历史使命。同时，它也代表着新一轮的商业趋势、业务创新，这自然意味着，它能够在趋于平稳的成熟期产品用户之外，吸引一批额外的新用户。

故此，如果坚定这个新功能代表着趋势，我们完全能够结合企业当下的推广预算，采取第6章的成长期运营七步走的策略，进行新一轮的用户扩张。例如，2016年一些社交平台主推新上线的“直播”功能就是这个道理。

7.5　新一轮的竞技，开渠引流

互联网产品也完全符合大自然的生态定律，有新生，自然有衰亡。衰亡的不仅是产品本身，还有产品内部的用户自然“衰老（厌倦）”离去。如果说前者是历史本身的宿命决定的，如博客时代最终随着移动互联网的兴盛而离开历史舞台，那么后者，则是由于个体用户自身在某个特定身份阶段的时长所限定的，往往更为短暂。

例如，一个产品的核心价值是帮助大学生找实习工作等，那么，在用户大学毕业后，这个用户无论多么喜欢你的产品，终究要离去。

产品本身的自然衰老没人可以阻止，但用户身份特征的自然变化，我们运营人唯有第一时间从新生用户中引入更替。令我较为感慨的一点是，在抢夺新生用户的意识方面，最强烈的居然来自传统行业：通信运营商、银行等。当然，这也与这类业务的“用户习惯培养成本低，但用户更替产品的成本高”有关。例如，我们使用某个手机卡号后，往往会捆绑诸多产品、银行卡的短信通知“号码”或者“找回密码”的手机号码等。若要更换新的手机号码，除通知亲朋好友之外，还需要更新非常多的“捆绑”，非常麻烦。故此用户不是很愿意更换手机号码。

故此，像通信运营商，往往在学生高考结束的录取通知书发放环节，便已经预先将电话卡一同寄过去了，看似体贴入微的背后，其实就是对新生用户的争夺。而移动互联网产品对新生用户的推广意识不强，反倒说明这是一个用户增长点的“蓝海”。

那么，引入“新生用户（指处于身份变换阶段的用户）”的最佳契合点在哪里呢？跑得太前，用户“乳臭未干”，推广费用全部打水漂了，跑得晚一点，抱歉，用户都已经被竞品“洗脑诱拐”了。

我认为，最好的“点”，就在新生用户的过渡期。例如，运营商将电话卡随着录取通知书寄过去的行为，火候就拿捏得非常准。当然，这种思路适用于用户年龄界限非常清晰的产品。例如，招聘类产品、大学生学习类产品、年轻妈妈类产品等社会阶层特定的一类产品。

那么，对于像微信、知乎、微博等用户使用年龄模糊的产品呢？此处点到即止，不再深入探讨。当然，还是那句话，运营表象容易模仿，但运营背后的创新能力、思维能力却是运营能力制胜的关键因素。

第 8 章 UGC的运营

我们在前 7 章中高频出现却一直没有展开探讨的话题——UGC，终于在本章正式作为专题展开论述了。我认为，最考验一名运营人对人性理解的程度，莫过于他运营 UGC 产品的深度。

本章将围绕 UGC 产品的核心问题进行剖析，使诸位不让 UGC 的表象迷惑了方向。唯有读懂 UGC 的本质，才能少走弯路，更加坚定地运作下去。

8.1 UGC的哲学内涵

UGC（User-Generated Content，用户原创生产内容）是相对于 PGC（Professionally-Generated Content，专业生产内容）的一种内容来源，简单来说，由专业的个人、机构针对性输出的较为专业、权威的内容都属于 PGC，例如电影、电视剧、娱乐节目、书籍刊物、专业媒体资讯等；反之，朋友圈的图文、微博、知乎的答文、唱吧音乐、秒拍的各色视频，大都属于 UGC。

UGC 是随着互联网 2.0 的兴起而诞生的一种“大众生产内容”的模式，可以说，UGC 平台本身就是互联网 2.0 精髓的具象化体现：它本身完全不产生内容，仅为用户提供一个自由的内容提交发布平台，却彻底改变了人们与世界沟通的方式，满足了用户表达自我的心理需要，充分发扬了互联网“我为人人，人人为我”的分享精神。

UGC 是一种泛内容组织及生产模式，它本身就可以作为一个产品的核心组成结构，如 Facebook、QQ 空间、微博、知乎；也可以作为某类产品的一个辅助模块，第 7 章培养用户习惯提到的“引入 UGC 属性”就是这个道理，例如，淘宝买家秀（由买家自行发布使用商品后的照片）、微信朋友圈（早期版本的微信作为一个移动即时通信工具是没有朋友圈功能的）等。

和其他互联网类产品相比，UGC 类产品其实有着更深的人文内涵。

8.1.1　从哲学视角看 UGC

UGC 从表象上看虽然是各类人群在互联网产生的各类内容，但往深层来看，它其实是为人类文明特有的“社交需求”而存在的。

德国“存在主义”哲学家海德格尔认为：从本质上讲，我们（人类）是共同体的一分子，正是在这个共同体中，我们学会了怎么样成为一个个体。我们唯有在一个（特定环境的）社会中才能获得自己的身份。

是的，人的存在首先必须“基于特定的社会环境”中。例如，我们描述一个人“温文儒雅”、“正能量”、“品德高尚”，首先就必须先置身于品性、观念与你相似的人群当中，否则他们又如何理解这些品性？可见，人类认识自我的思维语境中，早就预设了他人的存在。

由此可见，UGC 产品（平台）的价值基础是为人们提供一个“表达自我”的互联网虚拟空间，人们在这个空间中通过“内容”来找到同类，进而找到“存在感”、“认同感”、“尊重”，甚至“自我实现”。

故此，我们可以尝试如此概括 UGC 产品。

UGC 产品是基于特定主题，为特定群体开辟了一个内容生产、阅读、沟通的空间，通过内容这一精神媒介，引发的人与价值内容的关联、人与人的关联、人与特定社会群体的关联，人与商业的间接关联，最终为 UGC 产品的开发商创造商业价值的一种互联网商业形态。

内容作为媒介传播的主体，无论是在传统纸媒时代、PC 互联网、移动互联网，还是物联网、虚拟现实 AR 或 VR，它依然具有强悍的生命力，内容为王永不过时。目前互联网产品很少是完全不具有 UGC 属性的。正所谓，有人的地方就有江湖，有话题的地方就有内容，有内容的地方就有社交。而社交恰恰是提升产品黏度（用户活跃率）的最佳手段，这在前 7 章中也多次提到过。

8.1.2　UGC 是纯粹的互联网产品

其他类型的产品，如电商、工具、泛娱乐、游戏类产品，它们充其量是前互联网时代的替代方案或优化方案，而唯有 UGC，在互联网世界之前，很难想象我们任何一个人都能有机会通过一个媒介向全世界发声。

故此，UGC 为何如此流行、如此受欢迎，根源就是它深度满足互联网时代的人性需求。从社会文明的角度讲，这是一种极大的进步。

在纸媒时代，如果普通人想在公众面前发出声音，是没有渠道的，或者说，门槛很高。而 UGC 却能让普通人随时随地发出自己的声音，满足他们的存在感；另外，UGC 能够极大地扩大获取信息的渠道，消息的时效性也可以变得更快。最典型的就是微博，它通过信息透明化能够让我们更精准地掌握自身生活环境的信息，从而获得更多的安全感。现实中很多比较知心的朋友都是通过 UGC 平台认识的，如豆瓣、知乎。通过 UGC 能够让我们更高效地找到自己的圈子，从而获得归属感；对于有才华的人现在也可以更加轻松地通过 UGC 来获得成就感，甚至大量的物质回报，网红“papi 酱”就是一个典型。

UGC 之所以能够拥有如此旺盛生命力的根源，恰恰在于它其实就是我们自身，我们每个人的精神人格化的一种物质形态延伸，它有助于我们找到“自我”，甚至发现或者塑造一个更好的自我。这就是它的魅力根源。

故此，这些人性的社交需求一经引爆，产生的势能相当惊人，从 Facebook、微信、Twitter、微博、YouTube 这类互联网企业的迅速崛起即可窥见一斑。

正因为 UGC 的魅力及价值如此引人注目，近年来以此为核心的产品或者引入 UGC 属性的产品才会呈井喷式爆发（时下火热的直播平台就是典型代表），但是，用户的注意力、用户的时间毕竟有限，而 UGC 作为消耗用户时间的大户，不可避免地将众多跨界产品卷入了一场吸引用户注意力资源的厮杀中。此外，从表象上看，UGC 产品看似普通——这不都是用户自行生产内容么，何须运营干预？但内中实则牵扯多方“利益”，对运营人的“功力”其实有着更高的要求，运营难度远在新媒体运营之上。

本节我们初步介绍了 UGC 的内涵，下面介绍 UGC 的形态，从而为后续运营 UGC 打下坚实的基础。

8.2 从自然生态中得到的启示

如果要将 UGC 平台与现实世界中的某类事物进行类比，我认为，最接近 UGC 的莫过于整个生态系统。

8.2.1　UGC 产品与自然生态的类比

一个健康的 UGC 平台恰似一个健康且多元化的生态系统，如表 8-1 所示。

表 8-1　UGC 平台与自然生态系统的类比表

对比项	自然生态系统	UGC 平台（产品）
基础资源	阳光、雨露、土壤	用户
生命	花草树木、虫鱼鸟兽	内容
竞争关系	物种间抢夺食物、资源	各色内容间争夺用户注意力
合作关系	生物群体彼此依赖、互利共生	用户彼此间分享传播优质内容
生命周期	个体或种群生物的新生及衰亡	内容或用户的产生及流失
地形地貌迁移	生物分布、迁徙及演化	运营对内容主题人为干预
生命变化	生物的自适应进化	UGC 产品的功能迭代

从表 8-1 会发觉两者间的高度相关性：UGC 平台的用户好比构成自然生态中最基础的元素资源，如土壤、阳光、雨露，唯有用户的存在，才能产生内容（自然界的生命亦由于基础资源的存在才得以出现）。而用户与内容之间又是彼此依存的，内容因用户而生，但若缺乏好内容，用户也会持续流失，就好比生态系统中若缺失了动植物生命，整个基础资源都会“荒漠化”一样。由此也可以看出，UGC 产品是体现麦特卡夫定律（网络价值同网络用户数量的平方成正比）的典型产品，用户越多，整个生态基础也越强。

除此之外，UGC 产品中偏好于生产内容的用户皆渴望自己的内容能够吸引到更多其他用户的阅读及关注，而平台上用户注意力的总量是一个定量，故此平台中的内容生产者之间其实存在着隐性的竞争关系——抢夺用户的注意力，就好比自然界中肉食动物间争夺食物。除了位于同级“食物链”中的内容生产者的竞争关系外，位于不同食物链的不同用户之间又存在着相互依存关系，例如，喜欢某类型内容的用户越多，分享、传播也越多，故而生产这方面内容的用户越有动力，同时也会吸引更多用户生产这方面的内容，从而使整体内容质量持续提升，达到良性循环。UGC 平台的话题分类就好比地形地貌一般影响着当地生物的特性，吸引着不同类型的用户。

最后，恰如生态系统中的生命也会消亡或进化一样，UGC 平台中的用户也会出现对特定的内容从喜爱到失去兴趣，最后甚至离开平台的过程（不再对内容留恋或者出现了更好的 UGC 产品）；自然界中的生物会随着外界环境的变化而出现进化的现象，而 UGC 产品也会与时俱进出现新的产品功能，从而为平台注入活力，进而吸引新的用户群体。例如，随着这两年“直播”的火热，众多 UGC 社交类产品均加入了“直播”属性，如陌陌、知乎。

8.2.2 尊重 UGC 生态健康的规律

从自然生态中我总结了一些有趣的规律，一个 UGC 产品要确保持续健康、平稳的发展，一定需要平衡下述利益关系。

- 用户（内容消费者）能第一时间获取他们需要的优质内容（解决饥饿感）。
- 内容提供方（内容生产者）能及时获得内容消费者的注意力（通过用户的“认可”行为体现出来），从而激励生产者源源不断地提供优质内容。
- 优质内容生产不易，应尽量使之流动，延长其存在的时间，并吸引更多的内容消费者、更多的注意力。
- 运营及产品干预的核心是保证内容与用户的高度匹配（切勿把自己当作裁判一样的审判者），赋予内容价值及意义，各取所需，促进良性循环。

以上是维持 UGC 生态体系平衡健康的核心因素。然而，它毕竟只是保障平台健康的“维系”行为（其实要运营好，难度已经不低了），但在从无到有的构建 UGC 平台的过程中，将会出现更多的问题等待我们解决。

8.3 UGC运营为什么这么难

俗话说“万事开头难”，UGC 产品的运营（或者具有 UGC 属性的 UGC 运营）绝对是这句话的最好体现。

例如，产品刚上线时，没有用户、没有人气、没有内容，内容生产者既不被信任，更不愿意发布内容，而内容消费者看不到优质内容，更不愿意来，很容易就会引发恶性循环。

或者团队花了大把资金，在各个渠道到处推广产品，耗时费力好不容易拉来若干新用户，最后却发现用户来了就走；或者发觉 UGC 平台的内容完全与产品主题无关，到处是硬广、营销软文、牛皮癣一般的二维码到处都是，惨不忍睹。

若顺利渡过了产品萌芽期，继续运作下去，可能还会发现：

- 新用户留存率特别低。
- 用户量级到达一定程度后，难以继续上涨（即新增用户与流失用户数目接近）。
- 内容消费者生产内容的时间周期大都很短，例如，写了几篇文章后就不再继续或者直接离开。

- 难以量化内容的质量，不知该如何促进内容良性循环。
- 平台的内容质量始终上不了一个档次。

那么，为何会出现这些问题？这些问题应该怎么解决？下面，我将逐步阐述事关 UGC 产品生死的核心关键，为受困于上述问题的朋友们打开思路。

8.4 产品萌芽期，没内容如何吸引用户

在 UGC 产品萌芽之初，如何吸引首批用户留在社区、激励其生产内容往往是令人头痛的事情。业界通常将这个阶段面临的问题称为产品的“调性建设”，即指一个产品被第一次使用时给用户留下的整体感官印象。

产品的调性决定了早期用户的质量，而早期用户的参与度会极大影响数据反馈以及后续的产品走向，所以调性建设在产品萌芽期是至关重要的。

8.4.1 萌芽期社区的调性建设

我们先设想一下，如果你是一款 UGC 新产品的运营负责人，在 V1.0 版本完成后，准备对外邀请内测用户试用时，你会做些什么工作？

据我接触过的案例来看，不少产品负责人，尤其是传统行业开辟互联网新业务的负责人，他们对这个阶段的“内容调性建设”都非常轻视。他们会认为：只要产品功能强大，能满足用户需求就行了，而早期的内容，做做样子就够了。于是草草拿些内容做填充，就对外邀请用户了。

可是，用户真的会那么容易就接受吗？在我看来，调性建设才最能体现一个运营人是否足够专业。

那么，产品萌芽期的“调性建设运营工作”该如何开展？

我们没有思路时只需要回到“用户视角”的“用户养成”模型即可，UGC 产品属于低门槛产品，在用户养成环节中最关键的就是“从体验至使用”环节的打造。

从用户养成模型中不难得出，大体上“调性建设”可以分为四个工作步骤。

第一，用户调研，了解用户认知程度，回归新用户心态。

第二，满足用户体验环节 UGC 平台各角色关注的要点。

第三，首页指引，进一步强化新用户的体验效果（促进体验用户转化为使用用户）。

第四，内容实施阶段，根据前面的要求填充内容，制定激励新用户生产内容的措施。

8.4.2 读懂新用户心态

我们从用户角度观察：当他从某个地方模糊地了解到你运营的这个全新的 UGC 平台，在首次体验产品时，他的内心是三分茫然、三分期待、三分质疑，最后留下一分“审判”你的平台。

设想一下，我们首次使用微博时，登录首页，满屏尽是毫不相关的人发的毫无意义的图文，诸如：“唉，今天上班又迟到了”，配图是一栋办公楼的照片；又或者，“来一场说走就走的旅行”，而配图却是个公文包……诸如此类，我们还会有心情继续体验你的产品吗?

但假如是另外一种情况，我们首次登录微博，映入眼帘的是：“哟！ Angelababy 的私生活！哦！前几天还在我家附近拍戏了啊！”又或者是：“鹿晗！录制节目的花絮！”自然，留下这些新用户就完全不是问题了。

就是这么现实。用户体验一个全新的 UGC 产品时，他的心态其实非常类似一个被男孩追求的少女的心态吧：敏感茫然，有点期待，有点质疑，不知所措。我们总不能在追求女孩子时就表现得像一个不修边幅的抠脚大汉吧。故此，回归用户心态，从用户视角刁钻地审视 UGC 产品的内容，是运营 UGC 的第一课。

8.4.3 满足各类用户的关注要点

我们在第 5 章谈到产品萌芽期的运营时就曾提到过关于产品 V1.0 版本“合格”的指标校验问题。我相信经历过 UGC 产品 1.0 版本上线阶段工作的朋友们，可能也会遇到过这个棘手问题：究竟我们的产品、内容要达到什么标准，才能开始正式对外邀请用户进来体验呢?

我们通过对新用户心态的把握，不难推导、分析出 UGC 的内容生产者、内容消费者这两类核心群体的关注要点。而这些关注要点就是 V1.0 产品的一个方向、一个内容标准，我们就不会无的放矢地胡乱填充产品的“初始化”内容。

1. 内容消费者关注的要素

我们先看内容消费者通常都关注哪些要素：

（1）产品的“颜值”，前面也提到过，很多女性用户对产品“颜值”的苛刻程度比我们想象中的高得多，虽然很多公司的运营人并不负责产品颜值，但我们也有义务向产品、UI 提出要求。

（2）内容需要紧紧围绕核心用户的认知水平、兴趣点来匹配相应的类型及质量，以及优质内容的密度、更新频率。这意味着我们需要准备相当部分的“后续持续投入更新的内容”，以使产品前期的内容处于动态更新状态。

（3）用户阅读体验的问题，这也属于产品的范畴。

2. 内容生产者关注的要素

我们再看看内容生产者的关注点：

（1）人气和反馈率，这个对内容生产者很重要，此处先不展开讨论，后面会详细说明。

（2）生产内容时的输入体验，产品出来后，我们要先好好测试一下，看看用起来是否很顺畅，是否具有闭环，内容发布后自己是否能够马上所见即所得，编辑失误时能否快速回复等一系列细节问题。内容生产者，尤其是高水平的内容生产者，通常生产内容的频率高，这意味着对内容编辑环境的要求会更高。

（3）内容层次的问题。许多人以为 UGC 产品中，内容生产者就是上来发内容的，不会特别在意平台内部的其他内容。其实这个想法完全经不起考验，一个内容生产者，在编制发布内容之前，最在乎的就是平台的整体内容质量到底“配不配得上”内容的档次。例如，一个做图片社交的产品，使用的用户照片都很一般，那么那些白富美往往会敬而远之；又如，我以前会在某 UGC 平台上发表文章，可是一段时间之后，发现该产品首页的文章层次越来越面向大学生甚至高中生，渐渐的，我便停止了在上面发文。

调性建设之所以如此重要，还有一个很重要的原因，它能为后续进入产品的新用户做一个榜样和示范，暗示性地告诉他们这个 UGC 社区大概的基调，以最大限度地保持社区内容质量的纯净度，形成正向循环。

8.4.4 新用户首页指引要点

下面举两个例子来说明新用户首次体验（尚未注册前）UGC 产品时，首页注意事项及一些可行的运营策略。

先谈一下知乎与微博（PC 端）首次浏览产品首页时的体验对比。

知乎在成立之初，由于内容门槛较高，采用半封闭的邀请制确保产品前期内容的高质量“纯度”，在产品前期对于产品的调性建设功不可没，算是早期建设一个成功的典例。于私而言，我个人也算是知乎产品的深度用户，对知乎产品的其他方面是认可度较高的。可是，对于新用户注册前的首页，知乎在经过萌芽期甚至成长期之后，还采用图 8-1 所示的封闭式设计，我认为就存在改善的空间了。

图 8-1　知乎的 PC 端首页

对于一个新用户而言，当他还不知道知乎里到底有些什么内容前，就这么一个毫无新意的注册页面，注册率能有多高？第 7 章也谈过，哪怕是一个已经绝对占领时下用户市场的成熟期产品，依然需要引入许多“新生用户”，而这些“新生用户”对产品的认知度却很低。故此，这种封闭式首页设计其实并非最优秀，哪怕是为了“饥饿营销”，也需要进行优化。

我们再看看时下微博的未注册首页，如图 8-2 所示。

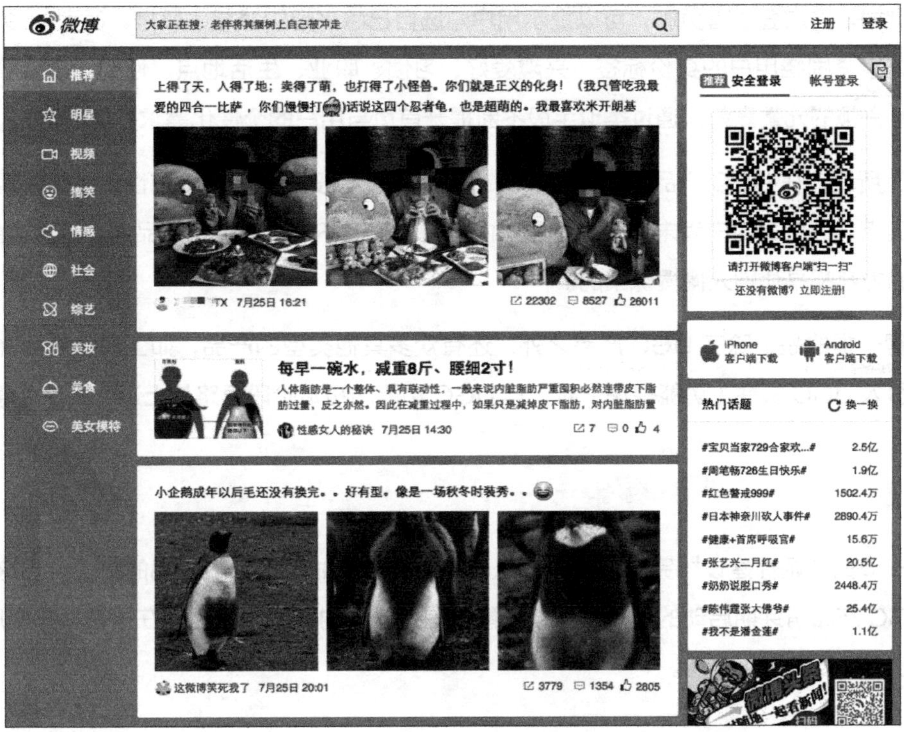

图 8-2　微博的 PC 端首页

微博以前的未注册页面也类似于知乎，是封闭的，即用户未注册就看不到微博里面的内容。可是后来微博改进了，用户还没注册就能看到当红明星发的微博、时下热门微博、各种特色话题，也能看到非常多的转发、点赞、评论，活脱脱一个非常有人气的社区。这对内容生产者和内容消费者都是非常有吸引力的。另外，这也是对他们的一次产品使用场景化教育，用户看了之后会想："这个产品原来是这样使用的，如果我的内容好，也能获取其他用户的赞和转发。"

我认为微博现在在调性建设方面，值得绝大部分开放型 UGC 产品借鉴学习。

其实，即使知乎仍采用注册邀请制，但其也可以先对平台内部的"精彩"内容进行小部分的"透视"。这样能强化用户的认知心智，让用户对这个平台是做什么的印象更为深刻。而且，它的潜在好处是，通过这种策略能够识别出热情、优质的用户，因为这样的用户才会忍不住发起申请，我们才能够辨别出来。

除了尚未注册时的产品首页展示，我们还需要确保用户注册后，他首次接触的内容能与自己的爱好高度匹配。这一点，最好的展现时机就在用户首次使用产品时的指引及内容筛选的处理上。例如，初次登录首页时，可以提示用户勾选自己感兴趣的领域（风格、类型），关注该领域的人，紧紧围绕用户的身份标签（兴趣爱好、习惯、职业、生活地点、性别、年龄等）尽量让用户感兴趣的元素靠前，通过类似手段不断提升首页与用户的个性化需求匹配程度。

综上所述，在 UGC 产品萌芽之初，务必将运营重心投入在社区的调性建设上，调性应先于产品卖点，请勿在用户尚未认知你的主体内容时，就迫不及待地推销产品的“特色功能”，最受欢迎的内容都是让别人慢慢探索的。

值得一提的是，除了 UGC 产品之外，还有众多其他类型的产品，如工具类、电商类，这类产品引入 UGC 属性（功能模块）时，其 UGC 功能的初始阶段思路与上述思路是共通的。

8.5 如何激励内容生产者

上一节的“调性建设”完成了新用户从体验产品到暂时决定留下产品的阶段，但这只是完成了 UGC 产品萌芽期启动的第一步工作。能否有效激励内容生产者尽快在平台发布优质内容，则决定了 UGC 产品的生死。

8.5.1 为何说激励内容生产者决定产品生死

据粗略统计，大部分 UGC 产品（平台）的内容生产者与消费者的比例大概是 1:100，真实情况我认为会更低。若再限定于优质内容层面，内容生产者与内容消费者之比估计远低于 1:1000，可见内容生产者对平台的影响力之大，诸多 UGC 平台不惜烧钱扶持优质内容亦在情理之中。

那么，如何恰到好处地激励内容生产者呢？（后续的内容生产者特指优质内容生产者）

我们先来探讨一个例子，假设有以下两个图片社交类 APP。

第一个 APP 的滤镜功能很优秀，美化后的图片颜值非常高，产品界面及发图体验均非常流畅，遗憾的是没有点“赞”、评论等功能，用户发表内容之后，只能看到浏览量。

第二个 APP 各种体验差、界面差，但用户间互动、反馈类功能非常齐全，用户互动氛围浓厚，基本上一发布内容就能很快看到一些人的点赞和评论。

诸位认为哪个 APP 更受欢迎？我坚信，后者会远胜于前者。

这个并不难理解。我们每个人都应该在微信朋友圈上发过内容吧，其实比起“刷存在感”，我们更多的是希望引起朋友们的注意、认可、赞赏。

对于内容制作成本更大（如文章、短视频）的 UGC 产品而言，内容生产者们如此卖力，消耗自己宝贵的时间在 UGC 平台上舞文弄武、抛头露面、卖美卖唱，他们仅仅是因为大无畏的分享精神？当然不是，他们其实是希望得到围观，以博观众一笑嘛。这一笑饱含着内容消费者对生产者能力的认同、赞赏，深深地填充了用户对社交需求、归属需求、自我实现需求的强烈饥渴感。

因此，对于 UGC 产品的运营，运营人一定要倾尽全力让用户发表内容后能够尽快得到一些正向的反馈。激励用户反馈内容生产者的方式（精神也好，物质也罢）并非最重要的，“打赏”也好、“赞”也好，“好评”、“送礼”、“红包”都行。

8.5.2 激励内容生产者的三种内在因素

目前业界也意识到了“赞赏”对 UGC 产品的内容生产者的重要性，为了把“赞”彰显出来也算是绞尽脑汁，什么招数都有人用。

例如，现在很多直播平台屏幕上不断冒出的“爱心”，就是用户多次点击屏幕反复点赞的结果，这个小创意最初来源于我国台湾省很火的一款图片视频直播社交 APP，其支持用户在同一个图片、视频上多次点击屏幕，从而实现反复点赞。也有些产品甚至是花钱激励用户点赞。

说实话，这些“花式”只是图个新鲜而已，很容易让用户视觉、心理双重麻木，并非长远有效的策略。下面我和大家分享三个激励内容生产者的想法，抛砖引玉，给各位提供思路。

1. “赞”的即时反馈性

内容生产者完成内容之后，应该能透过一些机制，第一时间将内容传递给需要或者喜欢该内容的用户。

例如，知乎是以问题为关联来实现的，用户（消费者）关注某问题，当有生产者回答该问题后，用户能第一时间收到回答的提醒，即生产者的回答有更大机会被马上阅读。又如，今日头条的公众平台，通过对用户的阅读数据进行分析，将内容生产者的文章针对性推送给有兴趣的用户……

内容生产者发布内容后，应能第一时间传递给需要或者喜欢该内容的用户，扩大覆盖面，最大程度地提升内容获得消费者认可、赞扬的反馈速度。最后，在用户点赞之后，产品应能第一时间显性化地提醒内容生产者。

2. “赞”的分量

相信我们都有这种感觉，自己发表的内容在朋友圈、微博、知乎被点赞，我们感受到的欣喜程度是不同的。

在微信朋友圈，有个词叫“点赞之交”，微信内的朋友大都是认识的，朋友们给个面子，相互点个赞，内容生产者几乎毫无成就感可言；在微博，毕竟会有陌生粉丝的关注，受到陌生人的认可自然是更有分量的；知乎在这方面的做法特别值得借鉴，得到赞不仅意味着高度认可，而且提升了你在所有答案中的排序，满足了人们的竞争攀比心理，此外还能在点赞的圈子中进行二次传播……这些措施都充分加重了“赞”的价值与分量。

但是，凡事过犹不及，我们再举个反面案例。某个国内知名的公众平台，我曾在上面做过实验，我每次一推文，都能马上获得几十个点赞，都快和用户的阅读总量差不多了。这可能吗?这反而让我非常怀疑平台实际的用户量。

3. 彰显隐晦的“赞”

如果说，前面两个策略能够各自提升 25% 的潜在激励空间，那么这个方法至少能挖掘 50% 的潜力。

我们应该知道，相当一部分人都有一个习惯，内心其实很赞赏某事物，但又因为各种原因不能表达出来。那么，我们其实大可尝试通过各种可获取的参数将这类隐晦的“赞”显性展现出来。

有哪些参数可以利用呢?

我列举几个例子，大家也可以好好开动脑筋，看看是否有更好的办法。

- 假设一篇文章的常规阅读时间是某个常量，大于等于这个常量时间的，就可以算是一个特殊的赞。

- 如果是一篇文章、图片集、短视频集，可以通过阅读完整率来表达隐晦的赞。阅读完的也算是一个特殊的赞。
- 收藏、分享也完全可以作为一个特殊的赞表达出来。

最后，需要郑重说明的一点是：一个 UGC 平台，到底能不能对内容生产者有持久的吸引力，关键还是要有一个评估内容质量的合理指标。现在大部分 UGC 平台还是以阅读数为主要的评估内容质量的方法，这其实是非常不科学的。这样那些哗众取宠类的“标题党”就更有曝光优势了。长久以往，在整体内容质量上，必然会出现劣币驱逐良币的效应。

8.6 如何黏住内容消费者

既然消费内容的用户愿意来到你的平台，说明平台上本身就有些他需要的价值内容，无论是知识也好、附近的人也好、美女视频抑或音乐电台……平台的内容本身就已经是他们的需求。

因而，对于黏住内容消费者的设计运营考量，我认为逆向思考更为有效，即思考“如何不让内容消费者反感你的平台？”

我总结了一下，让内容消费者反感的因素主要有三类：

- 信息噪音：一句话，别让用户看他不想看的，让用户尽可能高效地获取他有兴趣的内容。例如，我只对较有深度的人文思想类内容有兴趣，然而我的知乎首页上展示的内容大部分都是职场八卦类话题。那么这些没有兴趣的话题对我就是非常大的信息噪音。内容究竟是“有价值”还是“噪音”要视用户个体的需求而定。
- 质量水化：内容质量“水化”是很多 UGC 平台在全面推广后都会出现的问题，由于前期 UGC 产品内部的关系链，例如，用户与用户、用户与内容之间的关联没能控制好，致使劣币驱逐良币；又或者，随着大量“新内容”的产生，高质量内容被稀释，在感官上让用户觉得平台整体内容质量下降了。
- 有求无回：这种情况在“非平等关系”的开放型 UGC 平台上已经是件必然事件，只是严重程度不同而已。例如：知乎上有些用户认真提出一个问题，却无人回答（许多答主都视关注人数回答问题）；又如，微博上私信其他用户，却没有得到回应（对方或许是大V）……这些情况对于广大用户会造成某种程度的伤害。

上面这三个问题，是可以通过如下一些运营策略进行补救的。

8.6.1 信息噪音的补救

信息噪音其实就是用户想看某些内容，但这些内容尽管存在，却进入不到用户的视野。目前业界不少 UGC 平台是通过用户行为数据、用户关注的内容，进行个性化推送，就我自己的体验来看，精准度还是比较低。

我推荐一个比较可行的方案：让用户通过投否定票来屏蔽不相关内容，特别是不相关主题，不断优化用户的首页。

我顺便吐槽一下知乎的“不喜欢”功能。例如一个话题，我点了不喜欢，可是它只让这个话题的其中一个回答消失，但这个话题还是会不断地从我的首页中出现，让我很反感。时下的 UGC 平台还是过于在乎大众热门话题，很容易造成内容上的马太效应，伤害了很大一部分大众之外的“长尾用户”的利益，这完全可以通过技术手段规避。

8.6.2 内容水化的补救措施

内容水化的问题一般出现在产品顺利渡过萌芽期，进行对外大力推广的阶段。一般在产品萌芽期，用户都是精挑细选，符合平台的层次，生产的内容质量也比较高。这种情况持续一段时间则极易麻痹运营人：他们会觉得，这样的内容水平就代表一般用户的水平，持续一段时间后，就对内容门槛的问题麻木了。

在产品大力推广后，各种各样的用户都涌进来，运营人一旦没有做好筹备，让新加入的用户随性而为地发送内容，新涌入的各种良莠不齐的内容一多，高质量内容就被稀释，自然就出现了内容水化的情况。

针对这种情况，我认为可以通过对新用户设置门槛来规避。例如，早期的论坛就经常采用类似的策略，只有用户注册时间、活跃时间、内容长度达到一定条件才能发帖。这些思路虽然老套，但其实稍微改良一下，依然大有可为之处。

有些人可能担心对用户做限制会影响用户的推广，我觉得这个担忧过于没自信了。一般来说，平台的内容越是能够保持高质量，用户其实越是想入驻，限制一下用户往往更能激起他们主动提升自身内容质量的欲望。这个心理激励措施在游戏类产品中非常多见。

另外，用户基数大的平台可以考虑进行内容隔离，在用户第一次注册的时候，就引导用户关注他喜欢的话题。通过内容定位能够让用户感觉自己喜欢的内容的密度很高。在运营资源充足的情况下，可以采用人工审核发布的模式，这种模式最能够保证内容质量，但也最消耗运营支出。在特定的运营阶段可以这么做。

关于内容水化的问题，还可以通过让“优质内容流动”的措施最大限度降低水化的风险，这在第 8.7 节将进行单独阐述。

8.6.3　有求无回的补救措施

对于“有求无回”的问题，给大家介绍一下我的思路：采用柔性反馈。什么是柔性反馈呢?

举个例子，我微博上私信 Angelababy，很明显答复的可能性将近零，而这种赤裸裸的毫无反馈的空白等待让用户的体验感非常差。那么应该怎么办呢?

其实运营方完全可以事先对“勾搭”回复率比较低的，如明星、大 V 用户，给出一个提示：告诉用户，这个明星用户答复率可能会比较低。虽是简单的一句提示，却能够有效地降低用户的期待，这样没有得到回复时也不会太失落。

此外，还可以进一步改进。例如，推荐一些其他答复率较高的同类用户给他，这对私信方和被私信方都是一个双赢的策略。

这也是我在第 2.5 节“如何成为一名优秀的运营人”中提到的，让供需双方的利益都得到满足的双赢思想，一种大格局观。

8.7　让优质内容流动起来

“问渠哪得清如许，为有源头活水来”。——朱熹（南宋理学家）

UGC 产品中，优质内容正如活水，一个健康的 UGC 生态必然处处活水、处处盎然，这至少能带来三个好处：

- 优质内容的流动能覆盖更多用户，让内容消费者的时间效率最大化，即在单位时间内能享受更多的优质内容。
- 让优质内容被更多人看到，这也意味着，更多的人可能会点赞、打赏、转发优质内容，内容生产者获得激励反馈的概率最大化，激励其输出更优质的内容。

- 优质内容的流动，就像给干枯的 UGC 平台灌注了活水，黏性更强，更促进优质内容的产生，如此形成良性循环。

UGC 平台的用户达到一定量级，随着内容广度、深度的急剧扩大，用户喜欢的内容就会被稀释。这种情况往往被众多用户解读为内容的“水化”。其实，水化只是表象，本质是用户想要看的内容被冲淡了，难以进入用户视野，因而感知上会觉得内容“变水”了。

8.7.1 移动端首页的权重

上述矛盾在手机移动端特别突出。一方面源于手机屏幕小，另一方面源于微信、微博这些普及率、影响力相当高的 APP 多年来对用户刷“瀑布流”习惯的培养。这让大多数 UGC 产品除了首页的内容之外，其他菜单层级的内容的被点击率是非常低的。菜单每深一层，进入这个层级的用户数都呈指数级降低。（通过自顶向下的结构化层级菜单、话题等分类方式在 PC 端也是让内容获得更大曝光的方式之一，但在移动端，这种思路难以实施。）

我们在谈内容的时候，一定要先深刻意识到移动互联网时代产品首页的重要性。

我以自己在某 UGC 平台发布的文章为例，我被该平台编辑推荐上产品首页的文章和没有被推荐的文章阅读量之比一般是 300:1（被推荐在首页的文章有机会让所有用户看到，反之则只有自己的订阅用户会看到）。这还是我在该平台有几千订阅用户的情况下；知乎也出现过类似的情况，在知乎首页出现的“问题”几乎都会在短时间获得关注及答复，甚至变成热门问题，另外剩下的，可能 99% 的其他问题都常年无人问津。

基本上可以说，移动端产品的“首页”主宰了流量及用户注意力的生杀大权。显而易见，首页资源的稀缺与内容生产者的海量内容之间的矛盾非常突出。

有三个思路可以解决这种矛盾：

1. 个性化首页设计

为了将首页极其有限的“优质曝光位置”利用到极致，一个好的思路是让用户的首页更“懂”用户。具体实现上，我们可以参考机器学习的算法，持续通过用户的行为——喜欢或者不喜欢、用户的画像、内容的浏览时长、点赞、分享、收藏记录，以及用户的自主关注对象，来达到优化首页展现内容与用户需求的匹配度。

此外，让用户进行“不喜欢”操作也是一种高效的辨别用户喜好的方式。以前，我曾惊喜地发现今日头条、知乎都有类似的功能。然而体验了几次之后发现，无论我点击“不喜欢”多少次，类似的内容还是会反反复复出现。难道这种功能只是为产品方筛选内容的质量，却完全不为用户考虑吗?

因此，今日头条再也没出现在我手机上，我觉得它就是一个八卦段子资讯平台，或许，我对它的产品认知有偏差，但这也是“用户认知”环节所提到的：运营人认为产品是什么并不重要，重要的是，用户认为产品是什么。

2. 去中心化

有些 UGC 平台的运营对首页的干预太大，基本上首页的内容都是经过编辑推荐才能出现。这对编辑的“审美”能力依赖太高，一旦编辑的判断失误，不仅会让优秀的内容生产者离开，也会让平台的消费者觉得首页质量变差。

运营干预可能是企业方出于商业盈利需要的手段，但是也必须平衡。一般来说，可以适当放出一小部分的首页展示资源给运营干预。其他的由用户的喜好来选择，这个比例，我建议至少要低于 20%

3. 去马太效应

与运营干预类似，用户首页间接地被“大 V 掌控”。使用过知乎的朋友们应该有所体会，知乎首页呈现的内容一般都属于热门内容，而热门内容往往靠的是拥有大量粉丝关注的大 V 的关注才能够变得热门。所以间接上，大 V 掌控了用户注意力的大流量。其实无论是运营强干预还是“大 V 刷屏 ”，最终的结果都让 UGC 变得更像 PGC，成为少数人的扩音器，而内容质量远远达不到 PGC 级别，这是非常高风险的一件事。

大 V 的马太效应不消除，会极大地挫伤内容生产者新秀的积极性。新浪微博前两年用户活跃度最差的时候，很大原因就是受大 V 马太效应的负面影响（为营销群体利用）。时下微信之所以对用户利用“朋友圈营销”的行为持续出台多种限制策略，在某种程度上，也是为了避免重蹈微博的覆辙。

不过我们也看到了微博、知乎在这方面的改进，现在用户关注了谁，这个人的行为，对用户“屏幕”的影响力，已经大大降低了。甚至若要做得更好一点，我们可以降低大 V 的影响力，但对普通内容生产者的影响权重保持不变，让多边获益最大。

总之，运营者一定要将用户看作产品的最大资产，始终将用户的利益摆在首位，只有这样才能够真正地将产品做大做强。在这一点上，微信始终坚持用户价值第一的原则，从微信对公众号原创作者的支持力度之大即可看出。

8.7.2 延长内容的生命周期

如果我们能提出一个好问题，那么，这个问题其实就已经解答一大半了。遗憾的是，内容生命周期就属于一个非常重要却又极易被 UGC 平台运营方忽略的好问题。

不知道大家有没有注意到，现在我们的视野基本上都被“新闻”消息充满了，无论是微信朋友圈，还是各大 UGC 平台。某个新闻事件火了，某篇文章火了，所有的平台、公众大号都会传播类似的内容。其实这种追风从众效应对优质的内容是种极大的伤害：质量再好的内容，如果错过了“潮流”，或者哪怕火了一把，沉下去之后基本上再也不会出现了，其实有大量的用户并不需要潮流内容，可能有 80% 的优质内容的潜在读者都没机会看到就永远错过了。这其实是一个极大的资源浪费。

我认为，UGC 平台的运营者有义务将高质量内容的价值最大化。例如，把按时效为主的传播策略改成按关注为主的传播策略；又如，结合 UGC 平台的特点，制订并不断优化一个将内容质量量化的指标，通过内容质量的合理量化，按照内容质量的权重来主导内容的展示时长。而且，可以考虑在 UGC 平台内设计“专题”，重新对一些过往优质内容进行加工编辑收录，让众多有兴趣但错过该内容的用户容易看到。甚至还可以和一些电子出版方合作，将部分内容包装成电子书，或者为其他内容平台提供素材，让作者获得更大激励的同时，对外吸引更多的新用户到自身的平台上，这是一种多方共赢策略。

8.8 用户的精细化分级管理

用户的分级管理并非 UGC 产品独有的。我为何单独对 UGC 产品阐述用户精细化管理，是因为唯独 UGC 产品的用户，会对产品内的其他用户具有特别大的相互影响效应（或促进活跃或相互干扰）。此外，“二八原理”也体现得特别明显，内容生产者与消费者的比例大概是 2:8，其中，内容生产者内部真正对大部分用户具有强大影响力及号召力的用户与普通的内容生产者的比例大概也是 2:8。

大概的人数分布及流动关系如图 8-3 所示。

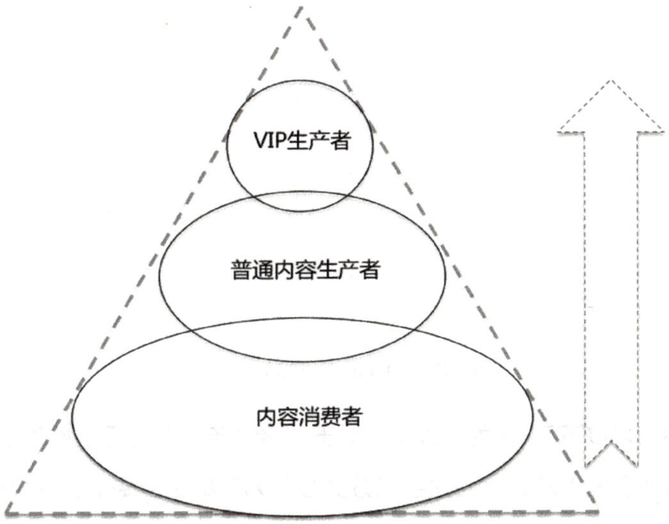

图 8-3　UGC 产品的大致用户分布及流动关系

除了人数比例之外，位于人数金字塔底部的内容消费者中，通常有一部分用户也属于内容生产者（具体比例视不同类型产品而定，内容生产门槛越低，生产者比例越高。例如，微信朋友圈的内容生产者和消费者的比例近乎 1:1），而普通的内容生产者也有进一步上升为 VIP 内容生产者的动机。

位于金字塔顶层的 VIP 内容生产者人数比例虽然极低，却影响着众多用户，甚至左右着 UGC 产品的活跃用户数。这也是为何早期的门户网站相互抢夺明星签约作家，有些签约费甚至上千万元的原因。

8.8.1　UGC 用户的五级分类

故此，作为专业的 UGC 运营者，我们必须要对产品内的用户进行精细化管理。图 8-3 只是方便阐述的粗略用户分级图，但要具体落实用户精细化管理则需要更为细化的分类，如图 8-4 所示。

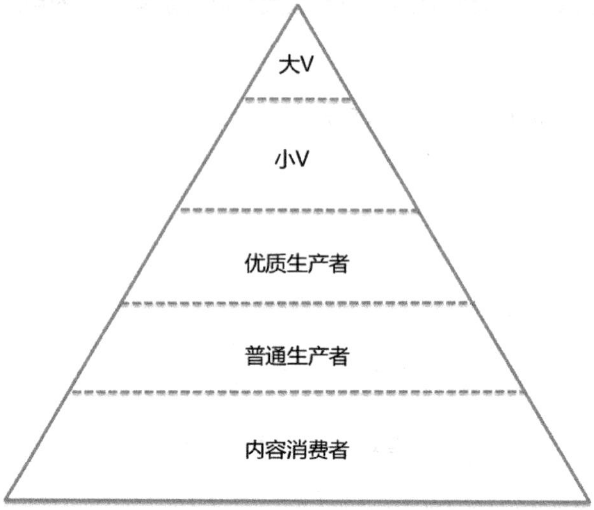

图 8-4 UGC 用户精细分类

大体而言，UGC 用户可以分为五大类。对于内容生产门槛较低（如微博）或者不具备陌生人关系链（如微信朋友圈）的，上述金字塔分类会降为三级甚至更低。此处阐述的五级分类针对的是内容生产门槛适中或以上，以及具有陌生人关系链的 UGC 产品，如唱吧、知乎等。

下面对这五类用户的特点、风险及运营建议简单阐述一下：

第一类，内容消费者。前面已经提到过，这类用户以“优质内容”作为主要目标，随着内容消费的深入，其中不乏有些消费者也尝试成为内容生产者。这类用户虽然对平台内其他用户影响小，但却是构成 UGC 产品活跃用户数的主体，故此我们运营人应以稳住这类用户群体为主，并尽可能将之转化成内容生产者，进一步降低其流失的概率（用户在平台内留下了内容，相当于投入了成本，能降低用户流失）。

第二类，普通生产者。这类用户带有较鲜明的“自娱自乐”色彩。这类用户中有相当一部分用户直接将 UGC 产品当“工具”使用了。例如，唱吧的用户主要将之视为手机 KTV。或者当作记录生活的工具。例如，早期的 QQ 空间、博客、旅游记录等。对于这部分用户，应当以挖掘其中的优质内容生产者为主，尝试使其体验到“内容社交化”的乐趣。

第三类，优质生产者。这类用户通常是 UGC 平台的新兴内容生产者，属于最渴望获得曝光，获取其他用户关注的群体，其生产内容的能力较强，但却尚未达到一定的影响力。对这类用户的运营应当为其提供一个“向上级流动的通道”，这类用户是把双刃剑，一方面可能是最活跃的用户，然而一旦其“付出”与“收获”（获得的关注度）不成正比就极易流失。前文提到的“去马太效应”保护的就是这类用户群体。

第四类，小 V 用户。小 V 用户大都属于成功晋级的优质内容生产者，在平台内已经初步累积了一部分用户的关注，有了初步影响力。这类用户的忠诚度极高，产生内容的欲望也较强烈。然而，随着关注度及影响力向下一个阶段（大 V）的增长显得遥遥无期时，用户活跃度反而会突然一落千丈（但通常不会流失）。故此，对这类级别的用户应采取以“成就感激励”为主的运营策略，即让用户感知到他们的内容对其他用户具有较大的价值。对这类用户群体中活跃率开始明显下降的群体，运营人可以直接与之“对话”，初步使其感受到大 V 的“特权”。

第五类，大 V 用户。大 V 用户与 UGC 平台处于高度的“利益捆绑”关系。一方面，大 V 自身的崛起可以说是依靠平台培养的；另一方面，大 V 也作为一种专家级象征，为平台源源不断地吸引新用户、活跃老用户。而大 V 通常也比较忙，受到其他用户的干扰量也是最高的（很多普通用户会咨询他等）。故此，对大 V 的运营策略可以一方面替其降低被“干扰”的数量，例如通过付费来设置门槛，于平台及用户都是一种双赢策略），另一方面持续为其提供“VIP 特权”，例如，能随时与 UGC 平台的工作人员保持“朋友关系”，为其内容曝光提供一些便利服务；又如，可以替其进行包装，并于平台外宣传（类似于造星计划），给予大 V 们极大满足感的同时，既能提升平台影响力，又能吸引“小 V 用户”有向上攀升的动力。

除此之外，还有一类顶级的用户——明星用户。这类用户属于真正意义上的明星，如韩寒、范冰冰、邓超等。通常这类明星用户都是企业“花钱”请来的，不具有太多可“运营”的空间。值得一提的是，当平台具有较大流量及名气时，对于一些“过气”的明星，他们自身也有曝光自我的需求，往往也会入驻平台，使其能增进与粉丝之间的情感距离，而这种趋势将愈发明显。

8.8.2 UGC 用户的精细化运营策略

综上所述，我们可以梳理出这六大类用户对产品的满意度、不满意度（可能会造成用户流失）以及各自的晋升流向图，如图 8-5 所示。

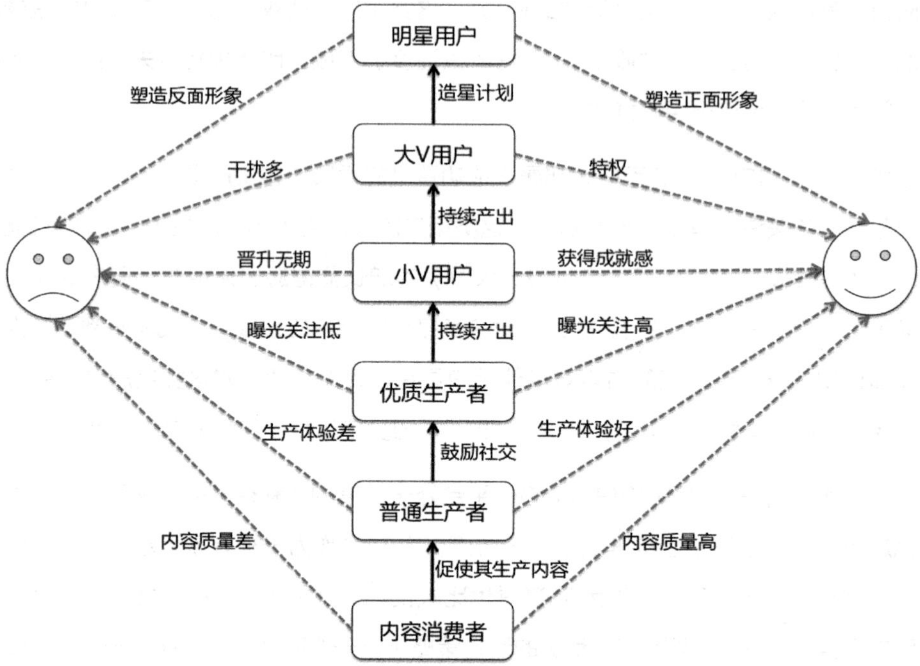

图 8-5 UGC 各类用户的流向及原因总图

至此，结合其他几章的内容，我们可以针对各类用户制订不同的运营策略，如表 8-2 所示。

表 8-2 UGC 各类用户的运营策略建议

用户分级	流失风险	运营策略
内容消费者	高	支持用户首页内容个性化； 优质内容精准推荐； 使之及时获得反馈； 尝试使之输出内容
普通生产者	中	确保优秀的内容生产体验（前提）； 尝试使其体验内容社交的好处
优质生产者	中高	制定去马太效应的内容规则； 制定平滑的向上级流动的通道； 协助其优质内容得到额外曝光
小 V 用户	低	重点监控低活跃度用户； 将咨询大 V 受忽略的用户转移至小 V； 量化“成就感”，如勋章、打赏、曝光优先； 体验部分特权（鼓励其向大 V 努力）

续表

用户分级	流失风险	运营策略
大 V 用户	低	降低受干扰量； 提供多种特权； 对外曝光、包装、造星计划
明星用户	中高	为明星提供与粉丝的正向互动契机

结束本章前，还需要强调一下“内容质量的量化”问题。我们从前面 UGC 平台各节的介绍中应当能够看出，无论是激励内容生产者，还是让优质内容流动，都要具备一个前提：我们要先识别出，怎样的内容才能称为高质量的内容？或者更确切地说，哪些数据才能体现出内容质量的好坏？

有些 UGC 平台简单地以“阅读数”作为衡量内容质量的标准，这是非常错误的。

我推荐几个可以作为内容质量的参考指标：

- 内容阅读完整率（点开后即刻离开的不计入）。
- 点赞数与阅读数的比例，即哪怕阅读率低，但点赞率高的也属于高质量。
- 分享、收藏、打赏（人数）与阅读数的比例。

具体采取哪类指标应视产品的用户行为习惯而定，也可以对各种指标设置一个权重，进行加权平均值计算。

结束语

本章由内而外地介绍了 UGC 的内涵、生态模式以及核心要素：内容生产者、消费者、内容三者间健康发展的关键。诚如 UGC 是最纯粹的互联网产品，UGC 的运营思想也永远不会过时，皆因思考 UGC 本身即思考人性本身。

9

第 9 章 微信公众号运营

我们在基于“用户视角”的“用户养成”模型中多次提到了“用户关注渠道”建设的重要性，而微信公众号作为目前最主流的用户关注渠道，且其本身亦可作为“内容产品”进行单独的品牌化运营。我们在第 5.1 节也提到过，对于运营好的“关注渠道”，其生命周期完全可以大于“个别产品”本身，能够同时为多个产品输送“关注用户”。

本章，我们将以专题的方式介绍微信公众号目前的发展现状、对企业的价值，以及如何评估公众号的优劣，如何科学地进行公众号定位，如何提升公众号内容的黏度、延长内容的生命周期等运营公众号的关键问题。

于本章的阅读中，当我们通过“用户视角”来重新审视公众号运营时，将再次发现一些重要的、关键的，却一直为目前运营业界所忽视的问题。这再次验证了我运营思想中“独立思考”的重要性。

9.1 公众号的运营价值及现状概述

自微信公众号诞生伊始，它就一发不可收拾地流行起来了，时至今日，尽管业界不乏有人开始唱衰，也尽管公众号订阅用户的整体阅读率开始下降（其实是公众号整体数量攀升以及其他泛娱乐产品争夺了用户注意力，导致平均每个公众号阅读率下降），它对企业依然有着梦幻般的吸引力。

9.1.1 公众号对企业的价值

内在原因自然是微信本身拥有的巨量活跃用户（2016 年微信月活跃用户数已超 7 亿），以及微信构建的较为健康的内容生产及传播生态，能对用户形成有效的商业价值，这一点远胜于微博。

对个体企业而言，微信公众号的好处直接体现于：

- 随时随地接触潜在客户（订阅用户）；
- 可作为移动 APP 产品的关注渠道；
- 可作为全新的移动营销渠道；
- 可作为独立的内容品牌进行运作；
- 可作为企业引入 020 运作的工具；
- 形成二次传播，扩大影响力；
- 将订阅用户转化为客户更自然；
- CRM（客户关系管理）；
- 提升客户体验降低客服成本；
- 市场调研；
- 趋势潮流数据获取……

正如那句老话："机会总是留给有准备的人。"对于微信公众号的"福利"，自然不是人人能够唾手可得，究竟能够得到多少，还是看每个企业自身的道行有多深。

9.1.2　为何运营公众号这么难

不少企业瞅着其他企业的微信公众号运营的红红火火，颇有一本万利的味道，便也在这方面"豪掷千金"，轻则一年几十万元外包团队运营，重则自率团队亲自运营。然而实际运作起来却发觉与想象的全然不同：每天挖空心思制作内容，每天按时推送，然而推文之后，阅读"点赞"寥寥无几，更别提分享、"涨粉"了。于是有人提出，估计是粉丝（订阅用户）基数太低所致，于是，又开始通过各种活动送礼吸粉，其实也就是换着花样烧钱，关注送小礼品、分享文章送礼品、红包抽奖、微信打印机（关注公众号免费打印照片）……，短暂的新鲜感刺激貌似初步沉淀了一批订阅用户，但过了一段时间后，又发现文章的阅读量与订阅用户增量完全不成正比，甚至不少粉丝"来也匆匆去也匆匆"，一年清算下来，真正带来的业绩远不及营销成本……

若诸位朋友中有运营过微信公众号的，应该对上述情况并不陌生。

微信公众号早已过了红利期，在人人都是自媒体，家家都有公众号的年头，此外还有为数众多的专职公众号饲养员（自营成百上千的公众号，或者针对刚接触互联网的中老年人群，通过各种标题党、猎奇文俘获订阅）……上千万的公众号争夺有限的用户注意力，微信上一片血腥。

故此，时下的微信用户人均关注订阅号数量极多，而用户每天的空闲时间毕竟极其有限，这固然导致单个公众号推文“被阅读”的概率极低，尤其是内容毫无特色的公众号，距被“取消关注”只是时间问题。所以当我们沾沾自喜于每天新增的订阅用户时，别忘了，其中真正有效的用户数可能也就只占了20%左右。

而微信用户也开始变得愈发理性，关注一个新号的成本也越来越高，通常而言，若非内容与自身高度相关一般不会轻易关注。就我自己的个人公众号（少加点班）的数据来看，时下分享到朋友圈之后获得的新订阅用户只占阅读人数的10%左右。意即某订阅用户将我的文章分享到他朋友圈之后，通常被10个人阅读才新增1个粉丝。

然而另一面的情况却让我陷入更深的思考中：不少订阅用户百万以上的公众号，除了公众号广告之外，其他变现盈利却与其订阅用户数完全不成正比，反过来，有些阅读量极低的公众号，其对订阅用户的“号召力”却非常惊人（意味着潜在的盈利能力极强）。

就拿我个人的公众号来说，由于我仅仅将之作为个人独创思考的心得记录，内容不大众，无任何推广，订阅用户并不多。然而我文章的订阅用户却极为热情，我稍微计算了一下，公众号推文的平均点赞率（即点赞人数与阅读人数的比例）、打赏率是一般公众号的几十倍。更有不少用户直接在后台多次询问我何时开通“学习社群”，他们愿意付费加入……

这些现象触动了我的沉思：业界以订阅用户（粉丝）作为公众号运营的核心指标必然存在问题。我们渴望运营好任何一个事物，必然先要洞悉如何定义它的价值，它的好坏，如此才能准确地找到运营的核心指标。

下面我们探讨如何评估公众号的价值。

9.2 用户视角评估公众号价值

前面也谈到了，这年头，无论自媒体公众号还是企业公众号，运营者的焦点大都放在粉丝的数量上了：每天盯着后台的用户数据，粉丝涨得多了就举杯欢庆，跌了几个粉则患得患失……时下业界的各种运营“干货”文章也误导人们将精力聚焦于用户数量这一指标上了，诸如“X日涨X万是如何做到的？”之类的标题我想大家一定不陌生。

用户订阅数作为公众号价值的参考要素之一固然没错，但只注重粉丝数而忽略其他重要因素，无异于三餐光喝汤不吃饭，是会营养不良的。

9.2.1 公众号问题剖析

很多公众号运营者在运营一段时间公众号后，都会出现如下问题：

- 光有粉丝数增长，阅读数不见增长；
- 粉丝数增长上了瓶颈，新增的甚至还不如掉的粉；
- 公众号商业转化率极低，每次转化都掉粉严重；
- 自媒体电商增长停滞……

出现这些现象，一方面是由于国内互联网网民总量趋于饱和，网民数量的增速开始下降；另一方面则是前面提到的，各类公众号及其他“时间消费类”的 APP 产品（泛娱乐及游戏类）层出不穷，而用户的“业余可支配时间总量”有限，故此平摊到每个公众号的阅读量就被稀释了。而微信公众平台前阵子推出的“置顶公众号”的功能进一步强化了优秀公众号的影响力，弱化了普通公众号的阅读率。

相信诸位近期（2016 年 7 月）都应该被一款手游《Pokemon GO》刷屏了，这是一款以日本漫画《宠物小精灵》IP 制作并融合了 LBS（基于位置服务）、AR（增强现实虚拟技术）的游戏，这款游戏上线几日就席卷了全球，尽管尚未于国内上线，微博话题的阅读量就已经 1.5 亿次。仅仅是一款游戏就吸引了玩家大量的业余时间，考虑到其覆盖的人群之多，影响之大可想而知。

近期（2016 年 8 月）各路小道消息纷纷传言微信公众平台即将推出“付费订阅”，这侧面间接地反映了用户宁愿“付费”选择自己需要的高价值内容，屏蔽低价值内容的需求。而“罗辑思维”产品上的“付费订阅”内容的火爆程度也充分验证了大众用户对内容的选择趋势正在改变——人们从消费时间转变成珍惜时间，往深层来说，这是对生命价值看法的改变，人们渴望在有限的时间内尽可能获得更多、更美、更好的体验与成长，哪怕为此需要付费。

综上所述，时下要评估一个公众号的价值，仅看订阅用户数已经远远不够。要运营好一个公众号，务必要洞察公众号的价值本质，而唯有理解本质，才能从根源上找到“守住”订阅用户的注意力的解决方案。

9.2.2 公众号价值公式

那么，我们应当如何评估一个公众号的真正价值呢？我认为，归根结底，其价值是取决于“订阅用户”是如何看待一个公众号。故此，从“用户视角”展开，我们可以如此定义公众号的价值公式：

公众号价值 = 活跃订阅用户数 × 用户质量 × 影响力（公众号对订阅用户的影响力）

我并非投资人，但相信任何一个精明的投资人评估一个公众号的商业价值时也会使用相似的指标。那么，具体如何理解上述指标呢？

1. 活跃订阅用户数

这个概念大家应该都比较熟悉了，意即每次推文时“有效阅读”的订阅用户数目，它的实际数量约等于“订阅用户中直接从公众号会话”打开的阅读数（必须在公众号管理后台方能查看），说“约等于”是因为有些用户只是恰好点开，或者被标题党吸引而点开，故此这部分阅读量必须扣减（暂时没法统计），而由于一些用户会将文章分享出去，故此会吸引额外的新增订阅用户及阅读量，这部分群体可以跟扣减的人群相抵消。

据之前一些机构的统计，公众号的平均会话阅读率不足 8%，到诸位读者朋友们阅读本书时，我预计这个数目可能会低于 5%（平均值），而公众号对用户的吸引力是呈正态分布的，也就是绝大部分公众号的活跃粉丝数其实远低于其订阅用户数的 5%。

不知大家注意到了没，在上述公式中，对于时下运营者特别在乎的订阅用户总数，我甚至不将其列入核心参数内。

2. 用户质量

订阅用户质量简单来说就是主流订阅用户的素质及社会地位、财富收入等。用户特征越统一、群体素质越高，粉丝质量越高。对于一个订阅用户均是大企业创始人、高管的公众号，哪怕只有几千订阅用户，其价值也是远高于坐拥千万屌丝的公众号的。例如，诺亚财富（一家财富管理机构）仅仅只依靠数千名客户资源便实现了于纽约证券交易所上市，就因为其客户群体均是国内国际高净值人群，可谓“用户质量”极高。

3. 影响力

影响力是最重要但最易被忽略的因素。所谓的影响力，此处特指公众号（运营方）对其订阅用户的决策影响力。

举个例子，对于八卦娱乐类或"鸡汤文"为主的公众号，往往订阅用户数量众多，可是，用户们大都是冲着其娱乐内容而来，公众号对订阅用户是不存在多少号召力、信任感或影响力。若这类公众号某天向订阅用户做一次软广推文，转化率能有多高呢？

对，影响力直接关系着公众号的商业变现能力。

根据我所定义的公众号价值公式，就不难理解"罗辑思维"的估值为何 B 轮融资可以达到十几亿的量级，就因为它无论是订阅用户的活跃度、用户质量（用户特征集中：上进的大学生、企业白领、高管），还是"老罗"个人对其粉丝的影响力，公众号价值公式中的三个参数值，罗辑思维都得了高分。

诸位朋友如果正在运营公众号，大可对照着这个公式评估一下自己的公众号价值。当然，如果我们即将着手准备运营一个全新的公众号，也可以基于这个价值公式的参数进行整体规划。

9.3　提升公众号价值的四个策略

按照上节提到的公众号价值评估公式，如果我们目前运营的公众号（包括个人公众号及企业公众号）的评估结果并不乐观，我们该如何解决呢？下面，我们一起探讨四种有效提升公众号价值的方法，若能执行彻底，相信对于用户活跃率低、用户增长瓶颈、商业转化能力差等各种"疑难杂症"都能迎刃而解。

9.3.1　措施一：持续满足订阅用户的期待

运营公众号的朋友都应该发现过一些奇特的现象，当公众号的订阅用户数目达到一定量级时，往往"逢推文必大量掉粉，不推文反倒更安全"。这是怎么回事呢？

其实，有些订阅用户实则不愿再关注了，只是平时特意进行"取消关注"的操作成本有点高，一些人是暂时"懒得取关"罢了。这不，一推文，刚好给了他们取关的契机。那么，哪些人可能是潜在的“懒得取关”用户呢?

就是那些“不活跃粉丝”。考虑前文提到的，活跃订阅用户率平均不高于 5%，是否细思极恐呢? 这意味着许多公众号早已到了增长瓶颈，只是订阅用户数的绝对值还在增长，给我们一种增长的错觉。

不过别担心，我们其实顺着订阅用户最初关注你的动机，就能找到解决方法。除了通过活动等“利益诱惑”吸引的订阅用户之外，用户关注你，往往是由于你的内容打动了他，对他有价值。时下公众号如此众多，一个用户选择关注你，而不是其他号，就意味着他对你的内容，特别是“后续内容”是有相当程度的“期待”的。

这恰似男女谈对象，男孩在追求女孩阶段天天着装整洁、风度翩翩，给女孩无限的遐想，然而一旦追到手后就还原了“抠脚大汉”的本性，言语粗鲁、不修边幅，这分手率能不高嘛。类似道理，我们运营人应当对订阅用户负责到底，持续满足他们对内容的期待感，如此才能确保用户始终保持活跃状态。满足用户期待，意味着以下三点：

1. 确保每篇推文的质量不低于历史推文

有时若实在没有优质内容时，宁可不推文。网上不少“运营干货”最误导人的观点就是：确保公众号的推文频率，日日更新……这些说法未免太缺乏替用户考虑了，当然从运营者立场，每天推文意味着公众号统计后台每天的阅读量数据都很稳定，但是，这个稳定的“数字”对用户的意义、价值何在?

现在优质内容号那么多，如果我们不能提供优质内容，而且不能给粉丝“能持续获取优质内容的印象”，用户凭什么关注我们?

2. 内容始终保持清晰定位

一些公众号的内容毫无定位可言：一天鸡汤，一天八卦，一天干货，追着热点走，完全不考虑订阅用户对内容的期待。其实用户选择一个号，往往是被它在特定领域的内容吸引，期待他持续输出优质内容的能力，例如一个母婴健康的公众号，一旦推几次鸡汤文、情感文，必然让不少订阅用户极其失望，进而取消关注。《定位》一书中强调的赢得心智之战的思路完全适用于时下公众号的内容运营。

3. 换位自检，放弃低价值文章

意即将“作者视角清零”，站在用户视角，重新审视文章。我本人的公众号文章便始终如此执行，每次文章写完后，我会反复查看修改。直到用户看到的推文通常已经被我修改了五六次以上……唯有经我反复确认对读者有实质高价值的文章才会推送出去，目前为止被我自检不过关的文章数据就高达几十篇（总共十几万字），相当于一本书的篇幅了。

下面我分享一下自己的“自检”思路：我通常是带着 4 个问题从头到尾阅读几遍：本文提出了什么问题？这个问题有实质价值吗，还是空中楼阁？文章是否解决了这个问题？解决问题的阐述够清晰吗，用户能否读懂？当然，如果是其他内容类型的公众号，也可以将这个思路“适应化移植”。

综上所述，公众号定位始终清晰，质量始终优质，每次推文前进行换位自检，降低推送文章数目（若质量不达标），相信持续提升活跃粉丝数是不成问题的。

9.3.2　措施二：提高公众号的“人格魅力”

订阅用户数不等于影响力，影响力的本质即运营主体的“人格魅力”。不知道大家有没有意识到，人群中有一小部分，天生就具有吸引人、让人信服的“天赋”，这其实并非是与生俱来的，而是后天逐渐锻炼（有意识或没意识）出来的人格化魅力。

心理学著作《影响力》中，作者将人们对他人的影响力归结为六个核心要素：互惠、承诺和一致、社会认同、喜好、权威、稀缺，而我将一个人的“人格魅力”归结为四个要素：权威、诚信、自然和有趣。这些都是我们运营人一步一个脚印慢慢打磨出来的。

1. 权威

权威并不是来自于一个人的社会阶级、头衔大小，权威应当是人们在某一领域具有高度专业的能力或贡献。而我们公众号的内容可以通过以下努力来培养对用户的权威感：表现出在自己内容定位方向的专业度；关键论点要有理有据，尽量引用权威的参考；文风稳健，不频繁变换风格。

2. 诚信

众所周知，诚信是一个人的立足之本。那么，公众号的内容又怎么体现出诚信呢？这来自于平时一点一滴的行为塑造。例如，偶尔做活动时，承诺是否兑现了？兑现之后的结果是否对所有用户都告知了（没告知就等于没兑现）？另外，所谓人如其文，平时行文间，讨论的观点、举的一些案例、段子都能侧面看出作者（运营者）是否有担当，品德是否高尚。这些都是诚信。

3. 自然

现实中我们会发觉，自媒体公众号的影响力大都高于企业公众号的影响力。很大的原因是自媒体的主体是有血有肉的个人，天然就具有自然的人格化属性：有灵性、有态度、有亲和力。那么，我们怎样让内容体现出“自然”属性呢?

诀窍是：回归自身，说真话，讲人话。一个人唯有做自己的时候才是最有魅力的。公众号的内容，实质就是运营者思想、灵魂的延伸，品牌意识的传达。对于企业公众号，完全可以借鉴个人自媒体的思路，结合自身的内容定位，塑造相应的自然人形象，例如，可以是知心姐姐、大叔暖男或者是萌妹子，持续坚持用同一种角色的口吻叙述。罗辑思维的粉丝们不少人表示，他们喜欢老罗，并不是因为内容特别出彩，而是因为他言谈举止中的那种自然的亲和力。

4. 有趣

在美国生活，如果没有点幽默感是不受欢迎的。其实用幽默来形容有点狭隘，更恰当地说，应该是有趣。跟一个有趣的人做朋友，简直就是一种享受，他能用一种乐观的感染力提升周边人的生活体验。

有趣并非讲几句俏皮话一般的雕虫小技，有趣是集一个人的智慧、情商、表达能力之大成的产出物，通常都是独一无二的，能在用户心智中存在深刻烙印，类似于一种品牌标签。

公众号的“人格魅力”并非一朝一夕得以获得，它需要明确定位，持之以恒不断打磨出来的。在这个过程中，我们运营者未必需要刻意讨好所有的人，这往往事与愿违。

9.3.3 措施三：以“双赢”为前提进行商业变现

公众号大都是为商业盈利而存在的，这无可厚非，人或组织都需要生存，尤其是作为“内容产品”的公众号，当订阅用户数达到一定量级，很多都需要商业变现（作为“关注渠道”的公众号相对没有强烈的直接盈利需求）。但公众号用户是衣食父母，对目前大部分的公众号而言，每次的商业变现都存在大概率掉粉的风险，特别是不经思索、不负责任的商业转化无异于杀鸡取卵。

就好比不少明星未经深度考查就代言某些缺乏良知的企业品牌，最后被不少粉丝唾弃，这类事情屡见不鲜。这就跟失败的公众号商业变现类同。

解决之道其实就是前面提过的“双赢格局观”：最好的商业变现其实就是为用户提供负责任的服务，这才是任何商业得以持续健康发展的根本。

例如，一个专门提供户外活动攻略的自媒体，运营者本人就是户外达人，很清楚哪家公司的户外装备优劣，那么，他为优质户外产品做广告，推荐一些商品，从中获取相应的报酬，我认为无可厚非，而且不伤害用户利益——用户有购买高性价比商品的需求，而且他们不知道购买何种品牌、去哪里购买。这其实就是为用户提供了购买优质商品的咨询服务，恰恰满足了其需求。这就是一种典型的双赢。

9.3.4 措施四：让公众号保持适应性进化

无论何种类型的公众号，其订阅用户本身也会成长，也有他的生命周期，一旦进入用户衰老（对内容审美疲劳或认知层次上升）期，流失也是难免的。这就是为何大部分公众号的活跃群体都是后来关注的那 30% 的新订阅用户的原因。

那么，我们有哪些运营策略能够延长订阅用户的生命周期呢?

内容层面上，跟随用户成长，推出多层次内容：例如，对于为初级职称白领提供“干货”类的公众号，可以慢慢向上渗透一些企业管理类、创投类的内容，并清晰地标识适合哪类人群阅读，通过纵向扩展内容满足多种不同层次的群体。

格式层面上，持续借鉴优秀的内容呈现风格对内容格式进行优化。例如，从纯文字、图文并茂、信息图、音频、短视频，基于阅读场景（例如地铁、公交上适合的音频）、用户阅读口味的变迁，多进行尝试。

对于纯“内容型”的公众号，还可以增加工具型属性。例如，情感资讯类的公众号，为用户提供情感问题咨询服务等。毕竟用户对工具是不会有倦腻感的，就好比空调，尽管夏日里天天开，但我们也无法离开它。

最后，我们在内容的优化调整过程中也别忘了必须始终观察、分析每次推文的同期数据变化对比，例如，本周二晚上 8 点的推文数据是跟上周二晚上 8 点的数据进行对比（记得剔除一周内新增用户的影响），而不是跟周一或周三的对比，此外，推文必须是同一类主题才有可比性，以此提升数据分析的准确性。

对于新媒体运营，过去的一年很难，以后的日子会更难。未来的公众号运营，竞争将异常凶猛。我大胆断言，仅仅是筛选、组织、重构、呈现优质内容将只是最基本的门槛，哪怕配套良好的互动服务、运营社群，依然还不足以成为“优秀的公众号”。

那么，如何才能成为一个优秀的公众号？但听下文分解。

9.4 从原创到独创，公众号定位的深度研究

我们回顾一下评估公众号价值的公式：

公众号价值 = 活跃订阅用户数 × 用户质量 × 影响力

显而易见，时下要运营一个有价值的公众号，最大的前提就是要保证公众号的定位清晰，确保内容主题与目标用户高度相关，内容质量做精做强。否则别说对用户的影响力，就连吸引活跃用户都是不可能的。

故此，公众号的内容定位，如果一着不慎没踩准，后面的功夫都会白费。

9.4.1 公众号定位的方法论

我们在各种“干货”里可能会看到关于新媒体运营（公众号属于新媒体的一部分）谈的第一步就是“要做好内容定位”，可是具体该怎么定位，该考虑哪些因素，大都泛泛而谈，不具有可操作性。

我此处就分享一个较为科学、可落地的公众号定位方法论。我们先看看一些典型的失败的公众号定位：

1. 将公众号当移动版的官网

这是传统公司开辟互联网业务或者引入“互联网属性”时最常见的“病状”，一种企业级自嗨行为，互联网时代的“官网”（PC 端网页访问）的核心价值在于与客户、合作伙伴、潜在

应聘者建立信任关系，故从表象上看通常会放些彰显公司软硬件实力的资料，例如，最佳雇主、五百强、某创新、某奖项……但这与订阅用户何干?

2．内容与产品结合不起来

不少企业公众号的内容与主营业务完全脱钩，看时下什么内容流行就推什么文章。然而先不管这样推文的“吸粉”效果如何，哪怕万一幸运地斩获了部分粉丝，但这些用户与公司的主营产品牛头不对马嘴，意义何在?

3．内容优质，但无法持续生产

有些公众号运营者（尤其是传统传媒行业工作出身的人）追求工匠精神，对每篇文章都精雕细琢追求极致，这本来无可厚非，但这毕竟以低产出为代价。尤其是非娱乐领域，很多时候，当内容质量高到一定程度时，阅读量及用户传播量都会急剧下降。这是一个很现实的问题，阳春白雪曲高和寡。我就关注了几个这类的公众号，虽然内容质量极高，但阅读量始终没有大的变动（即粉丝增量很少）。

谈完了上述几个需要规避的公众号内容定位的“坑”，下面我们谈谈，在从零到一地进行公众号内容定位时，一个可落地的“方法论”：

- 分析诉求，限定范围；
- 价值组合，独创定位；
- 评估成本，采纳决策。

9.4.2　分析诉求，限定范围

我们依旧从用户视角出发观察思考一下，对订阅用户而言，他为何关注一个公众号，其实无非是三类“事物”：带来情感上的愉悦体验、有实用价值、带来物质利益。

那么，对企业而言，我们运营一个公众号的核心诉求又是什么？本质上也无非是三样东西：作为用户（潜在产品用户 / 潜在客户）的关注渠道、持续扩大公众号的影响力（通过粉丝转发或口碑传播）、快速建立用户与企业间的信任感（这一点与传统官网的价值类似）。

如此分析后，我们就能将公众号的内容定位限定在一个较为精准的范围内了，如图 9-1 所示。

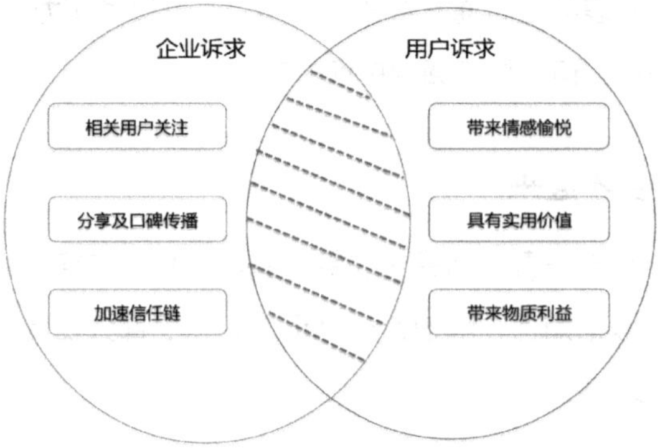

图 9-1 公众号定位范围

图 9-1 中两者的交集即我们的公众号定位目标，简单来说，就是与企业的产品或品牌有高度关联，同时能够为用户提供三类有价值的内容。记住，这两者必须同时成立。例如，有关“某企业获得了年度行业最佳雇主称号”的喜庆内容，就仅仅体现了企业品牌（加速信任链），与用户没有利益相关，故此不适宜在公众号上发布。

按照我这个思路，其实我们只需要逐一分析公众号的内容能够为其订阅用户带来具体的价值，并从中抽取出与企业产品、品牌相关的部分即可（此处仅探讨内容定位，诸如微信服务号的服务定位不在讨论范围），下面按刚才提到的三类用户诉求分别进行阐述。

1. 体验价值

即为用户带去情感、乐趣的内容。例如，生活体验类，扩展用户的人生体验（小说就常常提供这种价值，让用户体验平时没机会体验的世界或角色）；幽默搞笑类，为用户缓解精神压力、疏导负面情绪；兴趣爱好类，针对各类细分领域为有兴趣的人群提供满足其兴趣的优质内容，例如茶文化、花艺、体育、历史、数学等包罗万象；其他为用户带去审美愉悦或者深度思想共鸣方面的内容。最后，还有特别大的一类，就是提供社交优越感的内容，后面会谈到。

2. 实用价值

实用价值是指为用户提供日常生活、工作中所必需的资讯、工具服务等。例如，工作需要的，可以是工作技能知识、个人效率提升、职场社交、求职攻略、跳槽面试的中介服务等；生活中的需要更多，例如，穿衣搭配时尚潮流、美食优品推荐、旅游出行攻略、拍照技巧、健康美容养生、孩子成长教育、新闻时事等。

3. 物质价值

这个较为容易理解，就是能为订阅用户提供直接的物质利益，通常来说，有两类提供物质价值的平台，一类是作为“特价商品”的优惠资讯聚合平台（类似“什么值得买”），另一类是为其他企业提供活动宣传（通常是代金券、送礼品等）的平台。

9.4.3 价值组合，独创定位

按照上述分析，是否我们从中选定几个与公司产品相关的主题作为内容定位即可？我认为，如果你们运营公众号并无更远大的“新媒体战略”目标，仅仅是作为运营产品的辅助工具，那么做到这种程度，可以说中规中矩，不至于落后他人，但也无缘“优秀”两个字。

在时下数千万的公众号并存的环境下，无论我们选择的内容主题多么垂直、细分，相信这个领域都存在不少高度同质化的公众号了。平心而论，在许多领域，公众号整体推文的内容质量都在不断提高，大部分同类公众号的实力都在伯仲之间。故此，若想要脱颖而出，我们还需要更进一步——成为一个“独具一格”的公众号。

如何独具一格呢？其实我们通过上个步骤的分析已经限定了内容，我们只需要再走远一点，通过将上述几种甚至多种价值进行组合，往往能够产生更具吸引力的独创公众号。这与我们玩游戏时，将几种普通装备组合后，变成一种强大的独门武器的道理完全是异曲同工。

例如，将“历史”、“漫画”、“幽默”三种元素组合在一起，就是大名鼎鼎的“混子曰”（大话历史漫画公众号）。又如，将“情感咨询”、“情感共鸣”、“获取同理心或优越感”（从他人不幸中逆向感知到幸福）三种元素组合一起，就是“Ayawawa”（女性情感公众号）。再如，将“茶文化”、“茶质量鉴定”、“促销优惠”三种元素组合在一起，就是“乡土乡亲的茶铺”（茶叶电商公众号）。类似的公众号还有不少。

通过各种方向的“价值重组”，能为我们运营人进行公众号的内容定位时碰撞、启发更多创意，当我们继续研究、完善、打造之后，往往就能形成具备差异化竞争壁垒的独创公众号。

9.4.4 评估成本，采纳决策

当然，初步定位完成并不代表就完事了。我们还得实际制作一两期的内容，评估一下整个制作过程需要的时间、占用的运营人力成本、需要的额外资源、是否具备可持续生产性等因素。

凡事有利有弊，这类独创味道浓厚的公众号往往需要投入相当高的内容制作成本，在内容推送频率上也必然远不及普通公众号（例如，“混子曰”通常三五天才推文一篇）。

故此，企业是否要投入打造新媒体精品，还是应视新媒体在公司整体运营战略中的定位来确定。例如，以第 7 章提到的“涟漪式增长”作为运营核心增长指标的情况下就可以采纳。

当然，在新定位后的内容投入前期，还是要评估用户对内容的反馈，若内容制作成本极高，而用户反馈仅仅是“还不错”，意味着这个定位的“投入产出比”并不高，还需要持续进行调整、试错。按时下的移动互联网的传播速度，一个成功的独创型公众号定位，其内容的分享传播率，拉动用户的增长速度应当是非常快速的。我刚才提到的那几个公众号，都是在制定成功的定位后，前几期的推文就达到了非常惊人的传播量，而我们若达不到，就需要重新反思，重新定位了。

公众号定位的整体过程如图 9-2 所示。

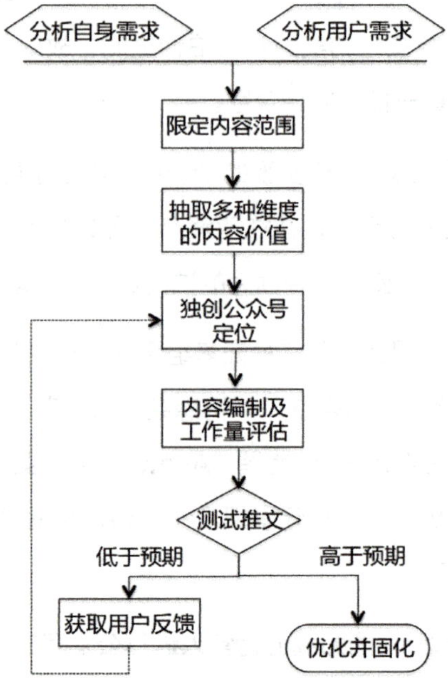

图 9-2　公众号定位的整体过程

9.4.5　关于掉粉那点事儿

不少公众号运营者对后台每天的“取消关注人数”表现得过于紧张。其实对于一个定位清晰的公众号，潜在用户群体明确，在确保内容质量优质的情况下，会“取消关注”的用户大都不是你的潜在用户：可能原先只是一时好奇关注的人或者是一些“竞争对手”，通常不用过于在意。

唯有一种情况是需要特别在意的：忠诚用户取消关注。这可能意味着我们该好好自检一下公众号的内容是否质量变差了或者是风格落伍了，还是反馈变慢了等。有读者可能会问：我们应该怎么判断公众号关注用户中哪些是忠诚用户呢?

我此处分享一个技巧：由于一些特别欣赏你公众号的用户通常都会留下一部分痕迹：例如后台消息留言、文章正文留言评论、打赏等。对这些留了痕迹的用户，我们能够轻易识别并打上各类“标签”。以我自己的公众号为例，我会分成三类标签：“打赏”（打赏过的用户）、“高度认可”（留言中表达出非常喜欢公众号的用户）、“咨询”（咨询过我运营、职业问题的用户）。并每隔一段时间统计一下这三类标签人数的变化情况（如果是企业公众号可以每天统计一次），如表 9-1 所示。

表 9-1　公众号用户标签示例

日期	打赏	高度认可	咨询	离开原因分析
2016-8-1	106	67	31	–
2016-8-2	118	75	39	–
2016-8-3	119	79	39	–

在每天统计前，将公众号后台“标签”过的用户数与昨天统计的数据进行对比，一旦这些打上“标签”的用户数量出现下滑，则随时能够察觉，并分析制订应对的优化措施。

限于篇幅关系，有关公众号的菜单设计、页面模板、内容排版、公众号后台管理的操作、数据分析等问题，相对比较容易，业界也有较多的第三方工具（例如排版美化、H5 制作），诸位朋友在运营公众号时稍微查看即明，此处不再赘述。

结束语

本章我们仅讨论微信公众号运营中最关键核心的问题：如何定义公众号的价值、如何提升价值、如何重新定位打造独创的公众号。我认为，一旦我们想清楚了这几个问题，吸引用户关注、内容的传播等都是水到渠成的事。时下业界众多教导运营人如何“营销宣传”公众号的思路，我认为完全是投机取巧、舍本求末，充分反映了这个浮躁时代的浮躁病，最终只会拖累业界对整个“新媒体运营”岗位的口碑。

最后总结一句，一个微信公众号一定要坚持为订阅用户提供实实在在的价值，如果做不到，那最好就别轻易开启。我个人公众号每篇文章的下缀都附上一句自己杜撰的座右铭——贤者有三责：为他人时间负责、为他人心智负责、为他人情趣负责。

与君共勉。